바비큐 가이드

Barbecue Guide

한국의 바비큐 왕 김계완이 알려주는 바비큐의 모든 것!

바비큐 가이드

김계완 지음

아웃도어 캠핑의 하이라이트 바비큐
"우리 가족의 캠핑에는 아빠가 만들어주는 바비큐가 있다!"

살림Life

들어가는 말

바비큐. 이 용어를 받아들이는 우리의 태도는 크게 두 가지다. 음식 또는 그 방법으로서의 바비큐가 있고, 한편으로 문화적, 정서적 차원에서의 바비큐가 있다.
조리방법으로서 바비큐는 우리가 흔히 알고 있는 것과 자못 다르다. 소스를 듬뿍 발라서 굽는 고기도 아니고, 꼬치에 끼워서 장작불에 돌려가면서 굽는 것도 아니다.

바비큐와 그릴링은 다르다

미국의 바비큐협회에서 정의한 바에 따르면, 바비큐는 낮은 온도에서 좋은 연기를 쪼이면서 오랜 시간 천천히 구워서 완성하는 음식이다. 'Slow & Smoke'가 바비큐를 설명하는 키워드다. 어느 정도로 낮은 온도? 100℃에서 110℃ 전후. 어떤 연기? 히코리, 메스킷, 참나무 등 단단한 낙엽활엽수 장작을 태워서 나오는 연기. 얼마나 오래? 8시간에서 10시간 혹은 그 이상. 두툼한 철판으로 만든 스모커 안에 고기를 집어넣고선 불길에 직접 닿지 않게 오로지 장작의 연기와 열기로 구워내는 게 바비큐라는 설명이다.

왜 이다지 번거로운 방법으로 고기를 구울까. 원래 바비큐에는 소의 차돌양지, 돼지 앞다리나 어깨살처럼 매우 질긴 대신 값이 싼 부위의 고기를 사용했기

때문이다. 이렇게 오랜 시간 정성을 기울여 완성한 고기는 매우 부드럽고 촉촉한 육질에 깊은 풍미를 지니게 된다. 마치 가마솥에서 장작불로 은근하게 끓일 때 깊은 맛이 제대로 우러난다는 곰탕처럼.

반면 우리가 알고 있듯 그릴에서 고기 등을 굽는 일은 통틀어 그릴링(grilling)이라고 따로 구분지어 정의된다. 그리고 숯불 등 열원 위에서 바로 고기를 굽는 다이렉트 그릴링(direct grilling, 직화구이), 열원을 한쪽으로 몰아넣고 간접적인 열기로 굽는 인다이렉트 그릴링(indirect grilling), 꼬치에 끼운 다음 돌려가면서 굽는 로티세리 그릴링(rotisserie grilling) 따위의 용어가 가지를 치면서 등장한다. 결국 우리가 여태껏 바비큐라고 알고 행했던 대부분이 알고 보니 그릴링이었던 셈이다.

바비큐는 맛과 멋이다

그런데 그게 대한민국의 우리랑 무슨 상관이람? 바비큐면 어떻고 그릴링이면 어떤가.

우리들 머릿속에 그려지는 바비큐 라이프는 보다 정서적인 지향점을 지닌다. 멋진 자연 속에서 이뤄지는 좋은 사람과의 만남, 그리고 바비큐. 우리가 바비큐에

게서 기대하는 것은 아웃도어 라이프를 더욱 풍성하게, 그리고 사람과의 만남을 촉촉하게 이끌어주는 매개체 역할이다. 반가운 만남이 연출하는 흥겨운 분위기, 고기 굽는 자욱한 연기와 냄새, 음식을 준비하고 나누는 속에서 정이 익어가고 추억은 깊어간다. 이것이 우리가 생각하는 바비큐다.

바비큐는 맛있다. 아니 맛있을 수밖에 없다. 맛의 절반을 분위기가 만들고, 매운 연기를 맡으며 땀 흘리는 그릴자키의 모습에서 나머지 절반의 맛이 우러나온다. 바비큐는 멋있다. 음식에 담기는 정성이 그릴 앞에 선 이에게 후광을 만들어준다. 바비큐는 쉽다. 조리법도 단순하고, 하면 할수록 기울인 노력에 비해 실력이 일취월장한다. 그래서 바비큐는 남자의 쿠킹이다. 앞치마가 어색하고 솜씨가 서툴러도 좋다. 가족에게, 친구에게, 내가 사랑하는 이들에게 즐거움을 안겨주겠다는 다짐만 있으면 된다.

이 책은 그런 관점에서 바비큐를 이야기하고자 한다. 더 이상 그릴링이니 바비큐니 따지지 않고 그릴을 즐기는 방법을 설명하고자 한다. 이 책은 요리책이 아니다. 먹음직스러운 사진과 새로운 레서피로 가득한 요리책은 시중에 나와 있는 것으로도 충분하다. 이 책은 그저 그릴을 통해 난생처음 음식 만들기에 도전하는 남자들의 궁금증을 해소하는 길라잡이에 불과하다. 곰살궂다고 생각하지 않고 만

화책 읽듯 가벼운 마음으로 이 책을 펴드는 것. 지은이가 가지는 한 가지 바람이 있다면 오로지 그것뿐이다.

* 이 책을 읽으면서, 또 바비큐를 하면서 가지는 궁금점이 있다면 언제든 지은이의 인터넷 카페 (http://cafe.daum.net/bbqacademy)를 이용하기 바랍니다.

차례

들어가는 말 004

Part 1.

바비큐 세계로 들어가기

첫 단추 꿰기 — 그릴의 선택 012 / 그릴링 필수 장비 — 이것 먼저 장만하자 019 / 그릴 액세서리와 소모품 022 / 숯의 선택 024 / 숯불 피우기 027 / 직화구이와 간접구이 030 / 그릴의 온도 조절 032 / 익은 정도 확인하기 034 / 훈연재 사용하기 036 / 그릴 길들이기 039 / 플랭크 그릴링 042 / 워터 스모커 사용법 044

Part 2.

바비큐 양념과 소스

양념과 숙성의 중요성 048 / 맛있는 바비큐를 위한 5가지 원칙 052 / 갖추고 있어야 할 조리도구 056 / 스파이스 — 맛의 화룡정점 060 / 스파이스의 4가지 역할 062 / 매운맛을 내는 스파이스 068 / 부향, 방향작용의 스파이스 074 / 착색작용을 하는 스파이스 085 / 스파이스의 블렌딩 087 / 럽 — 바비큐 양념의 기본 093 / 럽 사용하기 106 / 염지 — 양념의 기초 공사 108 / 머스터드 슬래더 112 / 마리네이드 — '더욱 부드럽고 향긋하게' 114 / 소스 — 바비큐의 마무리 124

Part 3.
실전, 바비큐!

PORK ✱ 통삼겹살 142 / 목살 덩어리 147 / 돼지갈비 157 / 등심과 안심 167 / 돼지족발 175 / 다리살과 어깨살 179

POULTRY ✱ 통닭 185 / 닭가슴살 193 / 닭꼬치 197 / 닭다리살 200 / 오리 205 / 칠면조 207

BEEF ✱ 차돌양지 211 / 스테이크 217 / 다짐육 223

LAMB ✱ 양갈비 229

SEAFOOD ✱ 생선 233 / 오징어 246 / 조개 250 / 새우 253

VEGETABLE ✱ 가지 257 / 고추 261 / 감자와 고구마 263 / 단호박 265 / 양배추 269 / 열대과일 272 / 양파 275

도움 주신 분들 / 바비큐 관련 유용한 사이트 276

바비큐 핵심체크 278

Part 1.

바비큐 세계로 들어가기

바비큐 세계에 들어가고 싶다? 이것저것 잴 것 없이 일단 행하면 된다. 아무리 망설이고 궁리해봐도 일단 저지르니만 못하다. 물론 시행착오를 줄이고, 중복 또는 과잉투자를 피하기 위해 사전에 충분히 알아보고 준비해야 함은 당연하겠지만. 취미 생활에 입문하면서 미리 모든 장비를 갖추고서 시작하려는 건 어리석은 일이다. 나름대로 베테랑이라는 사람의 장비 물목을 살펴보고선, 그 엄청난 규모에 질려서 꿈을 접는 것도 역시나 마찬가지. 뭐든지 하다 보면 된다. 그 일에 빠져들수록 장비가 하나씩 늘어나는 것이고, 역으로 더 이상 매료되지 않으면 투자가 중단되는 게 당연한 이치인 법이다.

뭐든지 첫걸음 떼기가 어렵다. 하지만 그 첫걸음은 가벼워야 한다. 고가의 장비를 눈여겨보기보다는 내 형편에서 맞춰서 당장 필요한 것부터 갖추고서, 빨리 불을 붙여야 한다.

첫 단추 꿰기 – 그릴의 선택

시중에는 매우 다양한 그릴이 나와 있다. 기능, 형태, 크기 등 선택의 폭이 매우 넓다. 하지만, 달리 보면 선택의 폭이 오히려 좁다. 가스를 열원으로 사용하는 그릴은 그 종류가 많지 않으므로 논외로 하고서, 숯을 사용하는 그릴만 따져보면 크게 케틀(kettle)형 그릴, 직화용 그릴, 포터블 그릴의 세 가지로 분류된다.

이 중에서 어느 것을 선택할 것인가 고민할 필요가 없다. 이 셋을 마치 자동차라고 여기고서 각각을 승용차, 화물차, 경차라고 생각하면 된다. 즉 이 세 종류는 같지만 서로 다른 물건인 셈이다.

적어도 '낮은 온도에서 좋은 연기를 쐬며 굽는 오리지널 바비큐'를 생각한다면 무조건 케틀형 그릴을 선택하는 게 가장 쉬운 방법이다. 물론 다른 형태의 그릴에서도 불가능한 것은 아니다. 케틀형 그릴을 선택하는 건 어렵지 않게 성공의 쾌감을 누릴 수 있기 때문이다.

아무튼 처음 그릴을 구입할 때는 가능한 용적이 크고 뚜껑이 부착된 제품을 선택하는 것이 좋다. 닭 한 마리를 세웠을 때 뚜껑이 무리 없이 닫힐 수 있는 크기이면 무난하다.

다음으로 그릴의 질적 그레이드를 어느 정도로 하느냐는 선택의 문제다. 좋은 그릴은 바비큐를 보다 재미있고, 쉽게 즐길 수 있게 한다. 하지만 좋은 그릴이 반드시 좋은 맛을 보장하는 것은 아니다. 바비큐에 매료될수록 좋은 그릴을 장만하고픈 욕심이 들게 마련이지만 처음부터 값비싼 장비를 마련하고자 고민할 필요는 없다. 다시 한 번 강조하지만, 가장 중요한 장비는 제대로 바비큐를 '즐기고자 하는 마음가짐'이다.

케틀형 그릴(kettle grill)

바비큐 그릴 하면 연상되는 둥근 솥단지 모양의 그릴을 통틀어 '케틀형 그릴'이라고 한다. 1952년 미국의 조지 스테판 웨버가 고안한 이래 수차례 개량 발전되어 오면서 이제는 바비큐 그릴의 대표적 형태가 되었다.

케틀형 그릴의 장점은 뚜껑을 닫고서 오랜 시간 조리하더라도 불이 꺼지지 않는다는 점이다. 용적이 크기 때문에 칠면조, 목살덩어리 등 제법 큼직한 재료를 넣고 굽더라도 부족함이 없다. 또한 다양한 그릴 액세서리들이 개발되어 있어 보다 쉬운 활용이 가능한 것도 장점이다.

케틀형 그릴로 대표적인 브랜드는 웨버(Weber)와 댄쿡(Dancook)이다. 이 두 브랜드는 제품별로 크기가 비슷하여 액세서리 등을 호환하여 사용할 수 있다.

웨버 그릴은 석쇠의 지름에 따라서 57cm, 47cm의 두 가지 크기의 제품이 있고, 모아진 재를 한 번에 처리할 수 있는 재 받침 냄비가 있느냐에 따라서 골드와 실버, 두 종류로 다시 나뉜다.

입문자를 위한 추천 그릴은 웨버 실버 57cm 모델이다. 지갑 형편에 좀 여유가 있다면 골드 모델을 권하고 싶다. 외관상 차이점은 한 번에 재를 모아 버릴 수 있는 냄비가 있다는 정도. 하지만 골드 모델은 바람이 부는 날씨에서도 공기의 흐

케틀형 그릴의 대명사인 웨버사의 그릴 제품들.
왼쪽부터 웨버 원터치 골드 57cm, 차콜 그릴, 가스 그릴, Q그릴 © Weber

웨버 그릴 원터치 클리닝 시스템

름을 적정하게 유지시켜 일정한 온도 관리를 손쉽게 해준다. 또한 골드 모델에는 경첩형 석쇠가 기본으로 내장된다. 경첩형 석쇠는 숯이나 훈연재를 보충할 때 편리하다. 실버 모델을 구입하더라도 석쇠를 따로 경첩형으로 장만하는 것이 좋다.

웨버 그릴의 특장점은 재처리를 쉽게 하는 '원터치 클리닝 시스템'이다. 공기구멍을 조절하는 곳에 날개 형태의 장치가 붙어 있는데, 공기조절 레버를 좌우로 움직이는 것으로 숯에서 떨어진 재를 간단히 긁어모아서 밖으로 배출할 수 있다.

댄쿡 그릴은 몸체가 알루미늄과 스테인리스 스틸로 구성되어 있어 내구성이 우수하다. 법랑 처리된 웨버 그릴과 달리 이동시 법랑 코팅이 깨질 우려가 없다. 크롬 도금된 석쇠 역시 그 살의 두께가 6mm로 두툼한데, 석쇠가 지니는 함열 효과

댄쿡 그릴은 이중구조로 되어 있어 열효율이 뛰어나다. ⓒ Dancook

로 그릴링 효과를 높여준다. 단점은 웨버에 비해 비싸다는 점. 댄쿡1400 모델은 웨버 그릴 57cm와, 댄쿡1000 모델은 웨버 그릴 47cm 제품과 호환성이 있다.

댄쿡 그릴의 최대 장점은 몸체가 이중구조로 되어 있어 열효율이 매우 좋다는 데 있다. 웨버 그릴이 다 좋은 대신에 '숯 먹는 하마'라는 단점을 지닌다면, 댄쿡은 웨버에 비해 약 50퍼센트 정도 뛰어난 열효율로 유지의 경제성을 제공한다.

직화구이용 그릴

케틀형 그릴을 제외한 나머지 형태의 그릴 대부분이 직화구이용이라고 보면 된다. 간접구이(indirect grilling)가 불가능한 것은 아니지만, 약간의 숙련을 필요로 한다. 용적이 적어서 장시간 뚜껑을 닫고서 조리하면 숯불이 꺼지기 쉽고, 훈연의 효과가 케틀형에 비해 높지 않기 때문이다.

장점은 케틀형보다 이동성이 좋고 숯을 적게 먹는다는 점. 그리고 대개의 모델들이 석쇠의 높낮이를 조절할 수 있는 기능을 채택하고 있는 것이 특징이다. 다양한 제품이 나와 있어서 비교적 선택의 폭이 넓은 편이지만 내구성을 잘 따져보고서 구입하는 것이 좋다. 간혹 법랑 코팅이 아니라 일반 페인트 도장을 함으로써 단 한 번 사용에 칠이 타고 벗겨지는 저급한 제품도 있기 때문이다.

직화구이용 그릴의 대표적 제품인 메코 그릴은 석쇠의 한 변이 54cm이고 작업선반의 위치와 전체적 생김새를 기준으로 몇 종류의 모델이 구비되어 있다. 전체 용적은 그리 크지 않지만, 석쇠의 높낮이를 조절할 수 있는 손잡이가 부착되어 있어 화력조절이 비교적 용이하다는 장점이 있다.

포터블 그릴(portable grill)

크기가 작아서 이동이 간편한 그릴을 통틀어 포터블 그릴로 분류한다. 웨버에는 석쇠 지름이 37cm인 스모키조 모델과 사각형의 고애니웨어 모델이 있고, 댄쿡

에는 비슷한 크기인 1300 모델이 있다. 이 작은 그릴로 이런저런 그릴링을 시도하고 즐기는 마니아 층이 두터운 편이다. 바비큐 동호회의 게시판을 살펴보면 여러 다양한 전용 액세서리를 활용하여 도전하는 글을 다수 발견할 수 있어 관전의 재미를 더한다.

주물로 찍어내어 묵직한 히바치 그릴도 이 부류에 속한다. 이름에서 알 수 있듯 일본의 화덕에서 유래된 그릴이다. 직화구이, 특히 스테이크와 꼬치구이에 좋은 결과물을 보여준다. 고풍스런 외관으로 소유하고픈 마음을 한번쯤 갖게 하는 그릴이다.

최근 인기를 모으고 있는 포터블 그릴 중 하나로 '콥(Cobb)' 프리미어 그릴을 꼽을 수 있다. 전체적인 형태는 우리가 고깃집에서 보는 화덕과 유사하다. 번개탄처럼 생긴 전용연료 또는 일반 숯을 사용할 수 있다. 석쇠도 고깃집에서 쓰이는 삼겹살이나 양념갈비용 석쇠 비슷한 모양새의 것과 망으로 된 것, 두 가지가 있어서 용도에 맞게 사용한다. 프라이팬, 그리들, 웍 등 전용 액세서리도 다양한 편이다. 무게는 4.5kg으로 가벼우며 열효율이 높고, 사용중 옮기더라도 안전하다는 점 등을 특징으로 한다.

웨버 스모키조 그릴

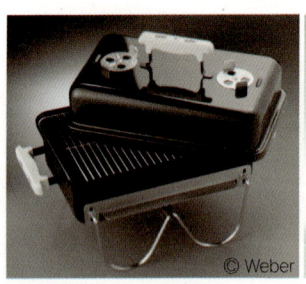
웨버 고애니웨어 그릴

히바치 그릴. 사진은 롯지의 '스포츠맨 그릴'

워터 스모커(water smoker)

워터 스모커는 그릴이 아니다. 비교적 낮은 온도에서 충분한 훈연 효과를 주는 데 목적을 두고 있는 스모커 제품이다. 케틀형 그릴이 그릴에 더하여 스모커 기능도 겸하고 있다고 볼 때, 워터 스모커는 바비큐 개념에 가까운 결과물을 만들기 위한 장비라고 볼 수 있다.

숯불 위에 물을 담아두는 팬을 두어서 장시간 훈연하는 동안 재료가 건조되지 않도록 고안되었고, 그래서 워터 스모커라고 불린다. 정량의 브리켓 숯을 넣었을 때 도달하는 온도대가 고작 110℃ 정도에 불과하여 보통 8~10시간 정도 조리해야 하는 슬로우 쿠커다.

대표적인 제품은 웨버에서 나온 스모키마운틴 모델. 총알같이 생겼다고 하여 웨버 불릿(bullet)이라는 애칭으로 불리는 이 제품은 굉장히 열성적이며 두터운 마니아 층을 형성하고 있다(인터넷 사용자 그룹 : www.virtualweberbullet.com). 웨버 외에도 브링만, 차브로일 등에서 나온 제품이 시중에 나와 있다.

웨버 워터 스모커

워터 스모커 내부

핏 스모커(pit smoker)

핏 스모커는 정통적 개념의 바비큐를 위해 고안된 장비다. 장작을 태우는 화덕부와 고기를 굽는 파트가 따로 나뉘어져 있으며, 마치 증기기관차처럼 생겼다. 두꺼운 철판으로 만들어져서 무게 또한 엄청나다. 생긴 모양새는 원시적이지만 내부 공기의 흐름 등을 잘 고려해서 만들어야 하기에 나름 제작사의 노하우가 집약되어 있다. 브링만 스모커의 경우 고기를 굽는 석쇠 밑으로 다양한 크기와 간격의 구멍이 있는 타공판을 배치하여 내부의 열 흐름을 고르게 하도록 고안하였다.

왜 이런 형태의 스모커를 만들었을까? 바비큐를 할 때 핏 스모커의 온도는 대략 110℃ 안팎이다. 낮은 온도에서 천천히 고기를 구워야 하기 때문이다. 일단 가로로 길게 누워 있어서 내부 공기의 흐름이 비교적 완만해진다. 공기의 흐름이 완만하면 온도의 급격한 상승을 방지하고, 굽는 고기의 수분이 증발하여 건조해지는 것을 어느 정도 막을 수 있다. 몸체의 두툼한 철판은 충분한 함열을 지니게 되어 장작을 때우는 스모커의 온도 조절을 손쉽게 하고 가마솥 같은 효과를 주게 된다.

핏 스모커

그릴링 필수 장비 – 이것 먼저 장만하자

집게

집게는 집는 부위의 모양과 길이에 따라서 다양한 제품이 나와 있다.

집게는 일단 손잡이가 길고, 잡는 면적이 넓으며, 손에 잡히는 부분에 미끄럼을 방지할 수 있도록 처리되어 있는 것이 좋다. 쇠의 두께도 어느 정도 되어서 무거운 재료를 잡더라도 휘어지지 않아야 하며, 스프링의 탄력이 부드러워 손에 피로감을 주지 않아야 한다.

길이가 긴 것을 먼저 장만한 다음, 여유가 되면 중간 크기의 것까지 두 가지를 준비한다. 물건을 집는 부위의 모양이 손 모양의 것을 하고 있는 것이 사용하기 편리하다.

뒤집개

© Weber

집게와 마찬가지로 전체적인 길이, 뒤집는 면의 크기, 재질의 강도를 고려하여 선택한다. 석쇠에 달라붙기 쉽고 살이 부서지기 쉬운 생선 등을 뒤집는 데 요긴하게 쓰인다.

집게, 뒤집개, 대형 포크는 하나의 세트로 구성되어 있는 경우가 많은데, 여건이 된다면 각각 따로 구입하기를 권한다. 어느 하나가 맘에 들면 나머지는 그렇지 않은 경우가 많기 때문이다. 특히 대형 포크는 의외로 그 쓰임새가 많지 않다. 주된 용도가 뜨거운 고기를 썰 때 잡아주는 역할인데, 차라리 고무장갑을 끼고서 잡는 게 초보자한테는 더 편하다. 또 굽는 과정에서 포크로 찍어서 이동하면 찍힌 부위에서 육즙이 흘러나와서 맛이 없어지기 쉽다. 재료를 옮길 때에도 집게와 뒤집개를 사용하는 것보다 불안정하다.

그릴 브러시

그릴 브러시는 긴 손잡이가 부착되어 안전하며, 석쇠 망에 달라붙은 찌끼를 긁어낼 수 있는 날이 붙어 있다. 브러시 헤드를 교체할 수 있는 제품도 있다.

대개 그릴 브러시를 작업을 모두 마치고서 그릴을 갈무리할 때 청소용으로 많이 쓰고 있는데, 다소 귀찮더라도 그릴링 중간 중간 사용하는 것이 좋다. 즉, 그릴 브러시의 용도는 한 재료의 그릴링을 마치고 다른 재료를 굽기 전에 석쇠를 깨끗이 하기 위한, 그릴링 도중에 사용되는 기구라는 점에 유념해야 한다.

© Weber

그릴 브러시를 오래 사용하면 쇠 솔 사이에 기름때가 끼어서 지저분하게 되는데, 이럴 때에는 세제를 푼 뜨거운 물에 잠시 담가두면 말끔해진다.

침니 스타터

침니 스타터가 있으면 초보자들이 가장 곤혹스럽게 여기는 숯불 붙이기를 간편하게 해결할 수 있다. 침니 스타터에 숯을 담고 밑에 고체연료나 신문지 몇 장을 구겨서 불을 붙여넣으면 잠시 뒤 숯이 발갛게 피어오른다.

© Weber

온도계

고기가 잘 익었는지 확인하는 방법은 여러 가지지만, 초보자에게는 고기 내부의 온도를 재보는 게 제일 확실하고 안전하다. 고기의 온도를 재는 데 쓰이는 온도계는 탐침부가 못처럼 튀어나와 있어서 속으로 깊숙이 찔러넣어 온도를 확인하며, 중심온도계라고도 한다. 100℃까지 측정할 수 있으면 되고, 저렴한 아날로그 방식과 디지털 방식 중에서 알아서 선택한다. 250℃까지 잴 수 있는 튀김용 온도계도 장만하면 좋다. 그릴의 온도를 측정하는 용도이기에 감지부가 너무 길지 않은 것으로 한다.

© Weber

그 외 필요한 장비로는 내열 장갑, 소화기, 숯 정리용 도구들이 있다. 내열 장갑은 일반 오븐용 장갑도 가능하지만 이왕이면 벙어리장갑이 아니라 손가락장갑 형태가 좋다. 손목 부위를 보호할 수 있도록 길고, 유사시 쉽게 벗을 수 있는 것이 좋다. 소화기는 구하기 힘들더라도 안전을 위해 꼭 필요하다. ABC 소화기보다는 하론 가스 제품을 추천하며, 용량은 300~500g 정도가 적당하다. 숯 정리용 도구로는 숯을 집기 위한 집게나 뒤집개, 모종삽 등이 적당하다. 저렴한 것으로 준비하는 게 부담스럽지 않고 좋다.

그릴 액세서리와 소모품

치킨 로스터

립랙

꼬치세트

소스 브러시

로스팅 홀더

차콜 바스켓

도구걸이

숯의 선택

숯불 그릴에서 열원이 되는 숯의 중요성은 아무리 강조해도 지나침이 없다. 숯불의 은은한 향은 특별히 훈연재를 넣지 않아도 만족스러운 그릴링 효과를 거두게 한다. 시중에서 구할 수 있는 숯은 천연 숯과 합성 숯, 두 계통으로 나뉜다.

천연 숯으로 대표적인 것이 참숯, 대나무숯, 깨브라초 숯 등이 여기에 속한다. 합성 숯은 숯가루를 일정한 모양으로 성형하여 만든 숯이다. 바비큐 전용 숯이라고 할 수 있는 브리켓, 열탄, 야자숯 등을 들 수 있다.

브리켓

바비큐 숯에서 중요한 포인트는 일정한 온도의 열기가 오랫동안 지속되는 것. 거기에 숯의 향까지 좋으면 금상첨화다. 이런 점에 착안하여 만들어진 전용 숯이 바로 브리켓이다.

바비큐 전용 숯으로 개발된 브리켓

브리켓은 미국의 자동차왕 포드의 제안에 따라서 발명왕 에디슨이 개발한 것이라고 알려진다. 자체의 열량은 높지 않지만, 대략 3시간 정도 장시간 지속되는데다가 히코리 톱밥 등이 들어 있어 훈연 효과가 우수하다. 게다가 브리켓은 각각의 크기가 일정하여 그 개수를 조절하는 것만으로도 그릴의 온도를 쉽게 제어할 수 있다는 장점이 있다.

드라마 〈식객〉의 숯불구이 겨루기 대

목에서 옛 궁중에서 써왔다는 '향탄'이 소개되었다. 숯가루에 향을 좋게 하기 위해 아욱 잎을 버무려서 주먹 모양으로 만들어낸 것인데, 말하자면 한국판 브리켓인 셈이다. 드라마에서는 이를 최고의 숯이라 평가했는데, 개인적 경험으로는 솔직히 '글쎄다' 싶다. 정성껏 잘 구운 천연 숯을 능가하는 인공 숯이 가능한지 모르겠다. 비슷한 수준으로 간신히 따라잡는 것도 아니고.

깨브라초 숯

물에 넣었을 때 가라앉을 정도로 비중이 무겁다는 깨브라초 나무로 만든 숯이다. 단단하고 열량이 높으며 풍미가 우수하여 상급의 숯으로 분류된다.

참숯

우리 기호에 잘 어울리는, 더 이상 설명이 필요 없는 숯이다. 충분히 건조되지 않은 상태에서 사용하면 불꽃이 튀고 재가 날리므로 주의해야 한다. 크기가 균일하지 않기 때문에 못 쓰는 칼 등을 이용하여 일정한 크기로 쪼개어 써야 한다.

Tip 장비 챙기기

적당한 크기의 공구상자를 준비한다. 그릴링 장비 중에는 자잘한 것들이 제법 되는데, 공구상자를 하나 장만해놓고 거기에 보관하면 출사 채비가 간편해진다.

그리고 공구상자에는 보관해야 할 도구의 리스트를 만들어 붙인다. 챙겨야 할 품목이 한눈에 들어오니 편리하다. 리스트는 필요로 하는 물건이 생길 때마다 업데이트하여 관리한다.

또 리스트에는 공구상자에 담지 않더라도 챙겨야 할 품목, 예컨대 침니 스타터 등도 적어두어 한눈에 관리할 수 있도록 한다. 공구상자에는 자주 쓰이는 양념도 담겨 있어야 한다. 소금과 후추, 몇 가지 시즈닝, 오일 등이다.

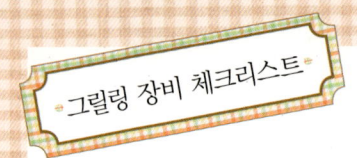

그릴링 장비 체크리스트

- ☐ 고기용 집게 : 장(長)/단(短)
- ☐ 뒤집개
- ☐ 그릴 장갑
- ☐ 목장갑 몇 켤레 : 고무 코팅된 장갑은 금물.
- ☐ 1회용 비닐장갑 : 라텍스 장갑이 더 좋다.
- ☐ 온도계
- ☐ 앞치마
- ☐ 팔목 토시
- ☐ 작은 도마 : 적당히 휘어지는 필름형 도마도 좋음.
- ☐ 키친타월
- ☐ 알루미늄 호일
- ☐ 롱노우즈 플라이어
- ☐ 실리콘 브러시
- ☐ 공기/대접 : 스테인리스 공기가 특히 좋다. 소스를 담아서 데우는 용도로도 쓰인다.
- ☐ 오일 : 카놀라 오일(채종유)을 추천. 올리브 오일, 포도씨 오일, 옥수수기름도 무난하다.
- ☐ 오일 스프레이
- ☐ 물 스프레이 : 작은 것 2개를 준비하여 하나는 물, 또 하나엔 화이트 와인을 담는다.

- ☐ 식칼 : 쉐프나이프(24~30cm 정도, 고기 써는 용도), 보닝나이프(골발칼) 2가지.
- ☐ 행주 3개
- ☐ 실리콘 주걱 : 중간 크기와 미니 사이즈 2가지.
- ☐ 장총형 라이터
- ☐ 파라핀 고체 연료
- ☐ 토치램프 : 역분사 방지 및 점화장치가 붙어 있는 게 좋음.
- ☐ 부탄가스 1통
- ☐ 그릴 브러시
- ☐ 숯 집게
- ☐ 숯 정리용 뒤집개
- ☐ 소화기
- ☐ 주걱칼 : 일명 '헤라'라고 하는 것. 그릴 청소에 편리함.
- ☐ 페인트 솔 : 그릴 청소용
- ☐ 드립팬(알루미늄 팬) 2개
- ☐ 양념류 : 소금, 후추, 시즈닝 등
- ☐ 훈연칩 박스
- ☐ 스테인리스 쟁반
- ☐ 침니 스타터
- ☐ 철사 10m

숯불 피우기

숯불 피우기는 침니 스타터를 사용하는 게 가장 쉬운 방법이다. 침니 스타터는 이름 그대로 연통처럼 생겼다. 아랫부분에 착화를 위한 고체연료나 신문지 등의 재료를 넣고 윗부분에는 숯을 담는다.

침니 스타터에 그릴별 적정량의 브리켓이나 숯을 담는다.

파라핀 고체연료에 불을 붙이고 그 위에 브리켓(또는 숯)을 채운 침니 스타터를 올린다. 침니 스타터는 그릴의 숯 석쇠에서 사용한다. 다소 불편하더라도 거기에 올려놓고 사용하는 것이 편의상 땅바닥에 내려놓고 쓰는 경우보다 화재 위험에 안전하다. 고체연료 등 착화를 위한 재료가 준비되지 않았을 때는 포장지나 신문지 등 종이를 구겨서 넣는다.

그리고 나서 불이 충분히 붙을 때까지 기다린다. 침니 스타터 윗부분의 숯에 불이 골고루 붙어서 밝은 오렌지색을 나타낼 때까지, 낮에는 숯 표면에 회색 재가 살짝 덮일 정도까지 기다린다. 충분히 착화되지 않은 상태에서 그릴링을 시작하면 적정 온도에 이르지 않을뿐더러 사용 중 불이 꺼지는 일도 생긴다.

간혹 휴대용 가스버너에 침니 스타터를 올려놓고 불을 붙이는 경우도 많은데 이는 폭발의 위험이 있어 절대 금물이다. 숯에 불이 붙으면서 떨어지는 불씨는 가스버너의 헤드 부분을 녹일 정도로 매우 높은 열이다.

 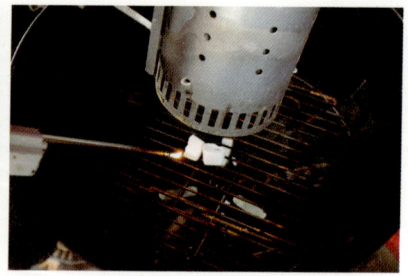

침니 스타터에 적정량의 숯을 담고, 침니 스타터 밑에는 신문지 등 종이를 구겨 넣거나 파라핀 고체 연료를 이용하여 불을 붙인다. 불길이 위쪽으로 모여 올라가므로 숯이 손쉽게 점화된다. 침니 스타터 제일 위에 담긴 숯에 하얗게 재가 덮일 때까지 충분히 기다려 사용한다. 점화를 위한 열원으로 휴대용 가스레인지 등을 이용하는 것은 화재의 우려가 있으므로 금물.

Tip 침니 스타터가 준비되지 않았을 경우

그릴의 석쇠를 모두 들어내고서 신문지 등 불쏘시개를 넣은 다음, 숯 석쇠를 올리고 그 위에 브리켓을 쌓는다.

또는 등산용 버너 바람막이를 이용하여 둥근 원통을 만들고 그 안에 불쏘시개와 브리켓을 넣고 불을 붙인다.

케첩이나 피클을 담았던 큰 깡통이 있다면, 옆에 캔 오프너를 이용하여 구멍을 내준 다음, 불쏘시개와 브리켓을 넣어서 불을 붙인다.

브리켓 양 가늠하기

침니 스타터의 절반까지 담기는 브리켓의 양은 약 45개. 2/3 정도 담겼을 때 약 60개가 되고, 가득 채웠을 때 90개 정도가 된다. 침니 스타터 옆에 뚫린 3개의 구멍 중 제일 윗부분을 살짝 넘치는 수준으로 브리켓을 담았을 때 웨버 57cm 그릴의 적정량인 50개 정도가 담기게 된다.

웨버 57cm 그릴의 적정 사용량인 브리켓 50개의 부피는 대략 3.5ℓ. 1ℓ 우유팩이나 음료수 페트병을 이용하면 양 가늠이 편리하다.

브리켓 10개의 무게는 대략 400g 내외. 따라서 2~2.5kg이면 적정 사용량이 된다. 구입한 브리켓의 포장 단위를 감안하여 절반 혹은 1/4씩 나눠서 사용하면 된다.

그릴별 적정 브리켓 사용량

웨버 그릴의 경우, 석쇠의 지름 숫자를 기억하면 된다. 57cm에는 50개가, 47cm엔 40개, 37cm엔 30개가 적정 사용량이다. 침니스타터 옆에 뚫려 있는 구멍의 제일 윗부분까지 브리켓을 담았을 때가 57cm 모델의 적정량, 중간 구멍이 47cm, 제일 아래 구멍이 37cm 모델이라고 생각하면 된다. 댄쿡 그릴은 웨버 사용량의 2/3 정도로 줄여서 사용하면 된다.

직화구이와 간접구이

그릴링에는 두 가지 방법이 있다. 하나는 숯불 바로 위에서 고기를 굽는 다이렉트 그릴링(direct grilling, 직화구이)이고, 다른 하나는 숯불을 한쪽으로 몰아놓고 불이 없는 공간에 재료를 올리고서 대류 열로 익히는 인다이렉트 그릴링(indirect grilling, 간접구이) 방법이다.

1인치 두께(스테이크) 정도의 고기는 보통 다이렉트 그릴링을, 이보다 덩어리가 큰 경우에는 인다이렉트 그릴링을 이용하는 게 일반적이다.

다이렉트 그릴링 세팅에는 세 가지 방법이 있다.

첫 번째는 늘 우리가 그릴을 써오던 대로 불판 골고루 숯을 까는 방법이다. 아주 얇게 저민 고기, 햄버거 패티 등을 구울 때 쓰지만, 보다 두터운 고기를 굽는 바비큐에서는 자주 쓰이지 않는다. 두 번째는 불판 절반을 숯으로 채우고 나머지 절반은 빈 상태로 두는 방법이다. 숯불이 없는 공간에 재료를 두어도 그릴 내에서 대류되는 열로 태우지 않고 속까지 충분히 익을 수 있으므로 자주 쓰이는 방법이다. 초보자에게 추천하는 세팅법이다. 마지막으로 불판을 셋으로 나눠서 한쪽은 숯이 많게, 중간은 보통, 나머지는 숯이 없거나 적게 세팅한다. 이렇게 온도대역을 강-중-약, 세 단계로 나눠서 쓰면 특성이 다른 여러 재료를 한 번에 구울 수 있는 장점이 있다. 많은 양 처리에 능숙한 그릴자키들이 주로 사용한다.

인다이렉트 그릴링 세팅에서는 차콜 분리대나 차콜 바스켓을 이용하여 숯을 좌우로 나눠 담고 가운데에는 흘러내리는 기름 등을 받아낼 드립팬을 배치한다. 구울 재료는 숯불이 없는 부분에 올려놓으면 된다. 혹은 불판 절반에 숯을 몰아넣고 반대편에 드립팬을 놓는 방법을 쓰기도 한다. 셋으로 나누는 세팅에 비해 효과가 약간 떨어지지만 보다 넓은 공간을 활용할 수 있어서 선호하는 이들이 많다. 웨버 그릴처럼 뚜껑에 있는 공기구멍이 한쪽으로 치우쳐 있는 그릴을 갖고 있다면, 뚜껑을 덮을 때 공기구멍의 위치에 유념할 필요가 있다. 공기구멍을 재료가 있는 쪽, 즉 불이 없는 쪽에 둬야 숯불의 열기가 곧바로 빠져나가지 않는다.

다이렉트 그릴링을 위한 숯을 까는 3가지 방법.
숯을 절반만 깔아서 2가지 온도대를 만드는 방법이 초보자에게 적당하다.

© Weber
© Dancook

숯불의 열기가 직접 올라오지 않도록 세팅하는 인다이렉트 그릴링은
통닭, 목살 덩어리 등 덩치가 큰 재료를 구울 때 요긴하다.

그릴의 온도 조절

숯불 그릴의 온도 조절은 공기구멍을 통해서 한다. 공기구멍은 대개 숯불이 놓이는 아래쪽과 뚜껑, 두 곳에 위치하는데 온도 조절은 뚜껑 쪽의 공기구멍을 이용한다. 아래쪽 구멍은 바람이 많이 부는 등 특별한 경우가 아니면 항상 개방해둔다.

문제는 그 온도 조절이 그리 섬세하지 않고 폭이 넓지 않다는 데 있다. 공기구멍 조절로 변화되는 온도의 폭은 대략 20℃ 안팎. 때문에 브리켓이나 숯의 양으로 큰 범위의 온도를 조절하고, 공기구멍으로는 미세한 조정을 맡기는 게 좋다.

온도계가 없을 때 그릴의 온도를 재는 방법은 손바닥에 전해지는 열기의 강도를 통해 느끼는 것이다. 손바닥을 아래로 하여 석쇠 약 10cm 위에 두고서 견딜 수 있는 시간을 속으로 헤아린다. 약 2~3초를 견딜 수 있으면 제일 높은 온도이다. 온도는 230~350℃ 정도다. 4~5초면 중-강 화력으로 200℃, 6~8초면 중간불로 160~180℃ 내외가 된다. 9~10초가 중약불(150℃), 11~14초면 약한불(110~120℃)로 판단하면 된다.

온도가 매우 높게 올라간다면, 숯의 양을 덜어내거나 스프레이로 물을 뿌려서 열기를 식히는 방법을 쓴다. 숯에 재를 제거하면 숯불에 보다 많은 산소가 공급되므로 열기가 높아지게 된다. 재가 날리지 않도록 집게로 숯통을 살살 두들겨서 재를 털어낸다.

숯은 연소되면서 점차 불길이 약해지므로 주기적으로 보충해줘야 한다.

브리켓의 경우 보충은 1시간이 지나고서 30분 간격으로 사용량의 1/3씩을 넣어준다. 브리켓의 연소시간을 대략 2시간 반으로 보고 불이 붙는 데 걸리는 시간을 20~30분 정도로 생각하면, 1시간 반이 지났을 때 처음 사용량의 1/3이 연소되어 사라진다는 계산에 따른 것이다.

일반 숯이라면 보충시간과 주기를 보다 빠르게 한다. 숯마다 특성이 다르고, 정확한 데이터가 없으므로 자신의 경험에 의존할 수밖에 없다. 숯이 점화되는 데 걸리는 시간을 10분 정도로 생각하고 강한 화력이 유지되는 시간을 40분 정도로 보면, 대략 30분이 지나고부터 1/3 정도의 양을 넣어주면 된다는 계산이 나온다.

> **Tip 식품안전**
>
> 그릴링에 도전할 때 가장 유념해야 할 점은 안전이다. 흔히들 안전문제에서 화재를 먼저 떠올리지만, 실제 주의해야 할 사항은 식품위생이다.
>
> 화재의 경우 비교적 쉽게 진화가 되고 피해 범위도 작은 반면, 여러 사람과 음식을 나눠 먹는 바비큐의 특성상 식품위생상의 문제는 대형 사고로 이어지게 된다.
>
> 따라서 식품의 선도관리는 기본이고, 한 작업을 마치고 다른 작업에 들어가기 전에 사용한 도구를 깨끗이 세척해야 한다. 도마나 칼을 육류용, 채소용으로 구분해 사용하면 좋겠지만, 가정에서 그렇게 하기는 어렵기에 항상 청결하게 유지 관리해야 한다.
>
> 재료를 손으로 문지르곤 하는 등 바비큐 양념작업의 특성상 반드시 위생장갑을 착용하고, 재료마다 장갑을 바꿔야 함은 물론이다. 작업의 순서도 위생을 고려하여 정하는 것이 좋다. 매번 위생장갑을 끼고 벗기 불편하다면 여러 벌의 위생장갑을 착용하여 작업이 끝날 때마다 하나씩 벗겨내면 보다 수월하다. 위생상 가장 주의해야 하는 닭고기는 마지막에 작업하는 것이 좋다.
>
> 야외에서는 스테인리스 쟁반에 알루미늄 호일을 여러 장 겹쳐서 깐 다음 작업하면 좋다. 한 작업이 끝날 때마다 호일을 한 겹씩 들어내면 되므로 위생적이다. 드립팬도 재료를 담아두고 재우는 등 용기 역할을 톡톡히 하므로 넉넉하게 준비하면 요긴하게 쓸 수 있다.

익은 정도 확인하기

당연히 재료는 충분히 익혀야 한다. 비교적 얇게 썰어서 굽는 직화구이의 경우에는 충분히 익었는지 확인이 간단하지만, 큰 덩어리 상태로 굽는 간접구이는 이를 알아보기가 쉽지 않다. 덜 익히면 식품 안전이 걱정되고, 푹 익히면 맛이 덜하게 된다.

이럴 때 가장 손쉬운 해결책은 조리용 중심온도계를 쓰는 것이다. 중심온도계는 제과용품점에서 쉽게 구할 수 있으며 가격도 아날로그 방식의 경우 4천 원 안팎으로 저렴한 편이다.

중심온도계에 나타난 온도를 보고서 그 익은 정도를 판단하면 된다. 일반적으로 식중독균은 65℃ 이상으로 가열하면 사멸하는 것으로 알려져 있다. 따라서 65℃면 일단 안심이며, 돼지고기는 72~75℃, 닭고기는 82℃ 이상이면 충분히 익혀진 상태가 된다. 간단히 6-7-8로 외워두면 편하다.

디지털 온도계를 사용한다면 측정단위를 ℃가 아닌 °F로 설정하는 것도 좋다. 우리에게 °F가 익숙하지 않지만 어차피 고기의 익은 정도를 재는 데는 몇 가지 기준만 외우면 되기에 그리 어려울 것도 없다. 160°F(71℃)-170°F(77℃)-180°F(82℃)만 외우면 되니깐 이 역시 6-7-8이다.

화씨로 하면 측정 폭이 넓어져서 고기의 익은 정도를 세밀하게 관리할 수 있다. 예컨대 돼지고기의 경우 160°F면 살짝 핏물이 비칠 정도지만 등심 등 살코기로 이뤄진 부위라면 이 온도대가 제일 맛있을 수 있다. 170°F면 완전히 익은 상태를 지나쳐 근육의 결이 장조림으로 찢어지기 시작하는 시점이 된다. 따라서 앞다리살 등 좀 질긴 부위에서는 이 상태가 육질이 부드러워서 적합할 수 있다.

닭고기 역시 무조건 82℃에 이르러야 익었다고는 말할 수 없다. 닭 가슴살처럼 순살코기로 이뤄진 부위는 72℃ 정도일 때가 부드럽고 촉촉해서 맛이 있다. 반면 뼈가 들어가 있는 다리 부위는 82℃ 정도에 이르러야 핏물이 배어나오지 않는다.

중심온도계를 사용할 때 주의할 점은 식품의 중심 부위에 이르도록 깊숙이 꽂아야 한다는 점이다. 너무 얕게 집어넣으면 정확한 온도가 측정되지 않는다. 또한 지방이나 뼈를 피해서 근육 부위에 집어넣어 측정해야 정확하다. 닭의 경우 가슴살이나 넓적다리 쪽에 넣어서 재면 된다.

Tip 온도계가 없을 경우

젓가락이나 꼬치 등 끝이 뾰족한 도구를 이용하여 고기를 찔러본다. 잘 익은 상태에서는 다소 뭉툭한 젓가락도 쑥쑥 들어가지만, 덜 익은 상태에서는 뻑뻑하게 느껴진다. 찔렀을 때 흘러나오는 육즙의 색도 함께 살펴본다. 맑은 육즙이 흘러나오면 익은 상태고 덜 익었을 때는 핏물이 배어나온다.

갈비는 중심온도계로 익은 상태를 확인하기 어려운 부위다. 갈비는 고기가 익으면서 뼈가 튀어나오게 되는데, 그 정도로 익은 상태를 확인한다. 대략 1.5cm 정도 튀어나왔을 때가 익은 상태다. 그리고 뼈 사이를 잡고서 찢어봤을 때 부드럽게 찢어지거나 뼈를 잡고서 돌려봤을 때 살살 돌아가면 충분히 익었다고 보면 된다. 생선은 포크로 살을 찍었을 때 결결이 부서지면 완성된 것이다. 생선 통구이는 눈알이 하얗게 변색된 정도로 익은 상태를 확인할 수 있다. 해물은 익으면서 살이 반투명 상태에서 불투명하게 변화된다.

레스팅(resting) – 뜸들이기

고기를 다 구웠으면 석쇠에서 꺼내어 잠시 뜸들이기 과정을 거친다. 쟁반에 올려두거나 호일로 살짝 덮어두면 된다. 알루미늄 호일로 꽁꽁 싸매두면 여분의 스팀이 빠져나가지 못해 고기 표면이 눅눅해지므로 특별한 경우를 제외하고는 권장하지 않는다. 굽는 과정에서의 높은 열기로 인해 육즙이 고기에서 빠져나와 있는 상태가 되는데 잠시 뜸들이기 과정을 거치면 이 육즙이 다시 고기 속으로 스며들어 부드럽고 촉촉해진다.

훈연재 사용하기

　훈연향은 바비큐의 맛을 구성하는 가장 중요한 요소다. 가스 그릴을 주로 사용하는 미국에서는 부족한 훈연향을 보충하기 위해 시판하는 소스에 스모크 액을 필수로 첨가할 정도다.
　어떤 훈연재료를 사용하여 뽑아낸 연기냐에 따라서 단순히 향만 틀려지는 게 아니라 맛과 질감까지 다르게 느껴진다. 예컨대 우리에게 친숙한 참나무를 기준으로 봤을 때 벚나무는 보다 마일드하고 히코리는 남성적인 강함이 있으며 사과나무는 달콤하고 부드럽다.
　우리한테는 떡갈나무, 상수리나무 등 참나무 향이 너무도 친숙하지만, 더 맛있는 바비큐를 위해서는 굽는 재료에 따라서 적절한 훈연향을 선택하는 게 중요하다.
　일반적으로 훈연재와 굽는 재료와의 궁합을 따져보면, 벚나무와 히코리는 해물엔 좋지 않고, 메스킷은 쇠고기와 해물에 찰떡궁합이라고 한다. 또한 가장 대중화된 훈연재료인 히코리를 가운데 두었을 때 벚나무와 사과나무는 육류에 적합하고, 밤나무는 어류에 어울린다는 평가도 있다.
　그러나 훈연재와 굽는 재료와의 궁합은 개인적 취향에 의존하는 경우가 많다. 예컨대 사과나무나 벚나무가 달콤하고 과일향이 있어 부드러우니까 닭고기에 잘 어울리지만 돼지고기에는 아니라고 평가하는 이가 있는 반면, 혹자는 그 반대로 이야기하기도 한다.
　때문에 먼저 나 자신이 훈연향에 익숙해지는 게 중요하다. 의외로 우리는 훈연향에 익숙하지 않은 편이다. 널리 알려진 참나무 향이라도 그 짙고 옅음에 따라서 전혀 다른 것으로 느끼는 경우가 많다. 훈연에 재미를 붙이면서 "이 나무는 어떨까, 저 나무는……" 하는 식으로 프런티어 정신을 발휘하는 경우가 있는데, 그렇다 하더라도 오랜 경험을 통해 검증된 나무를 중심으로 시도해보기를 권하고 싶다. 참나무, 히코리, 벚나무, 사과나무, 피칸나무, 메스킷, 앨더, 메이플 등이 나름대로 검증된 훈연재다.

쇠고기와 양고기 : 참나무, 히코리, 메스킷
돼지고기 : 벚나무, 사과나무, 피칸나무
닭 : 사과나무, 벚나무, 피칸나무
어류 : 메스킷, 앨더
채소류 : 로즈마리 줄기

훈연재로 쓰이는 나무는 벚나무, 참나무, 사과나무 등 낙엽활엽수 계통이며 매우 단단한 편에 속한다. 단단한 나무일수록 훈연향이 짙으면서도 맑고 깨끗한 느낌을 전해준다. 배나무, 복숭아나무 등 낙엽활엽수면서도 재질이 무른 나무는 훈연의 효과가 잘 나타나지 않는다.

훈연재로는 소나무, 전나무, 잣나무 등 침엽수 계통의 나무를 사용하지 않는다. 언뜻 생각하기에 향이 좋으므로 훈연재료로 적당하리라 여겨지지만, 수액이 많아서 타르가 다량 발생하기에 적절하지 않다.

훈연재는 잘 말려서 사용한다. 덜 건조된 나무에서 나오는 연기는 탁하고 쓴 맛을 준다. 굵은 줄기에서 잘라낸, 심재 부위에 있는 나무일수록 향이 좋다.

시중에서 구할 수 있는 훈연재는 잘게 부숴놓은 크기의 칩(chip)과 주먹만 한 크기의 청크(chunk)의 두 가지 형태로 판매된다.

훈연재는 연기가 잘 나올 수 있도록 1시간 정도 미리 찬물에 불려 놓는다. 훈연칩은 금속으로 된 스모크박스에 담아서 사용한다. 공기와 접하는 면을 줄여서 훈연재가

훈연칩

불타지 않고 연기를 오랫동안 나올 수 있게 한다.

불 위에 바로 올려놓기에는 금방 불붙어 타버리는 칩 형태보다는 청크가 좋다.

스모크박스가 없을 경우 알루미늄 호일로 주머니를 만들어서 쓸 수 있다. 호일을 두 겹으로 접는다. 훈연칩을 가운데 놓고 접어서 주머니를 만든 다음, 연기가 빠져나올 수 있도록 구멍을 뚫어준다.

훈연재는 한 가지만 쓰기도 하고, 경우에 따라서 이것저것 블렌딩하여 나만의 훈연향을 만들어내기도 한다. 또한 나무만 사용하는 게 아니다. 경우에 따라선 쌀이나 왕겨도 훈연재로 쓰인다. 파인애플, 사탕수수, 포도나무 가지도 훌륭한 훈연재이며, 세이지, 로즈마리 등 향신료를 섞어서 쓰기도 한다.

❶ 훈연칩 물에 불리기
❷ 호일 두 겹으로 접기
❸ 훈연칩 가운데 놓기
❹ 주머니 만들기
❺ 구멍 뚫기
❻ 그릴에 넣기

훈연칩은 1시간 정도 물에 충분히 불려서 사용한다.
훈연칩을 담는 스모크박스가 없을 때에는 알루미늄 호일로 주머니를 만들어 쓰기도 한다.

그릴 길들이기

숯불이 준비되었다고 바로 그릴에 고기를 굽기 시작하는 것은 좋지 않다. 귀찮더라도 잠시간 예열 시간을 갖는 게 중요하다.

예컨대, 프라이팬에 계란을 프라이할 때 우리가 어떻게 하는지 생각해보자. 레인지 위에 프라이팬을 달궈서 기름을 두르고, 다시 기름이 뜨거워질 때까지 기다린 다음 계란을 까서 넣는다.

그릴 다루기도 마찬가지다. 잘 피운 숯을 그릴에 넣고 뚜껑을 닫고서 약 15분 정도 예열 시간을 가진다. 예열하는 동안 공기구멍은 아래쪽을 활짝 개방하고, 뚜껑 쪽은 1/3정도만 열리도록 닫아준다. 얇은 철판으로 만들어진 그릴을 예열한다고 해서 무슨 효과가 있을까 싶지만 실제 그 차이는 제법 크다.

먼저 예열을 하면 그릴의 몸체가 열을 머금으면서 내부 온도가 균일해진다. 또한 잠시 뚜껑을 열었다 닫더라도 원래 온도대로 복원되는 시간이 짧아진다. 예열을 하면, 고기를 굽기 전에 내가 목표했던 것보다도 그릴의 온도를 더 높일 수 있다. 목표로 한 온도를 큰 변화 없이 유지하면서 굽기를 완성하는 게 이상적인 그릴링 방법이지만 차콜 그릴을 사용하는 실제에서는 그 온도 유지가 쉽지 않은 편이다.

일단 구울 재료를 넣게 되면 그릴이 열을 뺏기면서 곧바로 온도가 내려가게 된다. 이럴 때 가스 그릴이라면 간단히 밸브를 열어주는 것으로 온도 변화에 신속히 대응할 수 있지만 숯불 그릴에서는 그처럼 정교한 코너링이 불가능하다. 공기구멍을 열어주거나 숯을 보충한다고 해도 최소 5~10분 정도가 지나야만 한다. 방법은 온도를 목표치보다 높여둔 상태를 만들어서 시작하는 것이다.

브리켓 표준 사용량을 넣었을 때, 그릴의 온도는 170~180℃ 정도로 고정되는 게 일반적이다. 익숙한 그릴 사용자는 브리켓 사용량을 조금 줄여서 그릴 온도를

150℃ 정도에 맞춰서 사용하기도 한다. 완성되는 시간이 좀 더 걸리지만 그 퀄리티가 170℃대에서 구울 때와 비교되지 않을 정도로 좋아지기 때문이다.

아무튼, 브리켓 표준사용량을 넣었을 때 170℃ 정도로 맞춰지는 그릴을 충분히 예열하게 되면 200℃ 가까이 온도를 높일 수 있다. 이때 구울 재료를 투입하면, 뚜껑을 여닫았다는 점과 찬 고기의 영향으로 그릴이 급속히 식으면서 온도가 170℃ 정도에 맞춰지게 된다. 이후, 1/3정도로 닫아두었던 뚜껑의 공기구멍을 활짝 열어서 온도가 더 이상 내려가지 않도록 관리한다.

특히 예열을 하지 않을 경우 영향을 받게 되는 게 석쇠다. 차가운 석쇠에 찬 고기가 올라가면 굽는 동안에 표면의 육즙 유출이 늘게 된다. 다 구운 고기의 밑면을 들춰봤을 때 육즙이 말라붙은 게 마치 고드름처럼 매달려 있는 걸 볼 수 있을 정도다. 당연히 고기는 퍽퍽하고 맛이 없을 것이다.

우리가 고깃집에 가서도 이런 경우를 많이 발견하게 된다. 충분히 달궈지지 않은 석쇠에 고기를 올렸을 때, 석쇠의 경사면을 따라서 흘러내리는 육즙의 양은 담담하게 바라보기 힘든 수준이다. 거기에 숯불의 화력도 약하고 석쇠까지 두껍다면 점입가경이 된다.

그릴을 충분히 예열시켰으면, 석쇠에 오일을 먹인다. 키친타월에 식용유를 묻혀 집게로 잡아서 문지르거나 오일 스프레이로 분사한다. 오일은 발화점이 비교적 높은 카놀라 오일(채종유)이 좋다.

❶ 그릴에 숯 넣기　　❷ 뚜껑 닫기　　❸ 5~10분 예열

석쇠를 충분히 예열한 후, 그릴브러시로 더러움을 제거하고 키친 등을 이용하여 식용유를 발라준다.
오일 스프레이를 이용하면 보다 편리하다.

플랭크 그릴링(plank grilling)

특별히 처리한 판재를 태워서 나오는 연기로 훈연의 효과를 높이는 그릴링 방법이다. 구울 재료는 판재 위에 올려놓는다. 침엽수 종인 시더를 훈연에 사용할 수 있도록 가공한 플랭크가 일반적이고 벚나무, 참나무를 활용한 제품도 시중에 등장하고 있다. 연어, 송어 등 생선이나 해물 구이에 효과적이다.

1. 플랭크를 흐르는 물에서 수세미를 이용하여 잘 씻는다. 새 제품에는 톱밥 등이 묻어 있기 때문이다.
2. 대야에 물을 담아 플랭크를 1시간 이상 충분히 불린다. 판재 위에 무거운 것을 올려놓아 물에 뜨지 않도록 한다.
3. 그릴에 불을 지핀 숯을 골고루 깔아서 다이렉트 그릴링 세팅을 한 다음, 뚜껑을 닫고서 예열한다.
4. 예열된 그릴 석쇠 위에 플랭크를 올리고, 그릴 뚜껑을 닫은 다음 연기가 피어오를 때까지 몇 분간 기다린다.
5. 재료를 플랭크 위에 올리고 굽기 시작한다. 신속한 동작으로 작업을 마치고 그릴 뚜껑을 재빨리 닫는 게 중요하다. 공기를 많이 접하게 되면 플랭크에 쉽게 불이 붙기 때문이다.
6. 자칫 방심하면 플랭크에 불이 붙어서 작업을 망칠 우려가 높기 때문에 주의 깊게 살펴본다. 만일 불이 붙었다면 플랭크를 숯이 없는 쪽으로 밀어낸 다음, 물이 담긴 스프레이를 이용하여 불을 끈다.

❶ 플랭크는 물에 넣고 1시간 이상 불린다. 뜨지 않도록 무거운 것을 올려놓는다.

❷ 예열된 그릴 석쇠 위에 플랭크를 올리고 뚜껑을 닫은 후 몇 분간 기다린다.

❸ 재료를 플랭크 위에 놓고 재빨리 구워낸다. 그릴 뚜껑을 재빨리 닫는 게 중요하다.

워터 스모커 사용법

브리켓을 적정량으로 사용하고, 공기구멍을 잘 조절하여 온도를 장시간 저온으로 유지하는 게 포인트다. 온도 조절은 몸체 밑에 있는 공기구멍을 이용하며, 뚜껑의 공기구멍은 특별한 경우를 제외하고는 최대로 열어서 사용한다. 온도를 잘 조절하면 12시간 정도 브리켓을 보충하지 않아도 쓸 수 있다. 적정온도는 110℃ 안팎이다. 이 제품은 재료를 비교적 신속하게 구워내기 위한 그릴이 아니라, 낮은 온도에서 오랜 시간 훈연하기 위한 스모커라는 점을 기억할 필요가 있다.

1. 침니 스타터에 브리켓을 가득 담아서 스모커 숯통에 넣는다.
2. 침니 스타터에 절반 정도 브리켓을 담아서 불을 붙인 다음, 스모커 숯통에 쏟아 넣는다.
3. 워터팬에 더운 물을 채운 다음, 스모커 뚜껑을 닫고서 예열에 들어간다. 워터팬에는 대략 3ℓ 정도의 물이 들어가며, 예열은 1시간 정도가 필요하다. 공기구멍은 뚜껑과 밑, 모두 활짝 개방한다.
4. 스모커에 훈연할 재료를 넣는다.
5. 숯통에 훈연재를 넣는다. 자잘한 칩보다는 굵직한 청크 형태가 적당하다.
6. 몸체 아래쪽에 있는 공기구멍을 조절하여 온도를 맞춘다. 대략 절반 정도 개방한 상태로 사용하면 무난하다.

워터 스모커를 사용할 때는 오랜 시간 숯을 보충하지 않아도
온도를 유지하면서 조리할 수 있도록 주의를 기울여야 한다.
점화하지 않은 생 숯은 더 넣어주거나 워터팬에도 더운 물을 담는 등의 세심한 주의가 필요하다.
뚜껑 쪽 공기구멍은 전면개방하고, 아래 숯통 쪽 공기구멍은 절반 정도 닫아서 사용한다.

바비큐 양념과 소스

Part 2.

양념과 소스에 대해서 알아보는 과정은 하나의 추리와도 같다. 왜 여기서 이것을 썼을까, 왜 이만큼 넣을까 하는 궁금증을 바탕으로 오랜 관습을 통해 형성된 원칙을 찾아낼 수 있다. 처음 레시피를 접하는 사람은 그 생경함에 마치 마법사의 묘약 제조 비법을 대하는 듯한 느낌을 가진다. 그러나 왜 그렇게 하는지를 알게 되면 별 게 아니다. 레시피를 무조건 따라하기보다는 찬찬히 들여다보면서 맛을 연상해보고 비판적으로 생각을 거듭한다. 몇 차례 반복하면 숨어 있던 원칙이 드러나고, 그 이후부터는 '나만의 맛'을 개발한다는 목표도 야심차게 품어볼 필요가 있다.

양념과 숙성의 중요성

바비큐는 향을 매우 중시하는 음식이다. 고기 한 점 베어 물면서 짙은 훈연향과 함께 허브 스파이스의 향과 맛이 절묘하게 어우러질 때 비로소 바비큐의 생명력이 주어진다고 할 수 있다.

생고기를 바로 구워서 양념장에 찍어먹는 게 우리네 고기 먹는 습관이지만, 조금만 시간과 정성을 투자하면 더욱 맛있는 바비큐를 즐길 수 있다. 사실 그릴링 하루 전날 고기를 양념한다고 해서 그리 큰 부담이 되지도 않는다. 오히려 나중에 구워질 고기의 맛을 상상하면서 양념을 만들고 준비하는 시간 자체가 바비큐의 또 다른 즐거움으로 다가오게 된다.

정통 바비큐에서 고기를 꼭 양념하여 굽는 실제의 이유는 바로 구워서 먹어도 좋을 만큼 우수한 등급의 부위를 사용하지 않기 때문이다. 저렴하지만 풍미가 좋은 고기를 이용하여 훌륭한 맛을 만들어내는 것. 이것이 바비큐라는 번거로운 조리과정을 행하는 이유이자 목표가 된다.

예컨대 우리가 고깃간에서 불고기 감을 끊어와서는 그냥 불에 구워 소금에 찍어 먹었다고 치자. 맛있다고 여길 이들이 얼마나 될지 궁금해진다. 우리가 어떤 부위의 고기를 반드시 양념해서 굽고, 또 어떤 것을 국거리로 이용하고, 수육 감으로 써온 데는 다 그만 한 이유가 있기 때문이다.

고기에 미리 양념을 하면 부드러워지고 훈연이 잘 이뤄지게 된다. 양념에 들어가 있는 염분의 이온 작용, 즉 소금기가 고기 속으로 침투를 하는 과정에서 단단하게 결속되어 있던 고기 조직에 틈을 만들고 벌려주기 때문이다. 고기의 결합조직을 화학적으로 분해하여 '연하게' 만드는 연육제와는 다른 작용이다.

양념의 종류

재료를 양념하는 방법에는 크게 럽(rub), 마리네이드(marinade), 염지의 세 가지가 있다.

럽은 여러 양념이 섞인 가루를 만들어서 재료에 뿌리거나 문질러 바르는 것이고, 마리네이드는 양념 액을 만들어서 고기를 재우는 방법이다. 염지는 소금물을 만들어 거기에 담그는 방법이다.

이 셋은 개념상 구분한 것으로 실제 활용에 있어서는 서로 중복하거나 변형시켜서 사용하는 경우가 일반적이다.

말린 스파이스를 사용하는 드라이 럽(dry rub)과 대비하여 오일에 프레시 허브 등을 넣어서 걸쭉하게 만드는 웨트 럽(wet rub) 혹은 페이스트라는 형태가 있고, 피클 액처럼 산성이 강한 액체에 염도를 더 높여서 염지 액으로 활용하는 경우도 있다. 또한 염지에 있어서도 소금물을 만들지 않고 스파이스가 포함된 소금을 그냥 재료에 바르는 건염지법도 있다.

때문에 양념방법을 구분할 때는 재료의 구성이나 형상이 아니라, 사용하는 목적을 살필 필요가 있다. 음식에 간을 배게 한다는 점은 어느 양념법이나 공통되기에 일단 무시하고 보면, 럽은 재료에 좋은 향을 불어넣는 데 주력한다. 반면 마리네이드는 재료를 부드럽게 하는데, 염지는 재료가 지니는 나쁜 냄새를 바로잡거나 없애는 데 포인트를 둔다.

따라서 각각의 레시피를 구성할 때에도 그 목적에 부합되는 재료들을 균형 있

바비큐 양념법에는 럽(왼쪽), 마리네이드(가운데), 염지(오른쪽)의 3가지 방법이 있다.

게 배치하는 데 유념해야 한다. 예를 들어, 비린 생선을 양념하고자 한다. 포인트는 생선이 지니고 있는 비린내를 바로잡아서 좋은 느낌을 가지게 하거나 없애주는 데 있다. 레몬이나 라임즙, 생강즙, 청주 등 나름대로 그 방법에서 알아주는 처방이 동원된다.

그런데 여기에 바질, 마조람, 타라곤 등 향을 좋게 하는 데 장점이 있는 재료를 우선으로 쓴다면? 한마디로 '나쁘다, 좋다'를 말하기 어렵지만 어딘가 포인트가 어긋났다는 생각을 가지게 될 것이다.

삼겹살처럼 지방이 많고, 그래서 어느 정도 부드러운 부위를 양념한다고 하자. 양념의 포인트는 돼지고기가 지니는 특유의 누린내를 제거하면서 나아가 특별한 향을 넣어주는 쪽으로 잡아야 할 것이다. 이를 오일에 재워서 더욱 기름지고 부드럽게 하는 쪽으로 접근하는 것은 다른 목적이 있지 않는 한 일반적이지 않은 방법이 된다.

닭가슴살은 대표적인 저지방 고단백 식품이다. 그러나 구이 감으로서 닭가슴살은 저지방이기에 잘 타고, 건조해지며, 특유의 누린내가 있는 별로 좋지 않은 재료다.

방법은 이 부위를 기름지고 촉촉하며 향긋하게 변모시키는 것이다. 대충 이를 위한 재료를 떠올려도 오일이나 버터, 레몬즙, 세이지, 바질 같은 허브 스파이스, 후추, 고춧가루, 겨자 등 매운맛을 내는 스파이스가 들어온다. 재료에 걸맞은 양념법은 이런 식으로 설계된다.

럽과 비슷한 걸로 시즈닝이라는 게 있다. 둘 다 가루 형태로 되어 있어 혼동되기도 하지만, 개념과 맛에서 약간의 차이가 있다.

먼저 시즈닝은 소금에 여러 스파이스를 섞은 일종의 맛소금으로 고기에 간을 주기 위해서 사용된다. 반면 럽은 시즈닝보다 좀 더 넓은 개념에서 여러 종류의 스파이스, 허브, 시즈닝 등을 고루 섞어놓은 것으로 고기에 간은 물론 향을 불어넣기 위한 용도로 쓰인다.

그래서 대개 시즈닝이 조리 전이나 중간에 쓰이는 반면, 럽은 최소한 2시간 이

전에 사용하여 재료에 향과 맛이 충분히 스며들 시간을 주어야 한다.

마리네이드는 간장, 식초 등 산 성분이 함유된 액체를 주로 하여 여러 양념을 배합해 만든다. 불갈비 양념이나 샐러드드레싱을 떠올리면 이해가 쉽다. 마리네이드를 하는 주된 목적은 재료를 부드럽게 만드는 데 있다. 주된 성분인 산과 오일이 고기의 섬유질에 작용한 결과다.

맛있는 바비큐를 위한 5가지 원칙

제1원칙. "네 소금을 알라."

    소금은 양념의 가장 기본이다. 맛의 기본인 짠맛을 내기 위한 양념이지만 좋은 소금일수록 단순한 짠맛이 아닌 복합적인 감칠맛을 전해준다. 그렇기에 우리 전통의 방법 그대로 농축된 바닷물을 끓여서 만들어서 미네랄이 풍부하다는 태안자염을 비롯하여, 안데스 산맥의 무공해 고원 호수에서 채취한다는 호수염, 대나무에 넣고 아홉 번 구워 만들어 기가 살아 있다는 죽염 등 좋다고 알려진 소금을 애써 찾아가며 구입하는 게 아닐는지.

    그렇다고 '네 소금을 알라'라는 말이 곧 좋은 소금을 찾아서 쓰라는 뜻은 결코 아니다. 다만 어느 소금을 쓰든지 내가 사용하는 소금의 특성을 잘 알아두어야 한다는 말이다.

    소금마다 염도가 다르기에 사용량이 달라진다. 게다가 양념에 재워두는 시간, 재료별로 소금이 침투되는 정도, 내가 양념하는 습관까지 생각하면 소금 사용량을 아는 게 그리 쉬운 일이 아니게 된다.

    적절하게 간이 배어들었을 때 우리는 맛있다고 말한다. 우리 입맛에서 1.1~1.2% 정도의 염도를 나타낼 때가 그 순간이라고 한다. 사실 소금 사용량에 대한 일반적인 답은 있다. 고기 1kg에 1작은술이다. 여기서 출발하여 '짭짤하니 맛있다'라고 말하게 되는 미세한 차이를 극복해나가야 한다.

    어느 정도 감이 잡히기 전까지는 당연히 같은 브랜드의 소금을 사용해야 한다. 또 소금에 절여둘수록 짜지기 때문에 양념해두는 시간을 달리 하거나, 소금 사용량을 조절하면서 찾아가야 한다. 양념해두는 시간은 저마다 습관에 따라서 비슷하게 되므로 소금 사용량을 줄이고 늘리는 게 더 쉬운 방법이 된다.

제2원칙. 아는 데서 출발한다

요리에 문외한이라고 해도 누구나 대충은 알고 있는 레시피가 있다. 그 조리법을 살짝 변형하는 것만으로도 훌륭한 맛을 새로이 만들어낼 수 있다.

우리나라 사람 누구나 알고 있는 불고기 양념을 예를 들어보자. 풍부한 감칠맛과 짠맛을 주기 위한 간장을 기본으로, 단맛을 위한 물엿이나 설탕, 고기의 누린내를 없애는 청주, 고소함을 위한 참기름, 달콤한 과일향과 연육 효과를 위한 배즙, 양조식초, 양파즙, 마늘, 생강, 후추, 참깨 등이 언뜻 떠오르는 양념 재료들이다.

여기서 간장 대신 양식에서 비슷하게 쓰이는 우스터 소스를 넣는다면? 단맛과 짙은 색이 특징인 중국 간장을 넣는다면? 간장의 사용량을 줄이고 굴 소스를 조금 넣어본다면? 나머지 재료를 원래의 불고기 양념과 동일하게 넣는다고 해도 전혀 새로운 느낌을 가지게 될 것이다.

마찬가지로 다른 재료들도 하나둘 바꿔본다. 청주나 미림 대신 화이트 와인을 넣는다면? 브랜디나 럼 같은 알코올 도수가 높은 대신 향이 짙은 술로 바꾼다면? 배즙 대신 사과즙이나 오렌지를 넣는다면?

뭐든지 백지 상태에서 출발하기는 어렵다. 그러나 조금이라도 알고 있고 그래서 내 실험과 도전의 결과물을 비교할 수 있는 지식이 있다면 최대한 활용해야 한다. 우리에게도 비빌 언덕이 필요하기 때문이다.

제3원칙. 한 가지 색깔로 칠하지 않는다

갈색 천이 두 개 있다고 치자. 하나는 순수하게 갈색 실로 직조한 것이고, 또 하나는 가까이서 들여다봤을 때 검은색, 노란색, 붉은색, 심지어 흰색 실로 짠 것이다. 멀리서 보기에는 비슷한 색상이지만 깊이감에서 보면, 두 천은 확연히 다르게 느껴진다.

단색으로 칠하지 않는다는 것은 한 가지 재료로 그 맛을 표현하지 않는다는 뜻이다. 단맛이라고 해도 설탕, 물엿, 메이플 시럽, 과즙, 꿀의 그것은 서로 다른 것이다. 짠맛, 신맛, 매운맛 모두 마찬가지. 양념 재료마다 지니는 맛의 차이가 분명하여 한 가지만으로는 그 깊이감을 표현하기 어렵다.

재료를 복합적으로 쓰는 일은 결코 어렵지 않다. 왜냐하면 우리가 이미 그렇게 해서 맛을 내고 있고, 또 이를 경험하고 있기 때문이다. 하늘이라고 해서 파란색으로 칠하고 나뭇잎이라 해서 초록색으로 칠하는 건 유치원생의 채색법이다. 맛을 생각할 때 의도적으로 복합적으로 쓰려고 노력하는 것-실제로는 한 가지 재료로 그 맛을 표현한다고 쳐도- 은 그 자체만으로도 맛을 찾아가는 훌륭한 훈련이 된다.

제4원칙. 과유불급, 적재적소

참기름은 젓가락 끝으로 찍어서 쓴다고 했다. 적게 들어가야 제 맛이 나기 때문이다. 참기름의 고소한 향이 좋다고 좀 넉넉하게 넣으면? 식욕을 자극하는 게 아니라, 느끼함에 더부룩해짐이 먼저이지 않을까. 뭐든지 넘치면 안 좋은 법이다.

써야 할 곳에 알맞게 써야 한다. 탈취를 목적으로 하는 스파이스를 잘못 쓰면 한약내가 심하고, 향을 목적으로 하는 스파이스를 잘못 쓰면 화장품 냄새가 나서 먹기가 꺼려지게 된다. 또 과도한 훈연은 마치 나무토막을 집어먹는 듯한 기분을 안겨줘 안 하느니만 못하게 된다.

제5원칙. 기록한다

시행착오를 줄이는 방법은 기록하여 두고두고 참조하는 것이다. 내가 했던 바비큐에 대해서 부족했던 점, 넘쳤던 점, 부족하고 잘못했던 점 등 세세하게 기록을 남긴다. 이외에도 새로이 발견한 재료, 맛있었던 음식, 아이디어 등 관련된 여러 정보를 한 수첩에 적어나간다. 사람의 기억력은 유한하다. 맛이라는 감각에 대한 것은 더더욱 휘발성이 강하다. 내가 정리한 자료를 활용하려고 일부러 노력하지 않아도 좋다. 기록하는 일 자체로도 무뎌진 감각을 일깨워 바비큐 베테랑으로 가는 시간을 줄여주기 때문이다.

갖추고 있어야 할 조리도구

계량컵과 계량스푼

계량컵은 200ml를 잴 수 있는 스테인리스 재질의 작은 것과 1ℓ 혹은 2ℓ를 잴 수 있는 강화유리 혹은 폴리카보네이트(PC) 재질의 것, 두 가지를 준비한다. 너무 저렴한 계량컵은 재질이 얇아서 손잡이 부분이 특히 잘 구부러지는 편이니 주의한다.

계량스푼은 큰술(15cc), 작은술(5cc), 1/2작은술(2.5cc) 등이 한 세트로 구성되어 있는 것 중 재질 등을 고려하여 준비한다. 자주 쓰이는 물건이니만큼 좀 욕심을 내어 장만해도 좋을 듯싶다.

믹싱볼, 거품기

스테인리스 재질의 것으로 대, 중, 소 3가지를 준비한다. 거품기도 같은 재질의 것으로 준비하는데 요즈음에는 나일론 재질의 것도 많이 쓰이므로 구입시 참조한다.

절구

양념을 가는 용도로 미니 믹서나 커피 그라인더가 주로 사용된다. 절구는 이들에 비해 다소 불편하지만 전동제품과 달리 열이 발생하지 않아 향의 유실을 걱정하지 않아도 된다는 장점이 있다. 또한 칼날로 자르는 전동제품과 달리 재료를 으깬다는 점에서 다른 느낌의 결과물을 얻을 수 있다. 더욱 부각되는 장점은 '멋있다'는 것. 폼 나는 돌절구 하나 있으면 스타 쉐프인 제이미 올리버가 부럽지 않을 듯하다.

푸드 프로세서와 미니 믹서
재료를 칼로 잘게 다지는 게 귀찮다면 푸드 프로세서를 이용한다. 일명 도깨비 방망이라는 제품으로 모터의 힘이 중요하므로 너무 저렴한 것은 구입하지 않는다.

소스 냄비
바로 바로 쓰이는 소스를 만들기 위한 1ℓ 들이 이하의 아주 작은 것과 4~5ℓ 들이의 약간 큰 냄비, 2가지를 준비한다. 어느 것이든 밑바닥이 두툼하여 재료가 잘 눌어붙지 않아야 한다. 알루미늄 재질은 식초와 같은 산과 반응하여 좋지 않은 영향을 미칠 수 있으므로 피하는 것이 좋다.

스킬렛
주물로 만든 프라이팬. 지름 20cm 정도의 작은 것이면 된다. 손잡이까지 통주물로 되어 있어 그릴 위에서 사용할 수 있다. 두터운 재질이 열을 오랫동안 머금어주기에 스파이스를 볶을 때에도 제격이다.

실리콘 주걱
일명 알뜰주걱이라고 불린다. 재질이 너무 딱딱하면 사용하기 불편하므로 어느 정도 부드러움이 있는 것을 준비한다. 중간 크기와 작은 것, 두 가지를 장만하면 용도별로 사용할 수 있어 편리하다.

저울

1~2kg 정도의 무게를 잴 수 있는 것이면 된다. 가볍고 적은 양의 재료를 계량할 경우가 많으므로 눈금단위가 1~2g 정도로 세밀한 것이 좋다.

칼

쉐프나이프라고 부르는 앞이 뾰족하고 날렵한 형태의 칼을 준비한다. 길이는 26~30cm 정도로 다소 긴 것이 고기를 자르고 다듬기에 편하다. 여유가 된다면 길이 20~24cm 정도의 작은 것도 준비하여 채소 전용으로 사용하면 위생적이어서 좋다.

골발칼 혹은 보닝나이프라고 하는 길쭉한 과도 형태의 칼도 기회가 되면 장만한다. 족발집에서 할머니들이 족발의 뼈와 살을 발라내고 고기를 자르는 용도로 쓰는 칼이다.

욕심을 더 낸다면 클리버라고 하는, 마치 도끼처럼 생긴 칼도 준비한다. 묵직하여 닭을 다듬는 등 힘 있게 내리치는 용도로, 그리고 해동이 안 된 냉동육을 자를 때에도 요긴하게 쓰인다.

라텍스 장갑

일명 수술장갑. 헐겁지 않고 손에 꼭 맞아야 작업시 불편함이 없다. 럽을 하는 등 재료를 직접 만질 때 더욱 위생적으로 작업을 할 수 있다.

나무 스푼과 나무 주걱

재료를 볶을 때 적절하게 쓰인다. 스푼의 경우 모양이 한식 숟가락처럼 생긴 게 사용하기 편리하다.

스파이스 – 맛의 화룡점정

맛있는 바비큐를 위해서, 아니 음식 만들기의 완성을 위해서 알아두어야 할 것이 바로 '스파이스'다. 스파이스라 하면 생소한 서양 양념만 한정지어 생각하기 쉬운 것이 사실이다. 그러나 늘 우리 주변에 머물고 있어서 잘 의식하지 않게 된 마늘, 생강, 참깨, 고춧가루 등의 쓰임을 생각하면 그 위치와 중요성이 자연스레 머릿속에 다가온다.

스파이스를 번역하면 향신료라고 한다. 매운맛과 향을 주는 양념류 일체를 가리킨다는 뜻이다. 이러한 말은 맵고 자극적인, 그래서 위장에 문제가 있을 때 삼가야 할 물질이라는 부정적 뉘앙스를 주게 된다.

엄밀히 따지면, 스파이스라는 넓은 울타리가 있고 그 안에 한 부분을 차지하는 것이 향신료가 된다. 허브와 스파이스의 관계 역시, 허브라는 여러 식물 중에서 스파이스가 될 수 있는 것이 일부 자리하고 있는 것으로 봐야 한다.

스파이스를 넓은 뜻에서 정리하면, 주로 열대, 아열대, 온대지방에 자라는 식물의 씨앗, 열매, 꽃봉오리, 암술머리, 잎사귀, 껍질, 뿌리 등에서 얻어지는 것 중 향미를 가지고 있어 음식물에 풍미를 주거나 착색하거나 식욕을 증진시키거나 소화흡수를 돕는 기능이 있는 것이 된다. 즉, 스파이스는 어디까지나 식물 기원의 것이다. 방향성이나 맛을 드러내는 성질을 가지는 물질이라도 동물계에 존재하는 것은 스파이스라고 하지 않는다.

스파이스를 말로 설명하는 일은 참으로 어렵다. 먹어보고 느껴보지 않는 한, 소경이 코끼리를 더듬는 것과 마찬가지다. 향이 저마다 다르다고 하지만 대다수가 비슷비슷하게 느껴지기에 말로 옮긴다면, 그저 "민트와 비슷한 향이다. 민트보다 더 화하다"라는 류의 설명만 가능할 뿐이다. 그렇다고 "신세계와 구세계의 중간적인 맛. 처음 보았지만 처음 본 것 같지 않은 풍경. 실크로드를 걷는 캐러번의 환희와 땀……." 이런 식으로 설명할 수는 없는 일이다.

생소한 스파이스를 그나마 수월하게 익히는 방법은 있다. 먼저 기능별 쓰임새를 알아야 한다. 두 번째는 전통적으로 여러 나라에서 스파이스를 어떻게 배합하여 써왔는지를 확인하는 일이다.

스파이스

스파이스를 막연히 요리에 넣는 것으로 충분한 효과가 발휘되지 않는다. 특성에 맞지 않는 종류를 사용한다든가, 지나치게 넣어서 역효과를 일으키는 경우가 많다. 스파이스에는 각각의 효과를 발휘하는 유효한 성분이 있다. 스파이스의 효과를 최대로 발휘시키기 위해서는 그것이 가지는 특성과 성분의 변화를 이해해야 한다.

스파이스는 단독으로 사용하지 않는 게 일반적이다. 다른 유사한 향과 맛을 지니는 종류를 혼합하거나, 다른 기능의 스파이스를 함께 넣은 믹스 형태로 사용한다. 프랑스의 부케가르니나 쿼트르에피스(quatre epices), 중국의 오향, 멕시코의 칠리 파우더, 인도의 가람마살라나 카레 등이 대표적인 예다.

이들이 어떤 스파이스를 어떤 식으로 배합했는지 살펴보는 것은 광막한 스파이스의 바다를 헤쳐나가기 위한 나침반이 된다.

※ 스파이스에 대한 설명은 다케마사 미츠오(武政三男)가 쓰고, 文園社에서 펴낸 『スパイスのサイエンス』의 내용을 중심으로 정리한 것입니다.

스파이스의 4가지 역할

스파이스의 주된 역할은 크게 네 가지로 구분된다.

매운맛을 나타내는 신미작용, 좋은 향을 전하는 부향작용, 나쁜 냄새를 없애거나 바로잡는 탈취 및 교취작용, 색을 입히는 착색작용이 그것이다. 요리에 스파이스를 쓸 경우, 먼저 향신작용이나 정미작용, 착색작용 등의 직접적 효과를 거치고서, 이것들이 복합되어 나타나는 식욕증진 효과나 향기 개선 및 탈취 등의 복합적인 효과가 얻어진다.

매운맛을 얻기 위한 대표적인 스파이스는 레드 페퍼(고추), 후추, 산초, 머스터드, 생강, 호스래디시 등을 들 수 있다.

향을 내주는 부향작용이 우선되는 스파이스는 파슬리, 시나몬, 올스파이스, 딜, 민트, 타라곤, 커민, 마조람, 스타아니스, 바질, 아니스, 메이스, 너트메그, 페넬, 세서미(참깨), 페누그릭, 카다몬, 샐러리 등이다.

나쁜 냄새를 없애주거나 바로잡는 기능을 우선으로 하는 스파이스로는 마늘, 세이보리, 월계수잎, 클로브(정향), 리이크, 타임, 로즈마리, 캐러웨이, 세이지, 오레가노, 어니언(양파류), 코리앤더가 있다.

착색기능을 하는 스파이스로는 파프리카, 터메릭, 샤프란 등을 꼽을 수 있다.

당연한 말이지만, 대부분의 스파이스는 어느 특정한 부분에만 역할하지 않는다. 매우면서도 강한 향이 있어 나쁜 냄새를 없애주는 등 복합적인 기능을 한다. 다만, 어느 쪽에 더 주력하느냐에 따라서 기능을 분류하고, 사용시 이를 보완해주는 스파이스를 선별하여 배합하는 것이다.

후추, 머스터드, 호스래디시(혹은 와사비), 시나몬, 클로브, 마늘, 생강 등은 3가지 이상에서 강한 역할을 담당하고 있다. 우리에게 잘 알려지고 그만큼 자주 쓰이

는 데는 그런 이유가 있어서다.

스파이스와 열, 식초, 오일

스파이스의 향을 결정하는 정유 성분은 대부분 열에 약한 편이지만, 강해서 끓이거나 구이에도 영향이 적은 것도 있다. 바비큐에 알맞은 스파이스를 기능별로 구분해 보면 다음과 같다. 스파이스의 나열 순서는 자주 쓰이는 빈도가 높은 순이다.

◎ **구이요리에 자주 쓰이는 스파이스**
부향작용 페넬, 세서미(참깨), 페누그릭, 너트메그, 시나몬, 샐러리, 올스파이스, 딜시드, 커민, 마조람, 아니스, 메이스, 카다몬
탈취·교취작용 갈릭, 어니언, 월계수잎, 리크, 로즈마리, 세이지, 오레가노, 클로브, 타임, 캐러웨이, 세이보리, 코리앤더
신미작용 후추, 레드 페퍼, 생강
착색작용 파프리카, 터메릭

◎ **고기요리에 자주 쓰이는 스파이스**
부향작용 마조람, 스타아니스(팔각), 아니스, 올스파이스, 딜, 세서미(참깨), 타라곤, 바질, 민트, 페넬, 파슬리, 카다몬, 너트메그, 시나몬, 커민, 샐러리
탈취·교취작용 로즈마리, 클로브, 세이지, 오레가노, 갈릭, 타임, 월계수잎, 세이보리, 어니언
신미작용 후추, 머스터드, 레드 페퍼, 생강, 산초
착색작용 샤프란, 터메릭, 파프리카

◎ **생선, 해물요리에 적합한 스파이스**

부향작용 페누그릭, 아니스, 파슬리, 딜, 올스파이스, 바질, 민트, 페넬, 너트메그, 샐러리, 스타아니스, 타라곤
탈취·교취작용 어니언, 리이크, 로즈마리, 갈릭, 타임, 월계수잎, 클로브, 세이지, 오레가노
신미작용 후추, 호스래디시(혹은 와사비), 레드 페퍼, 생강, 머스터드, 산초
착색작용 터메릭, 파프리카, 샤프란

스파이스의 유효 성분은 오일, 식초, 알코올에 잘 녹는 편이다. 이러한 성질을 이용하면 훨씬 다양한 스파이스의 활용이 가능하다. 특히 오일과 식초에 재우는 것을 특징으로 하는 마리네이드시 더욱 유용하다.

오래전 서울의 어느 호텔 비스트로에 갔을 때, 출입문 옆으로 다양한 허브 비네가와 허브 오일을 담은 병을 진열해놓은 것을 보았다. 냉암소에 보관해야 될 이들을 뜨거운 조명이 비치는 진열장에 두었기에 별 효용성은 없겠지만, 그 예쁜 모습에 한동안 눈을 떼지 못했던 기억이 난다.

스파이스 버터

갈릭이나 타라곤, 로즈마리 등 허브 스파이스의 향과 성분을 버터에 옮긴 것. 스테이크와 갈릭브레드가 대표적인 사용 예다.

만드는 법은 간단하다. 실온에 두어서 크림처럼 부드러워진 버터에 허브 다진 것이나 생마늘 혹은 마늘 페이스트를 섞으면 된다. 낮은 온도에서 응고되는 버터의 특징을 이용하여 굳힌 다음, 잘 밀봉하여 냉동 보관하면 오래 보존할 수 있다. 갈릭이나 허브를 버터와 섞는 비율은 취향에 따라서 달리 하면 되는데, 버터 양의 절반 정도 섞는 게 일반적이다.

라유

중국음식에서 자주 사용되는 라유(고추기름)도 집에서 간단히 만들 수 있다. 시판하는 것에 비해 직접 만든 것이 색이 맑고 풍미가 좋다.

재료준비 고춧가루 4큰술, 마늘 다진 것 1큰술, 생강 다진 것 1큰술, 식용유 1컵

1. 마늘과 생강을 깨끗이 닦아서 껍질을 벗긴 후, 물기를 제거하고 칼로 곱게 다진다. 푸드 프로세서나 절구를 이용하면 편하기는 해도 즙이 생기기 쉬우므로 적합지 않다.
2. 믹싱볼에 고춧가루 생강 마늘 다진 것을 넣고 으깨지지 않도록 잘 섞는다.
3. 식용유를 냄비에 담아 연기가 날 정도로 달군다.
4. 고운체에 고춧가루 혼합물을 담는다.
5. 핸드 드립 하여 원두커피를 추출하듯이 달궈진 식용유를 체의 바깥에서 안쪽으로 원을 그리면서 천천히 붓는다.
6. 기름이 식으면 맑게 걸러진 빨간 기름만 병에 담아두고 쓴다.

스파이스 오일, 비네가

페넬, 타임, 로즈마리, 타라곤 등 향이 강한 허브 스파이스나 마늘, 레드 페퍼를 올리브 오일이나 식초에 재웠다가 윗부분을 잘 따라서 쓰면 된다. 마늘을 몇 주간 재워서 향을 우려낸 오일을 일컬어 '갈릭 골드'라고 한다.

생강술

잘 씻은 생강을 물기를 제거하여 껍질째 분쇄기에 넣고 간 다음, 생강 양의 2배쯤 되는 술을 부어 하룻밤 이상 재워서 쓴다.

타드카(tadka)

인도요리에서 사용하는 스파이스 오일이다. 팬에 카놀라 오일을 연기가 나도록 끓인 다음, 코리앤더, 커민 시드, 머스터드 시드, 페넬 등 자주 사용하는 스파이스를 넣고 몇 초 정도 두어서 향을 우려내어 사용한다. 스파이스를 넣을 때 팝콘처럼 튀기 쉬우므로 조심한다.

라이타(raita)나 달(dal) 등 미리 준비된 음식에 기름을 잘 부어서 완성하거나 스파이스 오일에 다른 재료를 넣고 볶는 식으로 사용한다.

매운맛을 내는 스파이스

　　매운맛을 내는 스파이스로 대표적인 것이 레드 페퍼(고추), 후추, 머스터드, 산초, 호스래디시 등이다.

　　같은 매운맛이지만 그 효과와 작용 원리는 스파이스에 따라 다르다. 고추가 입안에서 불이 난 듯한 뜨거운 매운맛이라면, 머스터드나 와사비는 코가 쩡해지는 맛을 낸다.

　　고추와 같은 특징의 매운맛을 지니는 게 후추, 산초, 생강이고 머스터드와 비슷한 매운맛으로는 호스래디시(혹은 와사비), 어니언, 갈릭을 들 수 있다.

　　고추 계통은 매운맛이 느리게 나타나 오래 지속되는 반면, 머스터드 류는 빠르게 나타나서 금방 사라지는 편이다. 머스터드 계통의 매운맛이 효소작용에 의해서 나타나기 때문이다.

　　머스터드는 물과 결합하여 효소가 활성화되고, 마늘은 으깨는 등 조직이 파괴되었을 때 알리신이라는 매운맛 효소가 생겨난다. 이들 효소는 열에 약하다는 것이 특징이다. 끓이거나 굽는 등 열을 접하는 요리에서는 효소가 활성을 잃어서 매운맛이 사라지게 된다.

　　반면, 고추의 매운맛 성분인 캡사이신은 열에 강하여 끓이거나 굽고 찌는 등의 요리에 사용해도 변함이 없다.

　　방향성에 있어서도 머스터드 계열은 방향성분이 곧 매운맛 성분이지만, 핫 계열은 고추를 제외하고는 각각 특유의 향을 나타내는 성분을 따로 가지고 있다.

　　레드 페퍼(고추)를 제외한 매운맛 스파이스는 고기나 생선의 냄새를 없애고 특유의 향으로 풍미를 더해주는 역할을 대부분 담당한다. 산초, 후추, 생강은 특유의 강한 향으로 고기 등의 냄새를 덮어주는 효과를 발휘한다.

머스터드, 호스래디시, 어니언, 갈릭 등 효소의 작용으로 매운맛이 만들어지는 스파이스는 이온화합물인 이들의 매운 성분이 고기나 어류의 단백질과 반응하여 냄새 성분 자체를 화학적으로 분해하는 작용을 한다.

바비큐 양념에서는 머스터드가 비교적 자주 쓰이는 편이다. 열을 사용하는 조리법에 약한 머스터드를 쓰는 데에는 매운맛 효과를 노리기 때문이 아니라, 그것이 지니는 이러한 탈취 효과에 주목한 것이 아닌가 싶다. 양념하여 숙성하는 동안 고기가 지니는 나쁜 냄새를 없애주고, 과도한 매운맛은 굽는 과정에서 열에 닿아서 분해되므로 양수겸장이 아닐는지.

후추(pepper, 페퍼)

냄새제거 ★★☆☆　매운맛 ★★★★　향 ★★★☆　착색 ★☆☆☆

후추나무의 열매는 그린 색이었다가 익으면서 붉은색으로 변한다. 덜 익은 열매를 끓는 물에 살짝 데쳤다가 말리면 껍질이 검은색으로 변하게 되는데, 이것이 흔히 사용하는 블랙 페퍼(검은 후추)다. 화이트 페퍼는 완숙한 열매의 붉은 겉껍질을 제거하여 말린 것이다.

후추 특유의 매운맛과 향은 블랙 페퍼가 화이트보다 몇 배 이상 강하다. 후추의 매운맛 성분인 피페린(piperine)과 차비신(chavicine)이 덜 익은 열매에 많고, 또 그 성분이 겉껍질에 많이 함유되어 있기 때문이다. 덜 익은 후추 열매를 딴 것이 그린 페퍼콘이다. 주로 통조림 형태로 유통된다. 붉은 후추는 잘 익은 열매를 색이 변하지 않도록 식초에 절이거나 동결 건조하여 만든다. 그린 페퍼콘은 주로 소스 만들기에, 붉은 후추는 초콜릿, 아이스크림 등 주로 디저트 만들기에 쓰인다.

매운맛과 향이 중요시 될 때는 블랙 페퍼를, 생선 요리 등 섬세한 맛과 색조가 중요할 때는 화이트 페퍼를 사용한다. 후추를 사용하면 짠맛이 덜 느껴지게 된다. 또, 후추를 드레싱에 사용하면 기름의 산화를 억제시키는 효과도 얻을 수 있다.

산초(sichuan pepper, 사천후추, 꽃후추, 화조)
냄새제거 ★★★☆　매운맛 ★★★★　향 ★★★★　착색 ☆☆☆☆

우리에게 추어탕이나 민물고기 매운탕에 넣어 먹는 양념으로 알려진 스파이스다. 생선과 고기 요리에 자주 쓰인다. 별칭이 사천 후추이듯이 매운 중국 요리에 없어서는 안 될 재료로 팔각, 생강 등과 함께 쓰는 경우가 많다.

산초의 정유에 포함된 '시트로넬라'라는 방향 성분은 달콤한 레몬 향을 지니고 있다. 산초가 생선 요리에 잘 어울릴 수밖에 없는 이유가 여기에 있다. 생선 요리에 산초와 함께 비슷한 향을 나타내는 레몬, 페넬, 아니스 등과 같이 쓰면 더욱 효과가 있을 것이다.

산초는 생선의 냄새 제거뿐 아니라 기름기 많은 소재에도 적합하다고 알려진다. 중국에서는 웍에 산초를 볶은 뒤 갈아서 소금과 섞어 만드는 '화조염'을 오리, 돼지고기 등 기름기 많은 고기를 찍어 먹는 용도로 애용하고 있다.

전통적으로 산초는 사찰에서 좋은 식재료로 이용돼왔다. 가을철 산에서 채취하여 장아찌, 기름, 차를 만들어 사용한다. 덜 여문 것은 장아찌를 하거나 찧어서 두부와 같이 부치고, 완숙하여 껍질이 벗겨진 것은 차를 담거나 검은 씨앗을 이용해 산초 기름을 낸다.

특히 산초 장아찌는 사찰 음식의 주된 밑반찬이자, 죽의 반찬으로 일품이라고 알려진다. 산초가 향긋한 데다 위를 건강하게 하고 장을 정화시키는 효능이 있으니 최고의 궁합일 것이다.

레드 페퍼(red pepper, 고추, 칠리)
냄새제거 ☆☆☆☆　매운맛 ★★★★　향 ☆☆☆☆　착색 ★★★★

매운 스파이스 중에서도 제일 강한 매운맛을 지니고 있다. 열에 강하여 오일에 넣어 고추기름을 내어 쓰기도 한다. 레드 페퍼의 매운맛을 내는 캡사이신(capsaicin) 성분은 기름의 산패를 막아주고 젖산균의 발육을 돕는 기능을 한다. 우리 김치에 젓갈류가 들어가게 된 것도 고추가 전래된 이후부터라고 한다. 캡사이신이 산패를 막아 비린내가 나지 않도록 하기 때문이다. 우리나라의 고추는 외국의 그것에 비해 캡사이신의 함량이 30%로 적은 대신, 당분이 2배 정도 들어 있어 매운맛과 단맛이 잘 조화되어 있다고 한다. '작은 고추가 맵다'는 말이 있듯이, 새끼손가락보다 작은 사천고추, 월남고추, 이탈리아 고추인 페퍼로치니 등은 캡사이신 함량이 국내 청양고추의 7배에 이른다고 알려진다.

생강(ginger, 진저)
냄새제거 ★★★☆   매운맛 ★★★★   향 ★★★★   착색 ☆☆☆☆

고기와 생선의 냄새 제거에 탁월한 효과가 있다. 마늘보다도 요리에 활용할 수 있는 범위가 더 넓은 편이다. 특히 생강에는 소화효소가 있어서 고기의 조직을 부드럽게 만들어준다.

머스터드(mustard, 겨자)
냄새제거 ★★★☆   매운맛 ★★★★   향 ★★★★   착색 ★★★☆

코를 찡하게 하는 톡 쏘는 매운맛을 지니고 있다. 씨앗 자체는 매운맛과 향이 없으나, 가루로 내어 미지근한 물에 개어야 향과 매운맛이 발휘된다. 분말을 물에 개어서 그대로 쓰기도 하지만, 식초와 다른 스파이스를 섞어서 소스로 만들기도 한다. 화이트 와인이 들어가는 디종 머스터드, 터메릭을 넣어서 색이 노란색인 옐로 머스터드, 여러 종류의 겨자씨로 만드는 홀 그레인 머스터드, 디종 머스터드와

꿀을 섞어서 만드는 허니 머스터드 등 다양한 쓰임새가 있다. 머스터드 소스에 레몬즙이나 식초 등이 들어가는 이유는, 산성 상태가 되었을 때 머스터드가 갖고 있는 효소의 활성화를 막을 수 있기 때문이다.

호스래디시(horseradish, 서양 와사비)
냄새제거 ★★★☆　　매운맛 ★★★★　　향 ★★★★　　착색 ★☆☆☆

특유의 향과 매운맛은 와사비의 그것을 연상하면 되지만, 좀 더 부드럽다. 로스트비프나 생선 요리에 자주 쓰인다. 특히 훈제연어를 먹을 때 케이퍼와 함께 없어서는 안 될 필수 아이템이다. 강판에 갈아야 매운맛이 우러난다. 시중에 나와 있는 호스래디시 제품은 식초에 재우거나 마요네즈 등에 섞은 것으로 어느 것이든 생 뿌리보다 매운맛이 덜하다.

마늘(garlic, 갈릭)
냄새제거 ★★★★　　매운맛 ★★★☆　　향 ★★★★　　착색 ☆☆☆☆

냄새 제거, 매운맛, 부향작용까지 세 분야에서 모두 강한 효과를 발휘하는 필수 스파이스. 마늘, 양파, 부추, 파 등 백합 과에 속하는 스파이스는 특히 고기의 냄새를 제거하는 데 탁월한 효과를 발휘하는 것으로 알려진다. 마늘에 함유된 알린이라는 성분은 무취지만, 조직을 파괴하면 알리나제라는 효소의 작용을 통해 알리신이 만들어진다. 마늘 특유의 자극적 냄새와 매운맛을 내는 성분이다. 마늘을 구우면 단맛이 나는 이유는 알리신이 일부 분해되어 설탕의 50배 정도의 단맛을 내는 프로필 메르캅탄(propyl mercaptan)을 형성하기 때문이다. 마늘의 이러한 작용은 양파에서도 마찬가지로 나타난다.

양파(onion, 어니언)

냄새제거 ★★★★　　매운맛 ★★★☆　　향 ★★★★　　착색 ☆☆☆☆

　마늘과 함께 가장 오래 재배된 작물로 스파이스라기보다는 채소로 더 이해되고 있다. 또 오랜 재배 역사와 함께 양파는 굉장히 많은 변종을 가지는 것으로 알려진다.
　시중에서 흔히 볼 수 있는 양파는 얇고 투명한 갈색 껍데기가 있는 스페인 양파다. 맛이 연하고 약간의 단맛이 있다. 요즈음 흔해진 빨간 양파는 붉거나 밝은 보라색 껍질이 특징으로 샐러드에 많이 쓰이며 쏘는 맛이 가장 강하다. 익히거나 얼음물에 잠시 재우는 식으로 강한 맛을 줄여서 이용한다. 외국 레시피에 자주 등장하는 샬롯(에샬로트)은 마늘보다는 크고 양파보다는 작은 크기. 염교(락교)와 친척지간이라고 알려진다. 보라색 껍질에 덮여 있는 경우가 많고, 맛은 양파보다 더 연하다. 진주 양파는 아주 작은 양파로, 단맛이 강한 것이 특징이다. 식초에 재운 피클 형태로 시중에서 볼 수 있다.

리이크(leek)

냄새제거 ★★★★　　매운맛 ★★★☆　　향 ★★★★　　착색 ☆☆☆☆

　쪽파나 풋마늘과 비슷하게 생겼다. 맛은 파와 마늘의 중간 정도다. 풋마늘, 쪽파 혹은 대파로 대체할 수 있다. 포토프 요리에 없어서는 안 되는 스파이스다.

부향, 방향작용의 스파이스

스파이스의 특징은 독특한 향에 있다. 스파이스의 부향작용과 탈취 및 교취작용은 사실 동전의 양면과도 같다. 특별한 성분이 있어서 냄새를 없애거나 바로잡아주는 것이 아니라 강한 향을 통해 감각적으로 그렇게 느끼게 하는 게 대부분이다.

냄새를 없애는 과정은 크게 세 가지로 구분된다. 화학적인 방법, 물리적 방법, 그리고 감각적 방법이다.

화학적 방법은 냄새를 일으키는 입자를 중화시키는 것이다. 비린내가 심한 생선을 레몬 즙이나 식초에 재우면 냄새가 없어지게 된다. 이는 비린내를 일으키는 성분의 하나인 알칼리성의 트리에틸아민이 산에 의해 중화되어 불휘발성의 물질로 변하기 때문이다.

물리적 방법은 활성탄을 이용하여 냄새를 일으키는 물질을 흡착시키는 것이다. 집 안에 숯을 놔두어서 냄새를 없애는 것과 같은 이치다.

감각적 방법은 냄새가 실제로 감소하거나 없어지지 않았음에도 더 강한 향으로 인해 감각적으로 느껴지지 않도록 착각을 일으키는 방법이다. 스파이스의 탈취 효과라는 게 대부분 감각적 방법에 의한 것이며, 일부 화학적 방법에 의한 효과도 증명되고 있다.

올스파이스(allspice)

냄새제거 ★★☆☆   매운맛 ★★☆☆   향 ★★★★   착색 ★☆☆☆

시나몬, 클로브, 너트메그를 합쳐놓은 향을 지니고 있다. 그래서 이름도 올스파이스다. 미국에서 특히 많이 쓰이는 스파이스다. 달고 매콤한 요리에 잘 어울리며, 햄버거 패티에 너트메그와 함께 필수적으로 쓰인다. 일명 자메이카 후추라고도 한다.

올스파이스, 시나몬, 클로브, 너트메그가 서로 향이 비슷한 이유는 오이게놀이라는 성분을 공통적으로 가지고 있기 때문이다. 서로 일촌관계인 이들 네 스파이스를 둘 이상 섞어서 쓰면 더 좋은 효과를 나타낼 수 있다. 오이게놀은 강력한 살균작용이 있는 것으로 알려진 물질이기도 하다.

시나몬(cinamon, 계피)
냄새제거 ★★☆☆　　매운맛 ★★☆☆　　향 ★★★★　　착색 ★☆☆☆

단맛을 높여주는 상승효과를 지니고 있다. 따라서 아니스, 페넬, 팔각 등 단맛을 지니는 스파이스와 잘 어울린다. 중국 오향의 구성 요소다.

클로브(clove, 정향)
냄새제거 ★★★☆　　매운맛 ★★☆☆　　향 ★★★★　　착색 ★☆☆☆

못처럼 생긴 스파이스라 하여 한자로 정향(丁香)이라고 한다. 자극적이면서 약간 달콤한 바닐라 느낌의 향도 지닌다. 역시 오이게놀이 함유되어 있기 때문이다.

시나몬, 너트메그 등과 함께 적절히 블렌딩하여 사용하면 고기의 냄새 제거와 풍미 향상에 도움을 준다. 우리가 자주 접하는 돈가스 소스, 우스터 소스의 주성분이기도 하다.

너트메그(nutmeg, 넛맥)
냄새제거 ★★☆☆　　매운맛 ★★☆☆　　향 ★★★★　　착색 ★☆☆☆

너트메그는 사향 향기가 나는 호두라는 뜻이다. 불쾌한 냄새를 숨기는 데 효과적이다. 햄버거, 미트 소스, 미트롤 등에 불가결하게 쓰이는 스파이스이다. 양배추 요리에도 자주 사용된다. 열을 가하면 자극적 냄새가 약해지는 대신 달콤함이 강해진다.

메이스(mace)
냄새제거 ★☆☆☆　　매운맛 ★☆☆☆　　향 ★★★★　　착색 ★★☆☆

메이스와 너트메그는 모두 육두구에서 얻어지는 스파이스다. 종자의 가종피를 건조한 것이 메이스이고, 너트메그는 가종피를 제거한 씨앗 부분이다. 너트메그보다 자극적이지 않고 섬세한 향을 지니고 있다. 소시지 등 내장을 활용하는 요리에 적당하다.

페넬(fennel, 휀넬, 회향)
냄새제거 ★☆☆☆　　매운맛 ☆☆☆☆　　향 ★★★★　　착색 ☆☆☆☆

유럽에서는 페넬을 '생선의 허브'라고도 한다. 기름기 있는 생선의 비린내나 육류의 누린내 등을 없애고 맛을 돋우는 데 큰 역할을 하기 때문이다.
특히 신선도가 떨어진 생선에 페넬을 사용하면 그 맛과 향을 회복시킨다 하여 중국에서는 '향기를 되돌린다'는 뜻의 회향(回香)이라 했고, 이것이 중국식 이름인 회향(茴香)이 되었다고 한다.

페넬은 예부터 자양강정 효과가 뛰어난 스파이스로 지목되어 왔다. 고대 로마에서는 거친 싸움에서 이겨야만 했던 검투사들이 이용했다고 하며, 전쟁터에 나가는 병사들에게 지급하여 지칠 때 에너지를 충전하여 전투를 계속하게 하는 용도로 쓰게 했다고 전해진다. 페넬의 씨앗은 씹으면 시장기를 잊게 해주는 효과가 있다. 그래서 옛날에는 가난한 사람은 페넬 씨를 먹고 허기를 잊을 수 있었다고 하며, 귀족들은 늙지 않는 비결이라 하여 즐겨 이용했다.

대다수의 스파이스가 쓴맛을 내는 데 비해, 페넬은 아니스, 스타아니스, 바질과 함께 상쾌한 단맛을 나타낸다. 아네톨이라는 성분을 가지고 있기 때문. 아니스 역시 오랜 옛날부터 자양강장제로 쓰여왔음을 보면, 아네톨 효과에 의한 것임을 짐작할 수 있다. 건위, 거담제로 쓰이는 아네톨은 진통 및 진정작용을 하지만, 지나치면 마취 증세까지 나타난다고 한다. 과연 전쟁에 나가는 병사들에게 지급할 만한 물품이다. 주목할 점은 페넬이 단맛을 보이는 스파이스라는 사실. 일단 아네톨 성분을 공통분모로 하는 아니스, 스타아니스, 바질과 궁합이 아주 좋으며, 단맛을 상승시키는 효과를 나타내는 시나몬과도 통하는 점이 많음을 알 수 있다. 게다가 '생선의 허브'라 일컬어짐을 볼 때, 생선 요리에 강세를 보이는 생강, 산초, 딜과도 궁합이 잘 맞음을 짐작할 수 있다.

중국식 이름으로 회향이라고 하지만 스타아니스도 역시 같은 이름을 지닌다. 구분하여, 스타아니스는 대회향, 페넬은 소회향이라고 부른다. 중국 오향에는 클로브(정향), 진피, 시나몬, 산초와 함께 페넬이나 스타아니스가 쓰인다.

아니스(anise)

냄새제거 ★☆☆☆   매운맛 ☆☆☆☆   향 ★★★★   착색 ☆☆☆☆

달콤한 맛을 지니는 스파이스로 감초의 유사종이다. 약재로 쓰이는 감초가 뿌리를 활용하는 데 비해, 아니스는 씨앗을 이용한다.

스타아니스(star anise, 팔각)
냄새제거 ★☆☆☆　　매운맛 ☆☆☆☆　　향 ★★★★　　착색 ☆☆☆☆

별 모양이라서 스타아니스, 혹은 팔각이라고 한다. 중국 오향의 구성요소로 돼지고기나 오리 요리에 자주 쓰인다.

바질(basil, 베이질)
냄새제거 ★☆☆☆　　매운맛 ☆☆☆☆　　향 ★★★★　　착색 ☆☆☆☆

이탈리아 요리의 필수불가결한 스파이스. 아네톨이 있어서 달콤한 향과 맛을 나타낸다. 또 희미한 쓴맛을 지니고 있다. 토마토에 잘 어울리는 스파이스로 토마토케첩, 치킨 카차토레, 파스타, 피자 등에 주로 활용된다. 파슬리와 함께 쓰는 경우가 많다.

파슬리(pasley)
냄새제거 ★★☆☆　　매운맛 ☆☆☆☆　　향 ★★★★　　착색 ★☆☆☆

스파이스로 자주 활용되는 것은 잎이 넓은 이탈리안 파슬리이다. 고수(코리앤더)나 샐러리와 잎 생김새가 비슷하다. 바질과 함께 쓰이는 경우가 대부분이다.

샐러리(celery)
냄새제거 ★★★★　　매운맛 ☆☆☆☆　　향 ★★★★　　착색 ★☆☆☆

처음에는 독특한 향 때문에 꺼리는 이들이 많으나 여느 스파이스가 그렇듯 한 번 맛들이면 헤어 나오기 힘들 정도의 중독성을 지니고 있다. 샐러리는 독특한 향의 근원인 '세다노라이드'와 함께 '리모넨'이라는 성분도 갖고 있다. 리모넨은 오렌지 오일의 주성분. 오렌지와 레몬, 샐러리는 서로 잘 어울릴 수 있는 공통점을 지닌다.

스파이스가 가지는 감귤계 방향 성분에 의해 탈취 및 교취 효과가 발휘되는 종류로는 샐러리를 비롯하여 파슬리, 생강, 레몬그라스를 들 수 있다. 오렌지, 자몽, 레몬, 유자, 귤 등 감귤류가 여기에 속함은 당연한 사실이다.

코리앤더(coriander, 고수, 향채, 실란트로)
냄새제거 ★★★☆   매운맛 ★☆☆☆   향 ★★★★   착색 ☆☆☆☆

레몬과 세이지를 합쳐놓은 듯한 향을 지닌다. 우리말로는 고수. 씨앗을 코리앤더라 하여 잎 부분인 실란트로, 향채와 따로 구분한다. 씨앗인 코리앤더가 잎 부분보다 향이 부드럽고 달콤하여 거부감이 적은 편이다. 달콤한 향을 지니는 아니스, 클로브, 시나몬, 너트메그, 세이지, 카다몬과 잘 어울린다. 카레나 칠리 파우더의 주원료. 냄새 제거에 사용할 때는 다른 스파이스와 블렌딩해 쓰는 경우가 일반적이다.

세이지(sage)
냄새제거 ★★★★   매운맛 ★☆☆☆   향 ★★★★   착색 ☆☆☆☆

어육류 전반에 걸쳐 냄새 제거에 발군의 실력을 나타낸다. 특히 지방의 냄새 제거에 효과가 탁월한 편. 그래서 소시지나 돼지고기 요리에 최적인 스파이스로 꼽힌다. 소시지(sausage)의 어원이 세이지에서 비롯되었다고 알려진다. 옅은 쑥 비슷한 향도 지닌다.

세이지, 타임, 오레가노는 고기와 함께 먹든가 스프와 소스에 넣어 끓일 때, 고기의 누린내 제거 효과가 좋은 스파이스로 알려져 있다.

타라곤(tarragon)

냄새제거 ★☆☆☆　　매운맛 ★☆☆☆　　향 ★★★★　　착색 ☆☆☆☆

아니스와 비슷한, 달고 부드러운 향을 지닌다. 시베리아가 원산지로 쑥의 일종이다. 얼핏 보면 부추와 비슷하게 보인다. 프랑스에서는 타라곤을 식초에 재운 에스트라곤 비네가를 만들어 달팽이 요리에 쓰고 있다.

딜(dill)

냄새제거 ★☆☆☆　　매운맛 ★☆☆☆　　향 ★★★★　　착색 ☆☆☆☆

잎줄기와 씨앗의 향이 상당히 틀리다. 잎이 상쾌한 향인데 비해 씨앗은 자극적이다. 캐러웨이의 향과 비슷한데, 주성분이 카르본으로 서로 같기 때문이다. 오이피클을 담글 때 필수적으로 쓰이는 스파이스다.

커민(cumin, 큐민, 쯔란)

냄새제거 ★★★★　　매운맛 ★☆☆☆　　향 ★★★★　　착색 ☆☆☆☆

양꼬치에 필수적인 스파이스. 단독으로 쓰면 한약 냄새가 심해서 실패하기 쉬우므로 여러 스파이스와 블렌딩하여 활용한다. 코리앤더와 함께 동남아 음식의 풍미를 표현하는 대표적인 스파이스. 소시지, 미트 소스에도 자주 활용된다.

캐러웨이(caraway)
냄새제거 ★★★☆   매운맛 ☆☆☆☆   향 ★★★★   착색 ★☆☆☆

커민과 생김새가 비슷하다. 그래서 프랑스에서는 '목장의 커민'이라고 불렀을 정도. 커민에 비해 다소 상쾌한 향을 지닌다. 독일식 김치인 사우어크라우트에 필수불가결한 스파이스다.

타임(thyme, 백리향, 사향초)
냄새제거 ★★★★   매운맛 ★☆☆☆   향 ★★★★   착색 ☆☆☆☆

육류 특히 생선, 해물류의 비린내 제거에 최적으로 꼽힌다. 유럽풍 요리에 불가결한 스파이스로 다른 스파이스와 함께 부케가르니로 만들어 육수를 낼 때 잡내를 없애는 용도로 쓰인다.

오레가노(oregano)
냄새제거 ★★★☆   매운맛 ☆☆☆☆   향 ★★★★   착색 ★☆☆☆

마조람보다 야성적인 향을 지니고 있다. 토마토와 잘 어울리는 스파이스. 우리가 피자를 먹을 때 느끼는 특유의 향이 오레가노라고 보면 거의 틀림이 없다. 지중해 요리에 필수 아이템이며, 우스터 소스에도 없어서는 안 되는 스파이스. 레몬즙과 함께 드레싱에도 자주 쓰인다.

마조람(majoram)
냄새제거 ★☆☆☆　　매운맛 ☆☆☆☆　　향 ★★★★　　착색 ☆☆☆☆

타임, 오레가노와 공통되는 방향성분을 가지고 있다. 타임보다 달고 오레가노보다 부드러운 향이 특징이다. 이 셋을 같이 쓰면 더욱 좋은 효과를 얻을 수 있다. 향이 쉽게 달아나기에 마무리 단계에서 사용하는 경우가 일반적이다.

민트(mint)
냄새제거 ★★☆☆　　매운맛 ★☆☆☆　　향 ☆☆☆☆　　착색 ☆☆☆☆

비린 생선과 양고기 양념에 많이 쓰이는 편이다.

월계수잎(bay leaves, 베이리브즈)
냄새제거 ★★★★　　매운맛 ☆☆☆☆　　향 ★★★★　　착색 ☆☆☆☆

고기와 생선의 나쁜 냄새를 제거하는 데 탁월한 효과를 보인다. 한식 조리에서도 수육, 족발 등을 삶을 때 많이 이용하는 스파이스다.

월계수의 어린잎을 그늘에서 말려서 스파이스로 활용한다. 성장한 잎은 어린잎에 비해 몇 배 이상의 크기다. 하지만 그중 포함되어 있는 정유성분의 비율을 따지면 어린잎이 더 높다. 오래되면 갈색을 지니게 되는데, 색소나 정유성분이 자외선에 의해 변화되었기 때문이다. 따라서 구입 시에는 잎이 작고, 선명한 녹색을 지닌 것을 우선적으로 선택하는 것이 좋다.

로즈마리(rosemary)
냄새제거 ★★★★   매운맛 ☆☆☆☆   향 ★★★★   착색 ☆☆☆☆

향이 강하면서 지속성도 있다. 신선하면서도 달콤한 향이 특징. 강한 향으로 고기 냄새 제거에 효과적이다. 닭고기, 양고기, 돼지고기 등에 자주 쓰인다. 타임과 혼합하여 자주 쓰인다.

세이보리(savory)
냄새제거 ★★☆☆   매운맛 ☆☆☆☆   향 ★★★★   착색 ☆☆☆☆

후추와 비슷한, 매운 감이 느껴지는 독특한 향을 지니고 있다. 콩 요리에 자주 쓰인다. 우연히 프리미엄 쇠고기 다시다의 포장을 봤을 때, 이 성분이 들어가 있음을 발견한 적이 있다. 어딘가 쇠고기 요리와 어울리는 면이 있는 듯하다.

페누그릭(fenugreek)
냄새제거 ★☆☆☆   매운맛 ☆☆☆☆   향 ★★★★   착색 ★☆☆☆

캐러멜, 메이플 느낌의 달콤한 향이 특징. 생선 요리에 많이 쓰인다. 카레를 구성하는 스파이스 중 하나다.

카다몬(cardamon)
냄새제거 ★★☆☆   매운맛 ☆☆☆☆   향 ★★★★   착색 ☆☆☆☆

카레를 만드는 데 중요하게 쓰이는 스파이스다. 민트와 비슷한 시원한 향을 나타내며 샤프란 다음으로 비싸다. 고기의 누린내를 없애는 데 효과적이다. 많이 쓰면 가글액 비슷한 냄새가 나는 요리가 되므로, 가급적 양을 적게 하여 다른 스파이스와 블렌딩하여 사용한다.

세사미(sesame, 참깨)

냄새제거 ★★★☆　　매운맛 ☆☆☆☆　　향 ★★★☆　　착색 ☆☆☆☆

설명이 필요 없는 스파이스다. 탈취 및 교취 효과가 매우 높음에 주목할 것.

착색작용을 하는 스파이스

붉은색의 파프리카, 노란색의 터메릭, 황금색의 샤프란이 착색 기능을 하는 대표적 스파이스다. 레드 페퍼도 부차적으로 착색성을 가진다.

파프리카(paprika)
냄새제거 ☆☆☆☆   매운맛 ☆☆☆☆   향 ☆☆☆☆   착색 ★★★★

고추의 변종으로 매운맛이 적고 카로티노이드 색소를 다량 함유하고 있어 착색성이 좋다.

터메릭(turmeric, 강황, 심황, 울금, 투메릭)
냄새제거 ☆☆☆☆   매운맛 ☆☆☆☆   향 ★☆☆☆   착색 ★★★★

강황은 뿌리줄기, 심황은 덩이뿌리에서 채취한 것이라고 한다. 비싼 스파이스인 샤프란의 대용품으로 활용된다. 카레의 노란색을 표현하는 스파이스로 약 20~40%가 배합된다.

샤프란(saffron, 번홍화)

냄새제거 ★★☆☆   매운맛 ☆☆☆☆   향 ★★★☆   착색 ★★★★

가장 비싼 스파이스. 번홍화의 꽃술을 말린 것이다. 실고추처럼 생겼다. 샤프란의 착색 성분은 물에 녹기 때문에, 그 착색액을 요리에 이용한다. 선명한 황금색과 부드러운 향이 특징이다.

스파이스의 블렌딩

스파이스는 일반적으로 단독으로 쓰지 않고 블렌딩하여 쓴다. 이는 몇 가지 안 되는 스파이스를 활용하는 우리 식생활에서도 마찬가지다. 고추, 마늘, 생강, 참깨, 파 등을 적절하게 비율과 가짓수를 달리하여 씀으로써 고기, 닭, 생선, 해물 등 다른 특성의 재료들을 훌륭하게 커버하고 있다.

스파이스를 적어도 세 가지 이상을 섞게 되면, 향이 약하게 느껴지는 효과가 나타난다. 또 블렌딩하여 잠시 두면 전체적으로 느껴지는 향이 처음 막 만들었을 때보다 부드럽게 변한다. 잘못 보존하여 향이 달아났기 때문이 아니라, 각 스파이스에 함유된 정유 성분이 상호 작용하여 새로운 향으로 발전되었기 때문이다. 이러한 블렌딩과 에이징(aging) 효과의 대표적인 예를 카레 파우더나 칠리 파우더에서 찾을 수 있다.

스파이스를 능수능란하게 블렌딩하는 첫 번째 요령은 유사한 향을 지니는 것끼리 혼합해 쓰는 것이다. 예를 들어 올스파이스를 향이 유사한 너트메그, 클로브, 시나몬 등과 혼합하면 각 스파이스가 지니는 향이 전체적으로 약해지는 대신, 각자의 개성이 어우러지는 부드러운 느낌의 향을 얻게 된다.

향의 유사성을 기준으로 하여 스파이스 간의 어울림을 간단히 살펴보면 대략 다음과 같이 정리된다.

- 올스파이스, 너트메그, 메이스, 클로브, 시나몬, (산초)
- 페넬, 아니스, 스타아니스, 바질 + 시나몬, 타라곤, 코리앤더
- 바질, 파슬리 + 샐러리
- 샐러리, 코리앤더 + 레몬

- 타임, 오레가노, 마조람, 세이지
- 커민, 캐러웨이, 딜
- 산초 + 생강 + 레몬

같은 성분을 지니는 스파이스를 하나로 묶고, 그 묶음에 어울리는 다른 스파이스를 골라낸다. 처음의 스파이스 군과 두 번째 스파이스 군의 호응 정도를 굵고 가는 선으로 정리한다. 각 군을 연결하는 공통분모가 되는 스파이스나 재료를 박스로 체크한다.

이런 식으로 스파이스 간의 유사성과 어울림을 조사하여 하나의 차트로 만든다. 비율에 상관없이 블렌딩해야 할 스파이스를 추려내는 데 기준을 만들 수 있다. 여기에 육고기, 생선 등 재료별 쓰임새도 같이 조사하면 각각의 비율을 어떻게 조정해야 할 것인지에 대한 단서도 얻을 수 있다.

두 번째는 널리 이용되는 블렌딩 스파이스의 구성을 조사하는 방법이다. 스파이스 간의 어울림과 함께 블렌딩의 원칙을 찾아낼 수 있다. 또 피클링 스파이스, 부케가르니처럼 특정한 목적에 주로 사용되는 배합물을 통해 비슷한 형태의 바비큐 양념에서 어떻게 적용해야 되는지 단서를 잡을 수도 있다.

블렌딩 아이템으로 많이 쓰이는 스파이스를 찾아보면, 클로브(7회) 〉 레드 페퍼(6회) 〉 페넬, 후추, 생강(5회) 〉 마늘, 월계수잎, 너트메그, 코리앤더, 시나몬, 커민(4회)을 뽑을 수 있다.

이들 11가지 스파이스는 우선적으로 공부해야 될 중요 아이템이 된다. 물론 이들 스파이스가 한꺼번에 사용된 예는 카레 파우더밖에 없다. 하지만, 자주 활용되는 만큼 스파이스 블렌딩에 있어서 뼈대로 삼을 아이템이라고 할 수 있다. 이들을 스파이스의 기능별로 분류하면 대략 다음과 같다.

신미작용   레드 페퍼, 마늘, 생강, 후추
부향작용   클로브, 페넬, 너트메그, 코리앤더, 시나몬, (커민), (생강)

탈취·교취작용 월계수잎, 커민, (마늘), (후추), (생강), (시나몬)
착색작용 (레드 페퍼)

스파이스를 향미 특징에 따라서 분류하면 대략 다섯 가지 그룹으로 정리된다.

Ⓐ 특유의 향이 강하고 기호에 따른 호불호가 분명한 스파이스다. 로즈마리, 세이보리, 세이지, 샐러리, 아죠완, 민트, 코리앤더가 여기에 속한다.
Ⓑ 특유의 향으로 부향작용을 하는 스파이스. 첫 번째와 달리 향이 마일드하거나 폭넓게 사용되어 친숙해진 스파이스 그룹이다. 오레가노, 마조람, 바질, 타임, 월계수잎, 타라곤, 파슬리를 들 수 있다.
Ⓒ 향과 독특한 맛을 지니는 그룹이다. 올스파이스, 너트메그, 메이스, 시나몬, 클로브, 아니스, 페넬, 스타아니스, 딜, 커민, 참깨, 마늘, 어니언, 파, 카다몬, 진피, 페누그릭, 캐러웨이를 들 수 있다.
Ⓓ 매운맛이 특징인 스파이스 그룹이다. 레드 페퍼, 생강, 머스터드, 후추, 산초, 호스래디시 등이다.
Ⓔ 착색작용 그룹이다. 파프리카, 터메릭, 샤프란 등이다.

스파이스 블렌딩은 이 다섯 개 그룹이 적절하게 조화를 이루도록 유념하여 실시한다. 특히 A그룹은 배합비가 전체의 10%가 넘지 않도록 조정하는 게 일반적이다. 카레 파우더의 경우 D그룹(신미성)을 10~15% 정도, E그룹(착색성)을 20~30%, A, B그룹은 합쳐서 10% 정도, 나머지 분량은 C그룹에 맞춰서 배합하는 것으로 알려진다.

칠리 파우더와 시치미

우동집에서 볼 수 있는 고춧가루 양념이 '시치미'(시치미도우카라시, 七味唐辛

子)다. 이것과 멕시코 음식에서 자주 활용되는 칠리 파우더는 레드 페퍼, 즉 고춧가루를 중심으로 한 블렌딩 스파이스라는 점에서 유사한 점이 많다.

시치미는 이름 그대로 일곱 종류의 스파이스를 활용하고 있다. 일반적인 구성 방법은 '2辛5香.' 2가지 매운맛과 5가지 방향성 스파이스를 섞어서 만든다.

매운맛　레드 페퍼, 산초, 생강
방향성　포피시드(양귀비 씨앗), 대마 씨앗, 진피, 참깨, 파래, 차조기, 차조기 씨앗

방향성 스파이스에서 진피(귤껍질), 참깨, 파래를 제외하고는 모두가 민트처럼 화한 느낌의 맛과 향을 지니고 있다. 서양 스파이스로 따지면 오레가노, 타임, 민트와 비슷한 느낌.

우리의 선입견과 다르게 고춧가루가 이러한 향과 맛의 스파이스와 어울릴 수 있다는 점을 기억할 필요가 있다. 생각해보면, 우리에게도 이런 조합의 양념이 그리 생소한 것도 아니다. 생선 매운탕에 고춧가루, 마늘, 생강 등 매운맛 스파이스를 넣고 쑥갓, 미나리 등 향이 짙은 채소를 얹어서 향긋함과 개운함을 더하게 한다든지, 취나물, 참나물 등 향이 짙은 나물에 고추장을 넣어서 비비는 비빔밥 등의 예를 찾아볼 수 있다.

칠리 파우더는 레드 페퍼와 오레가노의 조합을 기본형으로 한다. 레드 페퍼의 배합비로 매운맛을 조절하고, 스파이스를 볶아서 사용하여 마일드한 향을 얻어낸다. 또 수개월간 에이징하여 더욱 풍부한 풍미를 뽑아낸다.

매운맛　레드 페퍼
방향성　오레가노, 커민, 마늘, 올스파이스, 딜, 어니언, 클로브
착색성　파프리카

스파이스의 유사성을 고려하면, 오레가노는 마조람, 세이지, 타임과 혼합 또는

대치가 가능하다. 커민은 캐러웨이, 올스파이스와 클로브는 너트메그와 시나몬 등으로. 한두 가지 요소를 바꿨을 때 어떤 효과가 나타나는지 실험하는 것도 흥미로울 듯싶다.

칠리 파우더와 시치미 모두 고춧가루가 주된 성분이기에 열에 비교적 강한 편이다. 따라서 그 활용도가 매우 폭넓다. 우리가 바비큐 럽을 만들 때 참조할 부분이 많다.

피클링 스파이스와 부케가르니

식초에 채소를 재우는 피클을 만들기 위한 것이 피클링 스파이스. 하지만, 고기를 재우는 염지의 용도로도 응용하여 활용할 수 있다. 피클링 스파이스의 구성 요소는 다음과 같다.

매운맛 레드 페퍼, 생강, 후추, 머스터드
방향성 올스파이스, 카다몬, 클로브, 메이스, 코리앤더, 너트메그, 월계수잎, 딜, 페누그릭, 커민, 캐러웨이, 페넬

부케가르니는 육수를 낼 때 고기의 누린내를 제거하기 위해 이용하는 '향초 다발'이다. 때문에 냄새 제거에 탁월한 효과가 있다고 알려진 스파이스를 우선하여 구성한다. 월계수잎, 타임이 중심이 되어 파슬리, 샐러리 등이 따르는 게 일반적 형태이다.

육류 전반에는 마늘, 세이지, 타임, 생강, 클로브, 너트메그, 올스파이스, 월계수잎, 양파, 코리앤더를 주로 사용한다. 또 닭고기에는 월계수잎, 마조람, 타임, 대파, 로즈마리, 부추, 양파, 오레가노, 바질, 딜, 아니스, 페넬 등을 이용하는 경향이 있다.

쿼트르에피스와 오향

　프랑스 요리에서 사용되는 쿼트르에피스는 이름 그대로 네 가지 스파이스를 블렌딩한 것이다. 일반적으로 하나의 매운맛 스파이스와 나머지 세 가지를 시나몬, 클로브, 너트메그 등 방향성 스파이스로 구성한다. 가루로 내어 요리에 첨가하는 게 일반적 사용방법이다.

　중국의 오향은 진피, 계피, 정향(클로브)을 중심으로 페넬 또는 팔각을 넣고, 나머지 하나를 매운맛 스파이스인 산초 또는 후추로 채운다. 이렇듯 4좀1辛의 스파이스로 배합하는데 비율은 대개 같은 양으로 맞추는 편이다.

가람마살라와 카레

　카레의 원산지는 인도가 아니다. 영국인들이 인도의 가람마살라를 흉내 내어 만든 것이라고 알려진다. 가람마살라는 매운 스파이스의 혼합물이라는 뜻이다.

　보통 3~10가지의 스파이스를 배합하여 만든다. 각 가정에서 대대로 이어져 오는 비법에 따라서 만드는 것이 일반적이며, 가루가 아닌 페이스트 형태가 주종을 이룬다. 방향성 스파이스로 너트메그, 카다몬, 커민, 시나몬, 갈릭, 클로브, 캐러웨이, 코리앤더 등을 주로 사용하고 매운맛 스파이스로는 진저, 레드 페퍼, 후추를 이용한다.

럽(rub) – 바비큐 양념의 기본

예전에는 고기를 양념하기 위해서 럽이나 시즈닝을 일일이 만들어 써야 했지만, 요즘은 대형 할인마트에서 용도별로 세분화된 제품을 구입할 수 있을 정도로 보편화되고 있다. 바비큐를 가끔씩 즐긴다면 시중에서 입맛에 맞는 제품을 구입하는 게 훨씬 경제적이다.

하지만 본격적으로 바비큐를 즐기게 되었다면, 여러 스파이스를 구비하여 나만의 맛이 담긴 양념을 만들어 쓰는 것이 경제적일뿐더러 재미도 더해준다.

한 번에 넉넉하게 만들어서 밀폐용기에 담아 냉장보관하면 필요할 때마다 바로 꺼내서 쓸 수 있어서 편리하다. 게다가 럽에 포함된 여러 스파이스의 상호 작용에 의해 처음 만들었을 때와 다르게 향이 개선되는 에이징(aging) 효과도 거둘 수 있다.

'나만의 럽'을 개발할 때, 가장 중요한 것은 내가 쓰는 소금의 맛을 정확히 아는 것이다. 소금마다 조금씩 염도가 다르고 따라서 사용되는 양도 다르기 때문이다. 그래서 개인적으로는 럽을 만들 때 시판하는 시즈닝이나 허브 솔트를 그 편리함에도 불구하고 활용하지 않는다. 소금의 함량이 어느 정도 되는지 감을 잡기 어렵기 때문이다.

럽 만들기에 익숙해지기 전까지는 사용량을 가늠하기 쉬운 소금과 후추를 뿌리고 거기에 허브 스파이스를 약간 더하는 식으로 시작한다. 소금과 후추는 누구에게나 친숙한 양념이기에 그만큼 실패의 우려도 적다.

소금 후추 양념을 기본으로 하여 맛과 향을 보강하는 작업을 시작한다. 매운 맛을 더해주기 위해 칠리 파우더, 파프리카, 고춧가루, 마늘가루 등을 추가해본다. 이후 향을 높이기 위해 로즈마리, 타임, 너트메그 등을 넣어본다. 이런 식으로 복합적인 맛의 층을 가진 구조물을 만들어내는 것이 바비큐 럽 만들기의 실제이다.

럽 만들기 1단계 : 소금, 후추의 사용량 감 잡기

일정한 크기의 고기 덩어리가 있다고 치자. 예컨대 삼겹살 2근 정도의 덩어리가 있다고 했을 때, 우리는 경험이나 대충 느낌으로 이 정도 크기의 고기에 소금간을 하려면 어느 정도의 양이 필요한지 추정해낼 수 있다.

스스로 생각하기에 필요하겠다 싶은 양의 소금을 계량스푼으로 퍼서 적당한 곳에 옮겨놓는다. 또한, 적당한 양의 후추도 계량하여 옮겨놓는다.

후추는 우리나라 사람들도 상당히 익숙해진 맛이기에 거부감을 덜 느낄 수 있다. 또 후추는 향도 강하려니와, 매콤한 맛까지 있어서 향신료를 사용하는 데 하나의 기준이 될 수 있다.

추정하여 덜어놓은 소금과 후추의 양을 기록한 다음, 이걸로 럽 양념을 하여 6시간 정도 재운 다음에 구워본다. 꼭 그릴에 해야 될 필요는 없다. 조금 잘라내어 프라이팬에 익혀서 간을 보면 된다.

럽 시간을 6시간에 맞춘 것은 아침에 일찍 일어나서 고기를 재우고 목적지로 이동하여 고기를 구울 때까지 걸리는 시간을 추정한 것이다. 바비큐를 위해 언제 고기를 재워야 할지는 저마다의 생활 리듬과 형편에 다르지만, 거듭할수록 습관화하여 그 시간이 거의 고정된다. 만일, 다음 날 낮에 쓸 고기를 전날 대략 12시쯤에 양념한다면 대략 14시간 정도를 계산하여 테스트하는 것으로 한다. 고기는 재워둘수록 짜지므로 감을 잡기 위해서는 시간을 맞추는 게 좋다.

시험 결과에 따라서 소금과 후추의 사용량을 가감한다. 이 감이 잡히기까지는 같은 종류의 소금을 사용해야 한다.

특히 후추의 입자 크기를 동일하게 가져간다. 동일한 스파이스라 하더라도 입자의 굵기에 따라서 다른 느낌을 가지는 경우가 많기 때문이다. 후추를 비롯한 스파이스는 가급적 굵게 갈아서 쓴다. 고기를 먹을 때 입자가 씹히는 느낌이 좋고,

더욱이 그릴에서 열을 가해도 잘 타지 않고 향이 비교적 오래 간직되기 때문이다.
　아무튼 이러한 테스트를 두어 차례 거치면 자연스레 데이터가 나오게 된다. 말하자면 양념 만들기의 영점사격인 셈이다.

럽 만들기 2단계 : 잘 알려진 레시피를 분석한다

　인터넷을 검색하면 상당히 많은 양의 럽 레시피를 찾아낼 수 있다. 이들 중 몇 가지를 골라서 나름 분석해본다.
　양념을 무작정 쓰지는 않는다. 어떤 것을 많이 쓰고, 어디에 무엇을 쓰는지, 나름대로 정해져 있다. 레시피 분석은 오랜 관습을 통해 형성된 황금비율과 규칙을 찾아내는 데 도움을 준다.
　지은이가 나름 찾아낸 규칙은 짠맛(소금):단맛(설탕):스파이스의 비율이 거의 1:1:1로 균형을 이루고 있다는 것이다.

◎ **베이식 럽(약 3컵)**
짠맛　시즈닝솔트 1/4컵, 갈릭솔트 1/4컵, 샐러리솔트 1/4컵, 어니언솔트 1/4컵
단맛　설탕 1컵
매운맛　칠리 파우더 3큰술, 후추 2큰술, 레몬 페퍼 1큰술, 머스터드 파우더 1작은술, 카이엔 페퍼 1/2작은술, 파프리카 1/2컵
향긋함　타임 1/2작은술, 세이지 2작은술

　짠맛이 모두 1컵이고, 단맛이 1컵, 나머지가 1컵이 된다. 이 나머지 구성요소도 매운맛에 중점을 두고 있음을 알 수 있다.

◎ **베이식 럽 2(약 1컵)**
짠맛　굵은소금 3큰술, 훈제소금 1큰술

단맛　설탕 1/4컵
매운맛　후추 3큰술, 파프리카 1/4컵, 카이엔 페퍼 1작은술, 마늘가루 2작은술, 양파가루 2작은술
향긋함　러리시드 2작은술

소금이 4큰술, 즉 60cc가 들어갔고, 이는 1/4컵과 같은 양이다. 설탕이 같은 양으로 쓰였고, 나머지 스파이스에서 파프리카를 제외하면 역시 1/4컵으로 같은 양이다. 사실 파프리카는 고추의 일종이기는 하지만 매운맛과 향이 적어서 붉은색을 표현하는 착색제로서 사용되는 경우가 많다.

◎ **베이식 치킨 럽(약 3컵)**
짠맛　갈릭솔트 1/2컵, 어니언솔트 1/2컵
단맛　메이플슈가 1/2컵, 케인슈가 1/2컵
매운맛　파프리카 1/2컵, 레몬 페퍼 2큰술, 마늘가루 2큰술, 카이엔 페퍼 1작은술, 생강가루 1/2작은술
향긋함　라임에이드 믹스 2큰술, 파슬리 1큰술, 아니스 1/2작은술, 계피가루 1/2작은술

　역시 짠맛, 단맛, 스파이스의 비율이 균형을 이루고 있다.
　레시피를 분석하는 첫 단계는 소금, 설탕, 스파이스의 비율을 찾는 데서 출발하지만, 그 다음으로는 스파이스별로 어떻게 조합되어 있는지를 찾아야 한다.
　단순히 양만 비교하는 게 아니라 향의 강도에 따라서 균형을 어떻게 맞췄는가도 본다. 일반적으로 뿌리나 열매, 씨앗에서 채취하는 스파이스는 정유 함량이 높아서 잎에서 얻는 종류보다 배 이상 가는 향과 맛의 강도를 지닌다.
　위에서 예시한 레시피들은 후추, 샐러리 시드, 겨자씨, 고추 등 향과 맛이 강한 재료들로 구성이 되어 있었다. 만약에 바질, 마조람, 파슬리, 타라곤처럼 잎에서 얻어지는, 그래서 향이 비교적 부드럽고 그릴링 과정에서 약해지는 스파이스로 구성된 레시피라면 그 양이 샘플로 찾아본 것보다 배 이상 쓰였어도 줄여서 생각할

필요가 있다.

일반적으로 허브 스파이스는 닭고기, 오리 같은 가금류나 생선에 자주 사용되고, 매운맛을 지니고 향이 강한 씨앗이나 열매 계열의 스파이스는 고기류에 주로 쓰이는 편이다.

설탕에 대해서도 잘 생각할 필요가 있다. 설탕을 넣는 주된 이유는 스파이스가 공통적으로 쓴맛을 지니기 때문에 이를 감추기 위해서다. 그러나 설탕을 넣으면 그릴의 높은 열에 의해 쉽게 타서 쓴맛을 주거나, 검게 되어 완성물의 표현이 나빠질 수 있다.

바람직한 것은 가급적 사용하지 않거나 적게 쓰는 것이지만 실제에서는 그리 쉽지 않은 편이다. 대다수의 레시피에서 소금과 설탕을 같은 양으로 사용하는 까닭도 이 때문일 것이다.

럽 만들기 3단계 : 배합비율을 정한다

알려진 레시피를 통해 나름대로 배합비율을 정한다. 소금, 설탕, 스파이스의 비율을 똑같이 정해도 좋고, 얻어진 결론을 바탕으로 변형해도 좋다.

위에서 예시한 레시피에서는 소금, 설탕을 1로 보고서 파프리카를 1/2, 나머지 스파이스를 1/2 사용하였다. 또 후추를 1/4 정도 쓰고 있었다. 결국 이 배합비율은 자신이 선호하는 스파이스에 따라서 결정된다고 볼 수 있다. 향이 강한 스파이스를 선호하면 비율이 낮아지겠고, 마일드한 쪽이면 높아질 것이다.

나는 개인적으로 럽을 할 때 소금의 함량을 낮춰서 비교적 오랜 시간 양념해 두는 것을 좋아한다. 또한 향이 강한 쪽보다는 마일드한 쪽을 선호하기에 스파이스의 사용량이 많은 편이다. 그렇게 하는 이유는 게으르기 때문이다. 적정 사용량을 생각하지 않고 그냥 고기 표면에 듬뿍 뿌리고 하루 이틀 두어도 짜지지 않으려면 럽의 양이 많고 염도가 낮아야 한다는 이유에서다. 그래서 나름대로 정한 배합의 규칙이 소금:설탕:매운맛:향긋함을 1:1:1:1로 맞추는 것이다.

럽 만들기 4단계 : 백설공주와 일곱 난쟁이

스파이스를 배합할 때는 '백설공주와 일곱 난쟁이'의 원칙을 지킨다. 갖가지 스파이스를 같은 양으로 쓰는 게 아니라, '백설공주'가 되는 기본을 정하고, 그 주변에 공주를 떠받드는 일곱 난쟁이 역할의 스파이스를 정리해줘야 한다. 물론, 현실적으로 8가지 스파이스를 한 번에 넣을 수는 없겠지만 최소 3가지 이상을 섞어 쓰는 것이 좋다.

스파이스를 혼합하여 쓰면 어느 한 가지가 두드러지는 것이 아니라 서로 균형을 이룬 '아름다운' 향과 맛을 얻을 수 있다. 우리에게 친숙한 카레 파우더의 경우, 무려 17가지 이상의 스파이스가 모인 것이다. 터메릭, 코리앤더, 커민 등 두드러지는 스파이스의 향과 맛을 집어낼 수는 있겠지만, 17명의 합창에서 각각의 목소리를 찾아낼 절대음감의 소유자는 그리 많지 않을 것이다.

스파이스의 종류가 매우 다양하지만, 자주 활용되는 것은 서양에서도 12가지가 넘지 않는 듯하다. 양념통 세트를 보면 최대 12개짜리가 일반적이므로. 여기서 소금, 후추를 제외하면, 10가지. 물론 프레시 허브를 사용하는 경우가 많기 때문일지도 모르지만 생각보다는 적은 가짓수이다.

대형 마트나 백화점에서 쉽게 구할 수 있는 스파이스를 들면, 통후추, 월계수잎, 정향, 로즈마리, 타임, 바질, 오레가노, 파슬리 등이고, 조금 구색이 있는 곳이라면 너트메그, 계피가루, 산초가루, 터메릭, 코리앤더 등을 더 구할 수 있을 것이다.

이들 스파이스를 틈날 때마다 하나씩 구해본다. 그리고 조금 씹어서 맛을 보고서 나름대로 분류를 해본다. 향이 중심이 되는 것, 맛에 영향을 미치는 것. 향의 강도가 후추에 견주어서 어느 정도인지 등을 정리해본다. 그 차트에는 나름대로 생각하는 어울리는 재료와 레시피에서 얻어낸 정보가 함께 담겨져 있어야 한다. 어느 재료와 맛에 특히 잘 어울리는 스파이스가 이른바 '백설공주' 후보가 된다.

스스로는 이 분야에 문외한이라고 생각해도 우리는 제법 많은 스파이스의 향과 맛을 경험하고 있다. 소시지를 통해 세이지를, 피자에서 오레가노, 햄버거에서 너트메그, 돼지 수육에서 월계수잎, 과자와 커피에서 시나몬(계피), 카레(커리)에서 터메릭, 코리앤더, 커민을, 중국음식에서 팔각, 페넬(회향) 등 오향을 접하고 있다. 여기에 파스타에서 바질, 파슬리 등을 더하면 참으로 많은 것을 이미 알고 있음을 새삼 느끼게 된다. 그간 의식하지 않아서 기억되지 않았던 사실들. 이를 복원하는 일은 그래서 더 흥미롭다.

럽 만들기 5단계 : 이제 만들어보자
'나만의 럽'을 만들기 위한 준비는 끝났다. 이제부터는 실제 만들어보는 단계다.

1. 소금과 설탕, 후추를 미리 정한 배합비율에 맞춰서 넣는다
　소금은 일단 안데스 호수염 굵은 소금을 사용하는 것으로 정한다. 후추를 소금 크기에 맞춰서 전기 그라인더나 절구를 이용하여 갈아넣는다. 후추가 너무 굵다고 여겨지면 좀 더 가늘게 조정하고, 소금도 그에 알맞게 크기를 맞춰준다.
　어느 자료에 의하면 가장 이상적인 후추 알갱이의 크기는 한 알을 으깨었을 때의 대략 1/15 크기 정도라고 한다. 이 무슨 황당한 소리인가 싶어서 실제 절구로 으깨보니 대략 맥코믹 사에서 나오는 굵은 후추보다 아주 약간 더 큰 크기가 되었다.
　사실 후추의 굵기는 개인의 기호에 따라서 결정하면 된다. 다만, 우리가 시중에서 일반적으로 구하게 되는, 아주 곱게 갈린 것은 피하는 게 좋다.
　약간 욕심을 낸다면 일반 흑후추가 아닌 여러 가지 색깔의 후추가 섞여 있는 이른바, 레인보우 페퍼를 써보도록 한다. 흑후추, 백후추, 핑크 페퍼, 그린 페퍼 등이 골고루 섞여 있는 이 제품은 후추에 대해서 새로운 눈을 뜨게 해주기에 충분하다.
　설탕은 황설탕을 쓴다. 흑설탕은 끈적거리고, 백설탕은 정제되어 풍미가 떨어지기에 비추천. 비정제하여 색이 검은 것이라는 짐작과 다르게, 일반 마트에서 판매하고 있는 황설탕이나 흑설탕 모두 정제당이다. 정제한 백설탕에 열을 가해서 색을 입힌 것이다. 이후 등장하는 레시피에서 황설탕이나 흑설탕은 모두 비정제당을 가리키는 것이다.

비정제당을 쓰고 싶으면 옥션 등 인터넷 쇼핑몰에서 찾아보면 된다. 다만 25kg들이 대용량 포장이라는 게 걸림돌. 비닐접합기나 가정용 진공포장기가 있으면 적절하게 소분하여 보관할 수 있다. 마트나 백화점에서 유기농 설탕으로 판매되는 것도 비정제당이다. 1kg 정도로 작게 포장되어 있어 사용이 편리한 대신 가격이 다소 높은 게 흠이다.

커피 슈가라는 이름으로 판매되는, 입자가 큼직큼직하고 불규칙한 형태인 얼음설탕을 절구로 으깨어 써본 적이 있다. 나름대로 색다른 맛이 인상적이었는데 가격이 부담되고 너무 녹지 않는 편이서 몇 번 쓰다가 말았던 기억이 있다.

> 소금 1컵(소금 3/4컵, 간장분말 1/4컵)
> 황설탕 1컵(황설탕 3/4컵, 메이플 파우더 1/4컵)
> 후추(흑후추 1/8컵, 무지개후추 1/8컵)

2. 매운맛을 내는 스파이스를 넣는다

후추의 맛을 기준으로 하여 매운 맛을 내는 스파이스, 특히 고추 계열의 것을 넣는다. 열에 강하고 매운 맛이 입안에 오래 남아서 럽에 사용할 때 효과가 좋은 편이다.

매콤한 분위기의 럽 레시피를 살펴보면 칠리 파우더가 필수적으로 들어가는 것을 볼 수 있다. 칠리 파우더는 고춧가루에 파프리카, 오레가노, 마늘가루, 커민, 올스파이스, 코리앤더 등을 배합한 것이다. 회사들마다 배합비율이 달라서 저마다 다른 풍미를 보여주는데 개인적으로는 코타니(Kotanyi)나 퍼시픽(Pacific) 브랜드 제품을 선호한다. 국내에서 소분한 제품을 구입할 때는 뒷면의 라벨을 잘 살펴보도록 한다. 포도당, MSG 등 불필요한 첨가물을 많이 넣은 제품이 있기 때문이다.

스파이스 전문점에 가면 칠리 파우더가 두 종류 있음을 알 수 있다. 하나는 배합한 제품이고, 다른 하나는 매운 고추 한 종류를 아주 곱게 갈아놓은 것이다. 영어로는 블렌딩 제품을 'Chilli Powder'로, 단일제품을 'Chillie Powder'라고 표기하여 구분한다.

　　레드 페퍼 플레이크라고 나오는 제품이 있다. 3가지 종류의 고추 말린 것을 으깨어 고추씨와 함께 담은 것인데, 국내 고춧가루에 비해 약간 색다른 풍미를 전해준다.

　　마늘과 양파도 넣는다. 이 둘은 날 것일 때는 매운맛이 강해도, 열을 접했을 때는 그 성질이 대폭 감소된다. 대신 고기의 누린내를 없애는 효과는 그리 줄어들지 않는다. 게다가 우리 입맛에서 마늘과 양파를 싫어하는 사람이 별로 없으므로 부담 없이 듬뿍 넣어준다.

　　마늘가루나 양파가루를 구입할 때도 제품 뒷면 라벨을 눈여겨 살펴본다. 100% 마늘이나 양파인 제품은 드물고, 전분을 10~30% 정도 섞은 게 대다수이기 때문이다.

　　가장 이상적인 마늘 혹은 양파가루는 잘게 다져서 그대로 동결 건조시킨 프레이크 제품이다. 수분을 접했을 때, 본래의 풍미가 살아나기 때문이다.

　　아쉽게도 시중에서 이런 제품을 구하기란 쉽지 않다. 대개가 즙을 내서 분사하여 건조시킨 제품이다. 이들 제품은 약간의 습기에도 쉽게 굳어져서 사용하기에 곤란한 경우가 많다. 그래뉼 처리하여 이를 막아주는 제품을 구입하면 그나마 다행이지만 말이다.

| 소금 1컵(소금 3/4컵, 간장분말 1/4컵)
황설탕 1컵(황설탕 3/4컵, 메이플 파우더 1/4컵)
후추(흑후추 1/8컵, 무지개후추 1/8컵) | + | 칠리 파우더 2큰술
레드페퍼 플레이크 2작은술
마늘가루 1큰술
양파가루 1작은술 |

3. 파프리카를 넣는다

　　파프리카는 진한 색과 달리 매운맛이 거의 없다. 그래서 개인적으로는 '식용색소 적색 1호'라고 농담 삼아 부른다. 매운맛과 향이 적은데도 국내에서의 가격은 제법 비싼 편이다. 단순히 빨갛게 보기 좋으라고 넣기에는 좀 부담이 된다.

순수하게 스파이스와 소금 등을 섞어서 럽을 만든다면 고기에 뿌릴 수 있는 적정 사용량이 상당히 적어진다. 럽을 할 때도 골고루 뿌려지도록 주의를 기울여야 한다. 그래서 나는 파프리카를 착색제가 아닌, 럽의 양을 늘려주는 증량제의 개념으로 사용한다. 양을 늘려서 대충 럽을 뿌려도 골고루 뿌려질 수 있도록.

이렇게 증량제 용도로 쓸 수 있는 다른 스파이스가 터메릭이다. 이 역시 파프리카처럼 향과 맛에 대한 부담이 적어서 나름 '식용색소 황색1호'로 이용하고 있다. 노란색이 부담되지 않는 닭이나 오리 등에 사용하는 럽에 주로 쓰는 편이다.

| 소금 1컵(소금 3/4컵, 간장분말 1/4컵)
황설탕 1컵(황설탕 3/4컵, 메이플 파우더 1/4컵)
후추(흑후추 1/8컵, 무지개후추 1/8컵) | + | 칠리 파우더 2큰술
레드페퍼 플레이크 2작은술
마늘가루 1큰술
양파가루 1작은술 | + | 파프리카 2큰술 |

4. 향긋함을 선택한다

재료와 용도에 따라서 특징이 될 스파이스를 선택한다. 지금까지 테스트 럽을 만들면서 내심 갖고 있던 생각은 우리 입맛에 친숙하여 어느 때 쓰더라도 그다지 튀지 않는 향과 맛이었다. 우리 입맛에 친숙하고 튀지 않는 스파이스를 선택하는 가장 쉬운 방법은 우리말 이름이 있는 것인지 살펴보면 된다. 타임=백리향, 클로브=정향, 시나몬=계피, 너트메그=육두구, 페넬=회향, 스타아니스=팔각 등이 그것이다. 사용량은 2큰술 정도로 하여 전체 배합비율인 '소금:설탕:스파이스=1:1:1'을 맞춰준다.

1컵=200cc, 1큰술=15cc, 1작은술=5cc
1컵=16큰술, 1/2컵=8큰술, 1/4컵=4큰술
1큰술=3작은술

| 소금 1컵
(소금 3/4컵, 간장분말 1/4컵)
황설탕 1컵
무지개후추 1/4컵 | + | 칠리 파우더 2큰술
레드페퍼 플레이크 2작은술
마늘가루 1큰술
양파가루 1작은술 | + | 파프리카
2큰술 | + | 타임 2작은술
로즈마리 1작은술
클로브 1/4작은술
페넬 1작은술
스타아니스 1/4작은술
코리앤더 1작은술 |

5. 테스트한다

지금까지 연습 삼아 만들어본 럽을 정리하면 다음과 같다.

> 소금 3/4컵, 간장분말 1/4컵, 황설탕 1컵, 무지개후추 1/4컵, 칠리 파우더 2큰술, 레드페퍼 플레이크 2작은술, 마늘가루 1큰술, 양파가루 1작은술, 파프리카 2큰술, 타임 2작은술, 로즈마리 1작은술, 클로브 1/4작은술, 페넬 1작은술, 스타아니스 1/4작은술, 코리앤더 1작은술

만들었으면 테스트를 한다. 제일 간단한 방법은 먹어보는 것이다. 잘 씹으면서 맛을 본다. 또 입안에 럽을 머금고 코로 숨을 한껏 들이쉬면서 구체적으로 다가오는 향을 느낀다. 나쁘지 않다 싶으면 고기에 조심스레 적용해본다. 전체 3컵의 분량에서 짠맛 성분이 1컵, 고기 1kg에 소금 1작은술 정도 사용하는 것이 일반적이므로 고기 1kg를 양념할 때 3작은술, 즉 1큰술의 럽을 넣으면 된다.

Tip 스파이스를 볶아서 쓰면

씨앗이나 열매 형태의 단단한 껍질을 지닌 스파이스는 볶아서 쓴다. 참깨를 볶았을 때 풍부한 향이 우러나오듯, 이들 스파이스도 볶으면 향이 매우 강해진다. 껍질에 다량 함유된 정유 성분이 열에 의해 우러나오기 때문이다.

그런데, 볶은 스파이스를 배합하면 향이 부드러워진다. 이 모순된 결과가 나오는 이유는 각 스파이스에서 나온 향이 서로 어우러져 새로운 느낌의 향을 만들기 때문이다. 스파이스의 향이 강해서 거부감이 많이 느껴진다면 볶아서 쓰기를 추천한다. 커민, 캐러웨이, 정향, 아니스, 페넬, 팔각, 머스터드, 코리앤더 등이 그 대상이다.

스파이스를 볶을 때는 주물 스킬렛을 이용한다. 기름을 두르지 않고 뜨겁게 달군 상태에서 스파이스를 넣고 나무주걱으로 잘 저어주면서 향이 올라올 때까지 볶는다. 자칫 타게 되면 쓴맛이 나오므로 조심한다.

럽을 만들 때에는

1. 입자의 크기를 고르게 한다. 입자 크기가 제각각이면 골고루 섞이지 않기 때문에 균일한 맛을 내기 어렵다.
2. 흑설탕은 가급적 사용하지 않는다. 끈적거려서 입자를 뭉치게 한다.
3. 스파이스는 가급적 홀(whole) 상태의 것을 구입하여 필요할 때마다 그라인더에 갈아서 쓴다. 가루 상태의 스파이스는 보관시 향이 쉽게 달아난다.
4. 스파이스를 갈 때는 조금씩 넣고 간다. 전기 그라인더에 한 번에 많은 양을 넣으면 부분적으로 굵고 곱게 갈리는 등 크기가 균일하지 않게 된다.
5. 볶은 스파이스는 반드시 차갑게 식혀서 그라인더에 간다. 뜨거운 상태에서는 배어나온 오일 성분과 스팀으로 인해 그라인더 안에서 뭉치기 쉽고, 향의 유실이 커진다.

포크 럽

설탕 2큰술, 소금 2큰술, 후추 2큰술, 청양고춧가루 2작은술, 파프리카 4큰술, 칠리 파우더 2큰술, 커민 1큰술, 오레가노 1큰술

스페어 립 럽

설탕 1/4컵, 소금 1큰술, 후추 1/2컵, 파프리카 1/2컵, 마늘가루 1/4컵, 칠리 파우더 1큰술, 양파가루 1큰술, 겨자가루 1/2큰술

케이준 럽

소금 2작은술, 파프리카 1/2컵, 마늘가루 2큰술, 카이엔 페퍼 1큰술, 겨자가루 1작은술, 오레가노 2작은술, 고운 후추 1작은술, 커민 1작은술, 백후추 1작은술, 너트메그 1/2작은술

핫 치킨 럽

설탕 1컵, 소금 1컵, 양파가루 1큰술, 마늘가루 1큰술, 파프리카 1/2컵, 칠리 파우더 2큰술, 후추 2큰술, 레몬 제스트 1큰술, 청양고춧가루 2작은술, 세이지 1작은술, 바질 1큰술, 로즈마리 1작은술

비프 럽

설탕 1컵, 소금 1컵, 마늘가루 2큰술, 양파가루 1큰술, 파프리카 1/2컵, 칠리 파우더 2큰술, 소고기 다시다 2큰술, 생강가루 1작은술, 코리앤더 1작은술, 청양고춧가루 1작은술, 겨자가루 1작은술

피시 럽

소금 3큰술, 페넬 1작은술, 딜 위드 1작은술, 백후추 1큰술, 아니스 1/2작은술, 코리앤더 1/2작은술, 샐러리 시드 1/4작은술

지중해풍 럽

마늘가루 2작은술, 파슬리 1큰술, 세이지 2작은술, 타임 2작은술, 로즈마리 2작은술, 오레가노 2작은술, 후추 1큰술, 소금 4큰술

아시안 럽

소금 2큰술, 파프리카 1/4컵, 코리앤더 2큰술, 오향 파우더 2큰술, 생강가루 1큰술, 올스파이스 1/2큰술, 카이엔 페퍼 1작은술

탄두리 럽

코리앤더 1큰술, 생강가루 1큰술, 터메릭 1큰술, 커민 1큰술, 파프리카 1큰술, 소금 1큰술, 카다몸 1작은술, 카이엔 페퍼 1작은술, 마늘가루 1큰술

럽 사용하기

    럽은 단순히 뿌리는 양념으로만 쓰지 않는다.
    '나만의 럽'을 달리 말하면, 재료의 특성과 개인의 취향에 맞춰서 개발된 스파이스 덩어리라는 뜻. 어떤 재료에 스파이스를 써야 할 때, 고민할 필요 없이 만들어 놓은 럽을 적당량 넣어주면 된다.
    경우에 따라서 오일이나 머스터드에 섞어서 페이스트처럼 쓰기도 하고, 소금을 조금 더 넣어서 시즈닝으로 활용하기도 한다.

1. 양념할 고기를 키친타월을 이용하여 표면의 물기를 말끔히 제거한다. 냉동육이라면 완전히 해동되었는지 확인한다. 덜 해동된 상태에서 럽을 하면 드립되는 육즙이 많아서 그 효율성이 떨어진다.
2. 고기의 중량에 따라서 사용량만큼의 럽을 양념통에 담는다. 럽에 사용할 양념통은 구멍이 충분히 크거나 '―' 모양으로 뚫려 있어야 굵은 입자가 걸리지 않고 잘 빠져나온다.
3. 고기 표면에 럽을 골고루 뿌려준다. 고기의 두께와 상태를 고려하여 뿌리는 양

 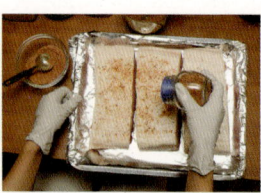 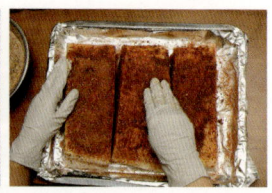

양념통을 이용하여 럽을 골고루 재료에 뿌릴 수 있어서 편리하다.
재료에서 육즙이 올라와서 뿌린 럽이 촉촉이 젖어들 때까지 충분히 기다렸다가 손끝으로 문지른다.

을 조절한다. 뼈가 많거나 살코기가 적은 부위는 적게, 두터운 부위는 많이 뿌려 준다.

4. 럽에 함유된 소금과 설탕에 반응하여 육즙이 올라와서 촉촉이 젖어들 때까지 잠시간 기다린다.
5. 양념이 잘 배어들도록 손가락 끝마디를 이용하여 가볍게 문질러준다.
6. 뒷면까지 양념을 마친 고기는 랩을 이용하여 단단히 감싸준다. 고기에서 올라온 육즙이 흘러내리지 않아 양념이 잘 침투하고, 표면의 건조를 막을 수 있기 때문이다.

염지 – 양념의 기초 공사

염지(brine)는 주변에서 많이 듣는 용어이기에 생소함이 덜한 편이다. "00에 염지 숙성하여 더욱 부드럽고 향긋한 00치킨!" 이런 식의 문구를 하루가 멀다 하고 광고를 통해 접하기 때문이다.

염지는 한마디로 소금물에 재료를 재우는 것이다. 소금물에 재움으로써 고기에 간이 배어들게 하고, 나트륨의 이온 작용을 통해 재료를 부드럽게 하고, 훈연이 잘 배어들도록 한다. 또한 열에 강하고 탈취 효과가 뛰어난 스파이스를 넣어서 고기가 가지는 누린내를 제거하는 데 주된 목적을 둔다.

상업적 생산에 있어서 염지는 매력적인 양념법이다.

바비큐 럽이 간단한 양념법이라고 한다. 하지만, 럽을 뿌리고 일정 시간 기다렸다가 다시 문지르고, 뒤집어서 양념을 다시 뿌리고 기다리고 하는 등의 과정을 따져보면 고기 양념에 들이는 시간이 만만치 않게 된다. 그러나 염지는 액을 만들어 일정 시간 재료를 재우기만 하면 끝으로, 이보다 더 간편할 수는 없다.

또한 염지는 매우 경제적이다. 염지 액에 재료가 충분히 잠기면 되기에 많이 재우면 재울수록 코스트가 낮아지게 된다.

염지를 했을 때 또 다른 이점은 굽고 나서의 중량 변화가 적다는 데 있다. 닭고기를 대상으로 한 실험결과에 따르면 생고기를 구웠을 때 수율이 82%이고 맹물에 재웠을 때가 88%인 반면, 염지한 치킨은 93%에 이를 뿐더러 근육 조직이 소금의 삼투작용에 의해 매우 부드러워져 있었다고 한다.

염지가 만능의 양념법인 것은 아니다. 닭이나 오리, 칠면조 등 가금류에는 탁월해도, 쇠고기나 양고기 등 다른 재료에는 그다지 효과적이지 못하다.

양념후 결과도 세련되지 못하고 터프한 편이다. 탈취 효과가 강한 스파이스와 소금으로 구성된 맛이기에 섬세하게 보듬어주는 맛이 부족하기 때문이다.

이런 한계가 있기에 염지 후 럽을 뿌린다든지, 마리네이드를 하거나 굽는 도중 소스를 발라주든지 하여 맛을 다듬는 과정이 필요하다. 즉 염지는 기초공사인 셈이다.

'바비큐 남작'이라는 별명으로 널리 알려진 폴 커크 역시 3%의 낮은 염도에서 돼지 전지 부위의 경우 4시간, 닭은 2시간 정도 재운 다음 럽이나 마리네이드 등의 방법으로 양념을 마무리하여 바비큐하고 있다며 자신의 저서에서 밝히고 있다.

염지 액의 농도와 염지 시간

염지 액의 농도와 염지 시간은 일정하지 않다. 두껍고 큰 재료일수록 당연히 시간이 많이 걸리게 되는데, 닭을 예로 들면 반으로 펼친 것과 그냥 통닭은 배에 가까운 시간 차이를 보인다. 12호 크기의 닭이라면 소금 농도 10%일 때 대략 4~5시간 정도가 걸린다.

돼지 등심이나 목살 덩어리처럼 큰 부피의 고기는 염도를 높여서 비교적 빠른 시간 내에 염지를 마치고, 흐르는 물에서 과도한 염분을 씻어내는 것이 효율적이다.

단순히 고기에 간을 하는 게 목적이 아니라, 누린내를 없애고 재료를 부드럽게 하고 훈연이 잘되도록 하는 데 중점을 두기 때문이다. 개인적으로는 염도 20~30% 정도의 액에서 이틀 정도 재운 다음, 흐르는 물에서 씻는 방법을 채택하고 있다. 어느 정도 씻어야 하는지 잘 모르겠으면 조금 잘라내어 프라이팬에 구워서 간을 보면 된다.

염지를 처음 시작할 때는 10% 정도의 염도를 맞춰서 테스트하는 것이 무난하다. 개인적 취향에 따라서 염도를 낮추더라도 바닷물의 일반적인 염도인 3.5%를 넘기는 게 좋을 듯싶다.

염지제의 구성

염지 액을 만들 때 반드시 물을 이용해야 하는 건 아니다. 맥주나 과일 주스도 좋은 베이스가 된다. 오렌지 주스를 이용하거나 얇게 슬라이스한 레몬을 넣어서 향긋함을 더해주기도 한다.

염지에 쓰이는 스파이스는 탈취 효과가 있다고 알려진 종류를 우선으로 쓴다. 월계수잎, 후추, 클로브, 너트메그, 타임, 로즈마리, 캐러웨이, 세이지, 오레가노, 코리앤더가 대종을 이루고 마늘, 양파, 대파도 자주 쓰인다. 매운맛이 필요할 때는 열에 강한 고추를 넣는다.

이들 스파이스를 쓸 때는 향의 배합을 잘 고려해야 한다. 가급적 여러 종류를 섞어서 사용하여 향을 중화시키는 것이 좋다. 간편하게 피클링 스파이스란 이름으로 블렌딩하여 판매하는 제품을 써도 좋다.

◎ 염지 레시피 1(염도 약 10%)

물 4ℓ, 굵은 소금 2컵, 샐러리시드 1큰술, 황설탕 1/4컵, 양조식초 1/4컵, 피클링 스파이스 1큰술, 올스파이스 1/2작은술, 후추 1작은술, 마늘가루 1작은술, 양파가루 1작은술, 메이플 농축액 1큰술, 스모크액 1작은술

◎ 염지 레시피 2(염도 약 4%)

물 4ℓ, 굵은 소금 150cc, 물엿 1/2컵, 으깬 마늘 1½큰술, 양파가루 1큰술, 후추 1/4컵, 레몬 주스 1컵, 사이다 1캔

◎ 염지 레시피 3(염도 약 10%)

물 4ℓ, 굵은 소금 1컵, 황설탕 2/3컵, 간장 1컵, 올리브 오일 1/4컵, 후추 1작은술, 올스파이스 1작은술, 타임 1작은술

◎ **염지 레시피 4(염도 약 5%)**

물 4ℓ, 굵은 소금 1컵, 설탕 150cc, 후추 1/2컵, 클로브(정향) 1작은술, 타임 1작은술, 올스파이스 1작은술, 월계수잎 3장

염지하는 법

1. 솥에 염지 스파이스와 절반의 물을 넣고 끓인다.
2. 팔팔 끓기 시작하면 물을 약하게 줄이고 최소 30분 이상 끓여서 스파이스의 향이 우러나도록 한다.
3. 나머지 물을 넣고 염지 액을 식힌다. 얼음물이나 아이스 팩을 이용하여 가급적 차갑게 식힌다.
4. 통에 재료를 넣고 염지 액을 붓는다. 재료가 뜨지 않도록 무거운 걸로 눌러주면 좋다.
5. 마리네이드 주사기를 이용하여 살이 두터운 부위에 염지 액을 직접 주사하면 시간을 단축시킬 수 있다.

머스터드 슬래더

슬래더(slather)를 사전에서 찾아보면 '무엇을 듬뿍 바르다'는 뜻의 동사라고 나온다. 따라서 머스터드 슬래더(mustard slather)는 한마디로 고기에 바르는 겨자 조제물이 된다.

머스터드 슬래더를 사용하면 럽으로만 양념했을 때보다 풍미가 좋아지고, 바삭바삭한 껍질과 촉촉한 속살이라는 이상적인 바비큐 결과물을 비교적 쉽게 얻을 수 있다. 소의 차돌양지, 돼지 전지나 목살덩어리, 스페어립 등 덩치가 큰 고기를 구울 때 특히 유용하게 쓰인다.

전형적인 머스터드 슬래더는 디종 머스터드나 홀 그레인 머스터드 등 여러 제품을 섞어서 쓰기도 하지만 주로 옐로우 머스터드를 베이스로 한다.

여기에 매콤한 맛을 주기 위한 핫소스를 넣고, 풍미를 더해주는 우스터 소스나 간장을, 위스키, 스타우트 맥주, 럼 등의 알코올 류, 새콤함을 더하는 과일 식초, 과일 주스 등을 섞어서 만든다.

기름기가 적은 재료에 사용할 때는 적당한 오일을 넣어주고 레드 페퍼, 호스래디시 등의 매운 맛을 주는 스파이스를 첨가하기도 한다.

어떤 재료를 넣어서 만들 것인가는 같이 사용할 바비큐 럽의 구성에 따라서 결정하면 된다.

이런 식으로 만들어 본 머스터드 슬래더의 예는 다음과 같다.

옐로우 머스터드 2컵, 디종 머스터드 1컵, 겨자가루 3큰술, 스타우트 맥주 1컵, 마늘가루 2큰술, 양파가루 1큰술, 백후추 1작은술, 청양고춧가루 1작은술, 소금 1작은술, 우스터 소스 1/2컵, 핫소스 1큰술, 흑설탕 3큰술, 사과식초 2큰술

사용법은 간단하다.

고기에 머스터드 슬래더를 바르고 럽을 골고루 뿌린 다음, 표면이 꾸덕꾸덕해질 때까지 15~20분 정도 기다렸다가 고기를 그릴에 집어넣으면 된다.

마리네이드 – '더욱 부드럽고 향긋하게'

마리네이드(marinade)는 오일과 식초를 베이스로 한 양념 액에 재료를 재우는 방법이다. 오일과 식초의 영향으로 재료가 부드러워지고 향긋해진다. 쉽게 찾을 수 있는 마리네이드 예는 우리의 갈비 양념이라고 할 수 있다.

오일과 식초, 스파이스가 섞여 있는 형태로 먼저 연상되는 것은 샐러드 드레싱이다. 실제로 마리네이드의 원형은 샐러드드레싱, 정확히는 비니그리트(vinaigrette)에서 찾을 수 있다고 한다.

오일에 식초를 잘 섞어주면 유화(에멀젼, emulsion)되어 걸쭉한 액체로 변하게 되는데 여기에 허브 스파이스를 넣고 소금 후추로 간을 하면 비니그리트가 완성된다.

마리네이드 연습은 세 가지 구성요소, 즉 오일, 식초, 허브 스파이스를 어떻게 조합할 것인가를 궁리하는 데서 출발한다.

마리네이드의 가장 기본이 되는 형태인 이탈리안 샐러드 드레싱을 먼저 살펴보자. 눈여겨봐야 할 부분은 오일과 산성 성분의 비율이다.

마리네이드에 재료를 재울 때 지퍼백을 이용하면 적은 양으로도 재료에 골고루 묻힐 수 있어 편리하다.

이탈리안 드레싱 마리네이드

샐러드 오일 3컵, 양조식초 1컵, 화이트 와인 1/2컵, 설탕 1/4컵, 우스터 소스 1큰술, 소금 2작은술, 핫소스 2작은술, 후추 1작은술, 다진 마늘 4작은술, 오레가노 1½작은술, 파슬리 1작은술, 바질 1/2작은술, 로즈마리 1/4작은술

오일을 제외한 모든 재료를 믹서에 넣는다. 믹서를 돌리면서 천천히 오일을 흘려 넣는다. 오일과 식초, 설탕이 반응하여 걸쭉하게 되면 완성된다.

오일은 카놀라 오일이 무난하고, 홍화씨 오일, 포도씨 오일, 해바라기씨 오일 등 향이 진한 종류를 선택하거나 적절하게 블렌딩하여 사용하면 좋다. 향이 적은 카놀라 오일이나 옥수수기름을 주로 하면서 참기름을 살짝 넣어서 향을 보태주는 방식도 괜찮다. 이런 식으로 만들어 '참맛기름'이란 이름으로 팔고 있는 시중 제품처럼 말이다.

재료에 지방분이 적당하여 그다지 기름진 양념을 채택할 필요가 없다면 오일의 사용량을 대폭 줄여도 좋다. 반드시 마리네이드 액이 샐러드 드레싱과 같은 형태를 취해야 하는 건 아니기 때문이다.

위의 이탈리안 드레싱 마리네이드를 간추려서 오일, 산, 향의 뼈대만 추리면 이런 레시피를 만들어볼 수 있다.

카놀라 오일 2컵, 양조식초 1컵, 물 1/4컵, 곱게 간 양파 1/4컵, 다진 홍고추 1큰술, 바질 1큰술, 파슬리 1큰술, 다진 마늘 2작은술, 백후추 1/4작은술

식초라는 구성요소도 여러 가지로 바꿀 수 있다. 산성을 지니는, 혹은 그러한 작용을 하는 재료를 말하므로 식초 외에도 과일 주스, 간장, 음료(콜라, 진저에일 등), 알코올을 여기에 배치할 수 있다.

◎ 발사믹 마리네이드

오일　엑스트라버진 올리브 오일 1컵

식초　발사믹 비네가 1/2컵, 사과식초 1/2컵, 사과 주스 1/4컵

향　다진 마늘 2큰술, 디종 머스터드 2큰술, 파슬리 1작은술, 아니스 1작은술

◎ 발사믹 허브 마리네이드

오일　카놀라 오일 1컵

식초　발사믹 비네가 1컵, 레몬 주스 1/2컵, 간장 2큰술, 타바스코 핫소스 1작은술

향　다진 양파 1/4컵, 다진 마늘 1큰술, 바질 1작은술, 타라곤 1/2작은술, 고수잎 1작은술, 겨자가루 1작은술, 다진 홍고추 1작은술, 소금 1작은술, 설탕 1/4컵, 후추 1작은술

◎ 허니 갈릭 마리네이드

오일　카놀라 오일 1컵

식초　레몬 주스 1컵, 간장 1/3컵, 화이트 와인 1/4컵

향　꿀 1/2컵, 다진 마늘 2큰술, 소금 1작은술

◎ 레몬 세이지 마리네이드

오일　엑스트라버진 올리브 오일 1/2컵

식초　레몬 주스 1/2컵

향　세이지 2큰술, 다진 양파 4큰술, 홀 그레인 머스터드 4큰술, 곱게 다진 레몬 제스트 2큰술, 다진 마늘 2큰술, 후추 2큰술

◎ 와인 마리네이드

오일　올리브 오일 1/2컵

식초　레드 와인 비네가 1/4컵, 레드 와인 1/2컵, 간장 2큰술, 우스터 소스 1큰술

향　파슬리 2큰술, 타라곤 1작은술, 다진 마늘 1작은술, 설탕 1작은술, 후추 약간

◎ 콜라 마리네이드

오일   카놀라 오일 2컵

식초   콜라(혹은 닥터페퍼) 1캔, 우스터 소스 1/4컵, 토마토케첩 2큰술, 간장 2큰술, 옐로우 머스터드 1/4컵

향   다진 마늘 2큰술, 후추 2작은술, 청양고춧가루 1작은술, 소금 2작은술, 육수 2컵

◎ 맥주 마리네이드

오일   올리브 오일 1/2컵

식초   맥주 1캔, 레몬 주스 1/3컵

향   다진 타임(프레시) 1큰술, 다진 차이브 1큰술, 다진 마늘 2작은술, 소금 1작은술, 후추 1작은술

식초에 대치하여 피클 액을 사용할 수도 있다. 피클 액이란 게 결국 식초와 물, 스파이스로 만드는 것이기 때문이다.

◎ 할라피뇨 라임 마리네이드

오일   옥수수기름 1/4컵

식초   할라피뇨 피클 액 1/4컵

향   할라피뇨 1/3컵, 고수잎 3큰술, 다진 마늘 1큰술, 다진 대파 2큰술

* 푸드 프로세서로 곱게 갈아서 사용한다.

◎ 딜 마리네이드

오일   카놀라 오일 1컵

식초   오이 피클 액 1컵, 레몬 주스 1/2컵

향   딜(시드) 1/2작은술, 고수잎 1큰술, 다진 오이 피클 1/4컵, 다진 청양고추 1큰술, 후추 1/2작은술, 다진 양파 2큰술, 다진 마늘 1큰술

사워크림이나 요구르트로 오일을 대신하는 방법도 있다. 새콤한 맛을 지니므로 오일과 식초의 두 가지 요소를 한 번에 만족시키는 장점도 지닌다. 단, 변질되기 쉬우므로 오랜 시간 재워두는 용도로는 부적합하다.

◎ **사워 레몬 마리네이드**

오일 사워크림 1컵

식초 레몬 주스 3큰술, 화이트 와인 2큰술

향 홀 그레인 머스터드 1큰술, 레몬 제스트 1큰술, 다진 민트 1큰술, 포피 시드 1/2작은술, 백후추 1/2작은술

◎ **요구르트 마리네이드**

오일 플레인 요구르트 1컵

식초 유자청 1/2컵, 레몬 주스 2큰술

향 고수잎 1큰술, 겨자가루 1작은술, 커민 1/2작은술, 백후추 1/2작은술

아시안 마리네이드

불고기 양념, 데리야키 소스 등 아시아 지역에서 전통적으로 사용해온 고기 양념법은 서양의 그것과 다소 다르다.

오일과 식초의 결합에 더 이상 신경 쓰지 않고 재료가 지니는 맛을 보강하는 쪽으로 관심을 둔다. 재료가 부드러워지는 효과 역시 과일에 포함된 효소 성분을 활용하는 데서 구한다. 전통적으로 큰 덩어리의 고기를 구워온 서양과 달리, 얇게 슬라이스한 고기를 주로 다뤄온 차이에서 비롯된 것이 아닌가 여겨진다.

우리가 익히 알고 있는 불고기 양념을 생각해보자.

간장, 청주, 식초, 생강, 마늘, 대파, 참기름, 참깨, 후추, 소금, 배즙 등 들어가는 재료와 사용량을 가만히 따져보면, 오일과 식초의 균형이라는 마리네이드의 큰 원

칙부터 틀어져 있음을 알게 된다. 반면, 서양식 마리네이드와 달리 이를 사용했을 때의 결과를 쉽게 미뤄 짐작할 수 있다. 또 복잡하게 생각하지 않고 순전히 맛과 향만 따진다면 다양한 레시피를 만들어 낼 수 있다.

    서양의 원칙과 동양의 장점이 결합된 마리네이드 만들기는 의외로 간단하다. 첫째, 오일을 넉넉하게 사용한다. 큰 덩어리의 고기를 굽는 데에는 넉넉한 오일이 필수적이기 때문이다. 둘째, 과일 주스를 적극 활용한다. 파인애플, 키위 등 연육효과가 있다고 알려진 과일을 다양하게 사용해 본다. 셋째, 간장, 굴 소스, 해선장, 피시 소스, 스리랏차 소스, 두반장 등 특징적인 소스를 이용한다. 발효식품인 이들 소스를 사용하면 복합적인 깊은 맛을 어렵지 않게 잡아낼 수 있다.

◎ 레드 카레 마리네이드

오일   코코넛 밀크 1컵, 카놀라 오일 1½큰술

식초   라임 주스 1/4컵

향   레드 카레 페이스트 1/4컵, 다진 고수잎 3큰술

* 약한 불에서 코코넛 밀크와 카레 페이스트를 풀어준 다음, 다른 재료를 잘 혼합한다.

◎ 타이 스타일 마리네이드

오일   땅콩 오일 1/2컵

식초   사과식초 1/4컵, 간장 1/4컵

향   요리당 2큰술, 참기름 2큰술, 다진 마늘 4작은술, 다진 생강 1큰술, 겨자가루 1작은술, 소금 1작은술

◎ 와사비 겨자 마리네이드

오일   카놀라 오일 1/2컵

식초   간장 1/3컵, 청주 1/3컵, 양조식초 1/3컵

향   와사비 1½큰술, 겨자가루 1큰술, 다진 생강 1½큰술

◎ 파인애플 마리네이드

오일   카놀라 오일 1/2컵

식초   파인애플 주스 1컵, 양조식초 1큰술, 간장 1큰술

향   옐로우 머스터드 1큰술, 겨자가루 1작은술, 흑설탕 3/4컵, 소금 1작은술, 후추 약간

◎ 핫 칠리 마리네이드

오일   고추기름 1/2컵, 카놀라 오일 1/2컵

식초   양조식초 1/4컵, 레몬 주스 1/4컵, 소주 1/4컵

향   고춧가루 2큰술, 두반장 2큰술, 스리랏차 소스 1큰술, 다진 청양고추 1큰술, 다진 마늘 1작은술, 다진 대파 2작은술, 후추 1/2작은술, 고수잎 2큰술

◎ 코코넛 마리네이드

오일   코코넛 밀크 2컵(1캔), 카놀라 오일 1/2컵

식초   라임 주스 1/4컵, 레몬 주스 1/4컵, 오렌지 주스 1/2컵

향   고수잎 2큰술, 다진 생강 2작은술, 다진 마늘 1작은술, 다진 청양고추 1큰술, 칠리 파우더 1작은술, 물엿 2큰술, 소금 1작은술, 후추 1/2작은술, 레몬 제스트 1큰술

> **Tip** 마리네이드 액의 재활용
>
> 사용한 마리네이드 액은 버리는 게 원칙이지만, 이를 베이스팅 소스로 활용하면 의외로 좋은 결과를 얻을 수 있다. 재활용 시에는 1분 정도 끓여서 살균시킨 다음 사용한다. 끓였을 때 마리네이드 액에 녹아 있던 고기의 단백질 성분이 응고되어 지저분해지므로 채에 걸러서 쓴다. 또, 너무 걸쭉하면 다른 재료를 섞어서 묽게 만들어준다.

인젝터용 마리네이드

　마리네이드 액에 장시간 재료를 재워두어도 침투되는 깊이는 그리 두껍지 않다. 스테이크 재료 정도의 두께가 사실상 한계치. 통닭이나 전지, 목살 등 덩치가 큰 재료에 속살 깊숙이 마리네이드 액을 침투하는 건 거의 불가능에 가깝다.

　이럴 때 유용하게 쓰이는 게 마리네이드 인젝터다. 일반 주사기와 비슷하게 생겼는데 차이점은 바늘에 있다. 끝이 막힌 대신 옆으로 양념 액이 나오는 구멍이 여러 개 뚫려 있다.

　사용법은 간단하다. 살이 두꺼운 부위에 찔러서 양념이 근육에 배어들도록 하면 된다. 근육의 결을 따라서 바늘을 넣으면 액이 스며드는 효과가 더욱 빨라진다. 닭이라면 양쪽 가슴살과 허벅지에 바늘을 넣으면 된다. 양념을 주사한 다음엔, 고기를 잘 마사지해준다. 우리가 주사 맞고서 잘 문질러주듯이.

　주사액을 넣을 때에는 천천히 밀어낸다. 급히 양념을 집어넣으면 그 압력으로 주사액이 빠르게 반환되어 쏟아지기 때문이다. 그러나 신중하게 양념을 주입한다고 해도 약간의 시간이 지나면 바늘자국을 따라서 흘러내리게 된다. 하여, 인젝터용 마리네이드 액을 따로 만들 필요가 있다.

　인젝터용 마리네이드 액의 조건은 첫째, 점성이 있어야 한다는 것. 맑은 물과 같은 상태가 아닌 에멀션되어 충분히 걸쭉해야 한다. 둘째, 앙금이 없어야 한다. 주사바늘에 뚫린 구멍의 크기가 꽤 넓어 보이지만 조그마한 건더기가 있어도 바늘이 쉽게 막힌다. 마지막으로 고기 속으로 들어가는 양념이니만큼 사용 후 풍부한 육즙의 맛을 보강할 수 있어야 한다. 신선한 과일을 한껏 입에 베어 물었을 때와 같은 주시(juicy)한 느낌을 받을 수 있도록 마리네이드 액이 도와줘야 한다.

　첫 번째 조건을 맞추는 건 그리 어렵지 않다. 오일과 산의 비율이 적당하면 충분히 유화되어 걸쭉해지기 때문이다. 두 번째 조건 역시 재료를 채에 걸러서 사용하면 문제해결이다.

　걸림돌은 마지막 조건이다. 새콤하여 입안에 침이 흠뻑 감돌게 할 것인가? 충분한 오일 성분으로 촉촉함을 강화해야 하나? 넉넉한 수분으로 고기 자체에 물이

흥건하게 해야 할 것인가? 문제는 재료에 따라서 새콤한 맛이나 기름진 성분이 안 어울리는 경우가 의외로 많다는 점이다. 또 어느 한 부분을 강화하면 마리네이드 액이 원하는 정도로 에멀션되지 않게 된다.

버터와 육수의 이용은 이를 해결하는 좋은 방법이다. 버터를 실온에 두면 크리미한 상태로 존재한다. 버터를 녹여서 육수와 산성이 짙은 재료를 넣고 잘 섞어 주면 쉽게 에멀션 상태로 만들 수 있다. 온도가 낮아지면서 서서히 굳는 성질을 이용한 것이다. 게다가 버터의 풍미는 어떤 재료에도 잘 어울려서 마리네이드 액의 쓰임새가 넓어지게 된다.

육수만큼 고기의 육즙을 보강하는 최선의 재료는 없다. 피가 모자를 때 수혈하는 인공혈액이 되는 셈이다.

이런 조건을 생각하여 인젝터용 마리네이드 레시피를 다음과 같이 만들어볼 수 있다.

오일　버터 1컵

식초　육수 1컵, 레몬 주스 1큰술, 우스터 소스 1큰술

향　다진 양파 1큰술, 다진 마늘 1작은술, 다진 샐러리 1작은술, 후추 1/2작은술, 칠리 파우더 1/2작은술, 바질 1/2작은술, 소금 약간

위의 레시피에 레몬이 들어가 있어 좀 가볍다 여겨지면, 재료를 몇 가지 바꿈으로써 보다 진한 풍미의 쇠고기용 마리네이드를 고안할 수 있다.

오일　버터 1컵

식초　육수 1컵, 레드와인 1/2컵, 발사믹 비네가 1/2컵, 우스터 소스 2큰술

향　다진 양파 1큰술, 다진 마늘 1작은술, 다진 샐러리 1작은술, 후추 1/2작은술, 타라곤 1/2작은술, 마조램 1/2작은술, 소금 약간

> **Tip** 치킨 스톡(chicken stock)과 치킨 브로스(chicken broth)
>
> 치킨 스톡과 브로스 모두 닭고기로 만들어낸 육수다.
> 차이점은 브로스는 백숙국물처럼 닭살코기가 많은 상태에서 국물을 낸 것이고, 스톡은 살이 적고 뼈가 많은 상태에서 우려낸 육수를 말한다. 따라서 치킨 스톡은 닭목, 등뼈, 갈비뼈 등이 대량 들어가 있어서 국물 맛이 보다 진하고 걸쭉하다는 느낌을 준다. 반면 치킨 브로스는 개운하고 시원한 맛을 준다. 말하자면, 곰탕과 설렁탕 국물의 차이점이랄까.
> 치킨 스톡은 각설탕 모양, 분말, 시럽의 세 가지 형태의 제품이 시판되고 있다. 호멜(Hormel), 크노르, 이금기 회사 제품이 인지도가 높은 편이다. 치킨 스톡을 구입할 때는 라벨에서 성분을 잘 살펴보는 것이 좋다. 닭고기 성분 함유량이 높고, 화학조미료를 비교적 적게 사용한 제품을 고른다. 치킨 브로스는 스완슨(Swanson) 제품이 알려져 있다.
> 화학조미료와 잘 알지 못하는 첨가물에서 자유롭고 싶다면 다소 귀찮더라도 직접 육수를 내는 것이 좋다. 넉넉하게 만들어 지퍼백에 나눠 담아 냉동시키면 비교적 오래 보존할 수 있다.
>
> **재료준비** 12호 닭 1마리, 샐러리 3줄기, 당근 2개, 양파 1개, 파슬리 4줄기, 허브 스파이스(타임, 세이지, 바질) 1작은술, 월계수잎 2장, 통마늘 2큰술, 물 1.5ℓ
>
> 1. 닭은 토막 내고, 샐러리, 당근, 양파 등은 적당한 크기로 자른다.
> 2. 6ℓ 정도 들어가는 큰 냄비에 준비한 재료를 담고 물을 부어서 끓인다.
> 3. 끓기 시작하면 불을 은근하게 줄여서 2시간 반 정도 푹 삶는다.
> 4. 면 보자기와 채를 이용하여 건더기를 걸러내고 국물을 모은다.
> 5. 국물이 식으면 굳어서 떠 있는 기름을 숟가락으로 제거한다. 용기에 담아서 보관한다.

소스 – 바비큐의 마무리

'바비큐는 곧 소스다.'

이런 생각은 비단 우리뿐 아니라 본고장인 미국에서도 마찬가지라고 알려진다. 소스의 비중을 높게 생각하는 이유는 그만큼 개성 있는 맛을 추구하고픈 욕구가 강하기 때문일 것이다.

사실 시중에서 판매되는 바비큐 소스의 맛이 천편일률적이긴 하다. 토마토를 베이스로 하면서 달고 새콤하며 약간의 매운맛과 향이 들어있는 것. 캔사스 스타일의 이러한 소스는 다소 식상하기도 한 반면, 가장 무난하기에 약간의 향신료를 첨가하는 것만으로 나만의 독특한 맛과 향을 만들어낼 수 있는 장점도 있다.

바비큐 소스는 크게 세 가지로 구분된다. 찍어 먹는 소스(dipping sauce), 굽는 도중에 바르는 소스(basting sauce), 그리고 마지막에 발라서 윤기를 내주는 소스(glaze sauce)다.

바르는 소스는 식초와 매운 고추를 주재료로 하여 고기에 촉촉함을 보충하고 때로는 껍질이 바삭해지도록 도와주는 역할을 한다.

윤기를 내주는 소스는 설탕, 물엿 등 당분이 주성분이기에 제일 마지막 단계에 발라서 당분이 캐러멜이 되어 타지 않도록 해야 한다.

훌륭한 바비큐 소스는 맛과 향이 균형을 이루고 있는 것이다.

달콤한 맛, 새콤한 맛, 매콤한 맛, 풍부한 향이 서로 어우러져서 좋은 화음을 연출해야 한다. 그림으로 치자면, 데생이 훌륭함과 동시에 독특한 색감과 창의성이 있어야 한다.

먼저 내가 머릿속에 그리는 맛을 잘 정리해본다. 그리고 이상적 맛을 구성하는 요소들을 꺼내어 이리저리 배합을 한다. 이렇게 설계도를 완성시키고 실제 제작에 들어가면 된다.

그러자면 서양 요리에 대한 기본적인 이해와 조리 실력이 필요할 것이다. 그림이나 음악을 만드는 데 기초적인 스킬이 요구되는 것과 마찬가지다.

클래식 바비큐 소스

서양 음식에서 소스 만들기는 지방과 밀가루를 혼합하여 만드는 루(roux)를 기본으로 한다. 루에 육수와 다른 재료를 넣어서 걸쭉하게 만드는 게 일반적인 형태가 된다. 그러나 전형적인 바비큐 소스는 루에서 출발하지 않는다. 전분 성분이 들어가는 루를 쓰게 되면 불에서 타기 쉬워서 베이스팅 소스의 베이스로 쓸 수 없고, 또한 식었을 때 굳어서 디핑 소스로 찍어 먹기에 불편하기 때문이다.

재료준비 곱게 다진 양파 1/2컵, 다진 마늘 1큰술, 올리브 오일(혹은 카놀라 오일) 1큰술, 사과 주스 3/4컵, 토마토페이스트 1컵, 사과식초 1/4컵, 흑설탕 2큰술, 당밀 2큰술, 파프리카 가루 1큰술, 호스래디시 1큰술, 우스터 소스 1큰술, 소금 1작은술, 후추 1/2작은술

1. 소스 팬에 오일과 다진 양파와 마늘을 넣고, 센 불에서 양파가 나른하게 익을 때까지 볶는다.
2. 호스래디시, 소금, 후추를 제외한 나머지 재료를 넣고 나무 주걱으로 계속 저어주면서 중불에서 끓인다.
3. 끓기 시작하면 불을 아주 약하게 줄이고서 적당한 농도가 나올 때까지 30분 이상 계속 졸인다. 거의 완성되었을 때 호스래디시를 넣고 소금 후추로 간을 맞춘다. 호스래디시는 열을 가했을 때 매운맛이 사라지기 때문이다.

전형적인 바비큐 소스는 토마토를 베이스로 하여 적당히 붉은색과 풍미를 주면서 달콤하면서 과일 향이 물씬 풍기는 형태인 경우가 많다.

여기서는 사과 주스와 식초를 사용했는데, 오렌지 주스와 레몬 식초, 오렌지 껍질 등을 넣는다면 오렌지 소스가 된다. 또 망고를 넣는다면 열대풍의 소스가 만들어질 것이다.

육수를 넣으면 소스의 깊은 맛을 더해줄 수 있다. 대신 그만큼 오랜 시간을 졸여야 할 것이다. 좋은 소스를 만들기 위해서는 강한 화력은 금물. 아주 약한 불에서 은근과 끈기를 가지고 매달려야 한다.

오일은 카놀라 오일, 포도씨 오일, 올리브 오일 등 향이 좋은 샐러드용 오일이나 버터를 사용한다. 오일을 많이 넣으면 소스가 완성된 이후, 다른 재료와 에멀션 상태로 단단하게 결합되어 있던 것이 풀어져 따로 분리되는 경우가 생긴다.

소스 만들 때 적절한 스파이스를 넣으면 더욱 풍미가 좋아진다. 스파이스 선택은 고기 양념에 쓰인 것을 참조하여 서로 대립되지 않도록 조절한다. 월계수잎, 타임, 너트메그, 계피, 올스파이스 등이 비교적 무난한 편인데, 어느 것이든 양을 잘 맞춰서 써야 한다. 특히 월계수잎은 쓴맛이 강하므로 1ℓ 부피에 한 장을 넣는 정도로 줄여서 사용한다.

소스를 졸일 때 그릴에서 행하는 경우도 있다. 더치오븐에 소스 재료를 넣고서 그릴 뚜껑을 닫고 훈연재를 넣어서 은근하게 졸이면, 훈연향이 어느 정도 배어들어 독특한 풍미의 소스가 만들어진다.

구이 마무리 단계에서 발라주는 글레이즈 소스로 활용하려면 기본 바비큐 소스에 물엿, 꿀 등 당분을 더 넣어준다. 그릴 내에서 소스가 졸여지면서 윤기를 내기 위해서다.

Tip 당밀

당밀은 사탕수수로 설탕을 만들고 남은 찌꺼기를 말한다. 물엿보다 덜 달면서 특유의 향이 소스의 맛을 더해준다. 특히 캐러멜처럼 짙은 색으로 당밀을 넣으면 토마토가 베이스인 소스의 지나친 붉은색을 적절한 브라운 톤으로 바꿔주어 시각적인 맛을 더하게 된다. 당밀은 제과용품 쇼핑몰에서 구할 수 있는데, 메이플 시럽과 혼합한 제품이 주종을 이룬다.

바르는 소스

굽는 사이사이 고기에 바르는 소스를 붓으로 바르면 베이스팅(basting) 소스, 먼지떨이처럼 생긴 도구로 바르면 몹(mop) 또는 숍(sop) 소스라고 부른다.

새콤한 맛을 내는 식초나 과일 주스가 주성분이 되고 농도가 매우 묽기 때문에 붓으로 바르지 않고 간편하게 스프레이에 담아서 뿌리기도 한다.

가장 간편한 형태는 과일 주스를 그냥 쓰는 것이다. 과일 주스에 포함된 산성 성분이 보습효과와 함께 고기의 표면을 바삭하게 만들어준다. 얇게 슬라이스한 양파에 스타우트 맥주를 붓고 과일식초를 넣어서 새콤하면서 풍미가 좋은 소스를 만들 수도 있다. 매콤한 맛을 원하면 여기에 청양고추나 할라피뇨 고추를 채 썰어 넣거나 핫소스를 섞어준다.

소스를 바르는 시기는 전체 바비큐 시간에서 절반쯤 지났을 때부터 30분 간격으로 발라주는 게 일반적이다. 예를 들어 완성까지 모두 3시간이 걸린다면 1시간 반이 지났을 때부터 30분 간격으로 발라주면 된다.

◎ 베이식 베이스팅 소스

닭육수 2컵, 맥주 1컵, 우스터 소스 2/3컵, 카놀라 오일 1/3컵, 소금 1½작은술, 겨자가루 1½작은술, 파프리카 가루 1½작은술, 마늘가루 1작은술, 칠리 파우더 1작은술, 핫소스 1작은술, 후추 1/2작은술, 고춧가루 1/2작은술

복잡한 것 같지만 기본은 동일하다. 새콤한 맛을 더하기 위해 사과 주스나 레몬즙을 더 넣을 수 있다. 보다 기름지면서 향긋함을 더해주고 싶다면 버터를 더 넣으면 된다.

타임, 로즈마리, 오레가노 등 허브 스파이스를 넣어서 향을 더욱 보강하는 방법도 쓸 수 있다.

모호 소스(mojo sauce)

쿠바에서 기원한 새콤한 소스. 어느 고기에나 잘 어울리지만 특히 돼지고기 바비큐에 적합하다.

재료준비 엑스트라버진 올리브 오일 1/2컵, 으깬 마늘 2큰술, 라임 주스 1/4컵, 오렌지 주스 1/2컵, 커민 1/2작은술, 오레가노 1/2작은술, 소금 1작은술, 후추 1/2작은술, 다진 고수잎 2큰술

1. 소스 팬에 올리브 오일을 담고 중불에서 가열하다가 마늘과 커민을 넣고 볶는다.
2. 마늘이 연한 갈색을 띠게 되면 불을 끄고서 오렌지 주스 등 나머지 재료를 넣고 잘 섞어준다. 기름이 많아서 주스 등 수분이 많은 재료를 넣었을 때 퍽퍽 튀길 수 있으니 주의를 기울인다.
3. 불을 다시 켜고, 약한 불에서 1분 정도 졸여서 완성시킨다.

땅콩 소스

타이풍 소스. 쇠고기나 닭고기 꼬치, 새우 요리에 잘 어울린다. 하루 전날 만들어 냉장고에 숙성시켜 쓸 때 더욱 맛이 난다.

재료준비 땅콩버터(크리미한 것) 1/2컵, 뜨거운 물 1/4컵, 라임 주스 2큰술, 스리랏차 소스 2큰술, 간장 1큰술, 흑설탕 1큰술, 다진 고수잎 1큰술, 다진 마늘 1작은술, 잘게 다진 쪽파 2대

땅콩버터에 뜨거운 물을 조금씩 넣어가며 잘 저어서 버터를 녹인다. 다음, 나머지 재료를 모두 넣고 잘 섞어준다.

딸기 바비큐 소스

봄철에 풍부한 딸기를 넣어서 달콤함을 더한 소스다. 신선한 딸기가 없을 경우에는 냉동딸기를 이용한다. 딸기 대신 라즈베리나 복분자를 이용할 수 있다. 디핑 소스는 물론, 고기를 재우는 마리네이드 액이나 바르는 소스로 활용해도 좋다.

재료준비 얇게 슬라이스한 딸기 2컵, 딸기잼 5큰술, 토마토케첩 5큰술, 다진 양파 1개, 간장 2큰술, 레몬 주스 2큰술, 다진 고수잎 2큰술, 다진 마늘 1작은술, 다진 생강 1작은술, 다진 레몬 껍질 1/2작은술, 청양고춧가루(혹은 카이엔 페퍼) 1/4작은술

1. 모든 재료를 푸드 프로세서에 넣고 걸쭉해질 때까지 간다.
2. 소스 팬에 옮겨 담고 약한 불에서 농도가 진해질 때까지 은근하게 졸인다.

오렌지 바비큐 소스

기본 바비큐 소스에서 오렌지 주스를 넣어 오렌지 향을 더해주었고, 양파 대신 대파를 사용하여 새로운 느낌을 준다. 또한 토마토페이스트 대신 케첩을 사용하여 소스 만드는 시간을 단축시켰다.

재료준비 다진 대파 1/2컵, 다진 샐러리 1/4컵, 토마토케첩 1/2컵, 디종 머스터드 1/4컵, 사과식초 1/4컵, 호스래디시 1작은술, 당밀 2큰술, 꿀 1큰술, 타바스코 핫소스 1작은술, 오렌지 주스 1/4컵, 포도씨 오일 1큰술, 후추, 소금 약간

소스 팬에 오일을 넣고 대파와 샐러리를 볶다가 나머지 재료 모두와 물 반 컵 정도를 함께 넣고 약한 불에서 잘 졸인다.

캐롤라이나 스타일 소스

캐롤라이나 지방의 바비큐 소스는 매우 시큼하고 매콤한 맛을 낸다. 한마디로 약간 묽게 희석한 핫소스 느낌 그 자체다. 이스턴(eastern) 버전과 웨스턴(western) 버전이 있는데, 서쪽 버전이 좀 더 스파이시하다.

◎ 이스턴 버전

재료준비 사과식초 1컵, 양조식초 1컵, 레몬 주스 1큰술, 설탕 2큰술, 핫소스 1작은술, 고춧가루 1작은술, 물 1/2컵

모든 재료를 함께 섞은 다음, 뚜껑을 덮고 48시간 이상 실온에서 숙성시킨다.

◎ 웨스턴 버전

재료준비 물 3/4컵, 사과식초 1/2컵, 레몬 주스 2작은술, 토마토케첩 1/4컵, 올스파이스 1/4작은술, 겨자가루 1/4작은술, 황설탕 1작은술, 소금 약간

소스 팬에 모든 재료를 담고 약한 불에서 잘 저어주면서 천천히 끓인다. 끓기 시작하면 불을 끄고 식힌 다음, 밀폐용기에 담아서 이틀 이상 숙성시킨다.

텍사스 스타일 바비큐 소스

재료준비 버터 8큰술, 다진 할라피뇨 2큰술, 다진 마늘 1큰술, 다진 양파 1/2컵, 토마토페이스트 1컵, 닭육수 1/2컵, 레드 와인 비네가 3/4컵, 칠리 파우더 4작은술, 커민 파우더 2작은술, 우스터 소스 1/2작은술, 황설탕 1/2컵, 백후추, 소금 약간

1. 버터가 녹으면 먼저 할라피뇨와 마늘을 넣고 중불에서 잘 볶는다. 이후 양파, 토마토페이스트를 볶는다.

2. 나머지 재료를 넣고 약한 불에서 15분 정도 잘 졸인다.

치미추리 소스(chimichurri sauce)
아르헨티나에서 아사도와 함께 먹는 소스. 마늘이 많이 들어가 있어 우리 입맛에도 잘 어울린다.

재료준비　다진 파슬리 1컵, 다진 마늘 3큰술, 엑스트라버진 올리브 오일 1/2컵, 다진 붉은 양파 1/4컵, 레드 와인 비네가 1/4컵, 물 2큰술, 소금 1작은술, 고춧가루 1/4작은술, 핫소스 1/2작은술, 파프리카 가루 1/2큰술

믹싱볼에 재료를 잘 섞는다. 재료 다지기에는 푸드 프로세서를 이용하면 편리하다.
파슬리의 양을 줄이고 고수잎과 오레가노를 넣어서 스파이시한 맛을 강조하기도 한다.

호스래디시 소스
새콤매콤한 맛이 스테이크 류에 잘 어울린다.

재료준비　사워크림 1컵, 호스래디시 2큰술, 다진 파슬리 2큰술, 디종 머스터드 2작은술, 우스터소스 2작은술, 소금 1/2작은술, 후추 1/4작은술

믹싱볼에 모든 재료를 넣고 잘 섞어준다. 냉장고에 넣어 2시간 정도 식힌 다음 차갑게 서빙한다.

마늘 겨자 소스

재료준비 마늘 15개, 디종 머스터드 2큰술, 올리브 오일 3큰술, 사과 식초 1½큰술, 황설탕 2큰술

소스 팬에 오일을 두르고 마늘을 잘 볶는다. 마늘이 어느 정도 익게 되면, 믹서에 다른 재료와 함께 넣고 곱게 갈아낸다.

간편하게 하려면, 작은 팬에 통마늘을 넣고 올리브 오일을 마늘이 잠길 정도로 붓는다. 마늘이 무르게 익을 때까지 약한 불에서 끓이면 된다.

중국식 바비큐 소스

오향과 생강을 넣어 중국풍 맛을 내보았다. 레시피에 더하여 해선장이나 굴 소스를 조금 넣으면 느낌이 더 강렬해진다. 특히 쌍로두유 같은 중국간장을 사용하면 더욱 좋다.

재료준비 간장(중국간장) 1/2컵, 소흥주 1/2컵, 꿀 2큰술, 고추 기름 1큰술, 오향 파우더 1/2작은술, 물 1컵, 전분 6큰술, 땅콩 오일 2큰술, 으깬 마늘 1큰술, 다진 생강 1/2컵

1. 찬물에 전분을 넣어 잘 녹인다.
2. 믹싱볼에 간장, 소흥주, 꿀, 고추 기름, 오향 파우더를 넣고 잘 섞어준다.
3. 소스 팬에 땅콩 오일을 두르고 마늘과 생강을 넣고 갈색으로 변할 때까지 잘 볶는다.
4. 미리 준비해둔 재료를 넣고 불을 약하게 하여 잘 졸인다.

망고 생강 처트니

쇠고기, 돼지고기, 닭고기, 양고기 등 어느 육류 바비큐에도 잘 어울린다. 다

소 비싼 재료인 망고는 껍질을 벗겨 청크로 잘라서 냉동 판매하는 제품을 사용하는 게 경제적이다. 망고 대신 복숭아를 사용하면 색다른 맛을 준다.

재료준비 흑설탕 1/2컵, 건포도 혹은 말린 체리 1/2컵, 식초 1/3컵, 다진 양파 1/4컵, 곱게 간 생강 1작은술, 다진 홍고추 1/2작은술, 다진 망고 3컵

1. 소스 팬에 망고를 제외한 재료를 모두 넣고 잘 저어주면서 끓인다.
2. 끓기 시작하면 불을 약하게 하여 15분 정도 졸여준다.
3. 불을 끄고 망고를 넣은 다음 잘 섞어서 식힌다.

파인애플 살사

재료준비 곱게 다진 파인애플 2컵, 잘게 다진 붉은 피망 1/2컵, 다진 양파 1/4컵, 라임 주스(혹은 레몬즙) 1/4컵, 화이트 와인 비네가 1/4컵, 다진 파슬리 2큰술, 다진 고수잎 2큰술, 다진 할라피뇨 1큰술, 으깨어 다진 마늘 2작은술, 소금 1작은술

믹싱볼에 모든 재료를 넣고 잘 섞어준다. 냉장고에 넣어 차갑게 식혀서 서빙한다. 돼지고기, 닭, 생선 바비큐와 곁들이면 좋다.

바비큐 살사

바비큐 소스에 다진 채소를 넣어서 만든, 살사와 소스의 중간적 형태. 채소의 씹히는 느낌이 신선함을 전해줘서 좋다. 믹싱볼에 모든 재료를 넣고 잘 섞어주면 되고, 필요시 아주 약한 불에서 20분 정도 졸여서 농도를 맞춰준다.

재료준비 바비큐 소스 1컵, 다진 완숙 토마토 2컵, 다진 오이 1컵, 다진 피망 1/2컵, 다진 노란

색 파프리카 1/2컵, 다진 빨간색 파프리카 1/2컵, 다진 양파 1/2컵, 다진 할라피뇨 1큰술, 양조식초 1/2컵, 물엿 4큰술, 칠리파우더 2작은술, 흑후추 1작은술, 소금 1작은술, 겨자가루 1/2작은술, 샐러리 시드 1/2작은술, 올스파이스 1/4작은술

Tip 간단히 만드는 나만의 소스

의외로 소스 만들기는 간편한 일이 아니다.
요리에 서툴러도 나만의 맛을 얻을 수 있는 좋은 방법은 시판되는 소스를 나름대로 배합하여 사용하는 것. 즉 양조기술은 없지만 여러 술과 음료를 섞어서 독특한 칵테일을 만들어내는 것과 같은 이치인 셈이다.

- A1 소스 + 머스터드 소스

A1 소스에 겨자소스를 입맛대로 섞는다. 프렌치 머스터드, 디종 머스터드, 홀 그레인 머스터드 어느 것이나 상관없다. 이 소스는 훈제가 되지 않은 생소시지에 제격이다. 폭찹에도 잘 어울린다.

- 머스터드 + 타바스코 + 호스래디시 소스

머스터드에 타바스코 소스와 호스래디시를 적당히 섞는다. 모두 매운 재료가 들어감에도 입맛을 당기게 하는 끈끈한 매력이 있다. 삼겹살이나 목살은 물론 닭구이에도 적합하다.

- 간장 + 식초 + 마늘 + 머스터드 소스

간장을 베이스로 하여 식초와 마늘을 많이, 머스터드는 조금만 섞는다. 새콤하면서도 개운한 맛을 주어 삼겹살 구이에 특히 어울린다.

- 마요네즈 + 사워크림(혹은 크림치즈) + 머스터드 + 레몬즙 + 후추 + 소금 + 허브(타임 혹은 딜)

마요네즈 2큰술, 사워크림 1큰술, 머스터드 1/2큰술, 레몬즙 등을 약간 넣는다. 송어, 농어 등 생선구이에 잘 어울린다.

해물과 닭에 특히 잘 어울리는 소스

◎ 화이트 소스

서양음식의 기본이 되는 소스. 버터와 밀가루를 볶다가 우유를 넣고 만드는데, 밀가루에 갈색이 돌 때까지 볶고 우유 대신 육수를 부으면 브라운 소스가 된다.

다른 몇 가지 재료를 넣어서 새로운 소스를 만드는 베이스로 쓴다. 묽게 만들어 채소와 육수를 넣으면 크림 수프가 된다. 루가 들어가는 소스는 따뜻하게 서빙한다.

재료준비 박력분 2큰술, 버터 2큰술, 우유 2컵, 소금 1/4작은술, 백후추가루 약간

1. 냄비에 버터를 넣고, 불을 아주 약하게 줄여서 버터가 녹기 시작하면 밀가루를 넣는다.
2. 나무 스푼을 이용하여 재빠르게 계속 젓는다.
3. 약한 불에서 계속 젓다 보면 어느 순간 물처럼 흐르게 된다. 이렇게 해서 만들어진 밀가루 버터 혼합물을 루(roux)라고 한다.
4. 찬 우유를 넣고 나무 스푼이나 거품기를 이용하여 뭉친 곳이 없도록 잘 풀어준다. 이때 불은 중간 불로 올린다.
5. 소스 표면에 부글부글 거품이 올라오면 거의 완성된 상태. 약한 불에서 1분 정도 더 저어준 다음 불을 끈다. 소금 후추를 쳐서 간도 맞춘다.

◎ 카레 소스

버터를 녹이고서 밀가루를 넣기 전에 카레 가루를 1작은술 넣어준다. 나머지 만드는 방법은 동일. 채소와 고기 등 재료를 넣지 않고 만든 카레와 비슷한 상태. 여기에 다진 피클, 샬롯 등 적당한 재료를 더 넣어서 완성시킨다.

◎ 허브 갈릭 소스

버터를 녹이고서 다진 마늘 1작은술 정도를 넣고 30초 정도 잘 볶는다. 밀가루에 1/2작은술 정도의 강한 향의 스파이스를 섞어서 함께 볶는다. 이후는 화이트소스 만들기와 동일. 스파이스로는 캐러웨이, 샐러리 시드, 말린 바질, 세이지, 오레가노 등이 적당하다.

◎ 레몬 소스

밀가루와 함께 레몬제스트를 1작은술 정도 넣는다. 레몬제스트는 껍질의 노란 부분만 벗겨서 잘게 다진 것. 레몬의 정유 성분이 집중된 곳이어서 향이 매우 짙다. 드라이 럽에는 껍질을 벗겨내고 접시에 담아서 냉장고에 하룻밤 정도 두어 건조시킨 것을 사용한다.

◎ 치즈 소스

화이트 소스 만들기 마지막 단계에서 치즈를 넣어주면 된다. 아메리칸 치즈, 그뤼에 치즈 등 마일드한 종류는 1컵 정도, 향과 맛이 진한 블루치즈는 1/2컵 정도로 취향에 맞게 양을 조정한다.

◎ 뵈르 블랑(beurre blanc) 소스

직역하자면 화이트 버터 소스. 버터와 와인의 향긋함이 어우러지는 소스. 해물에 이보다 더 잘 어울리는 소스는 찾기 힘들다. 화이트 소스와 마찬가지로 여러 변형을 만들어낼 수 있고 실패의 확률도 적다. 20세기 초반 프랑스의 쉐프가 개발했다니 그리 오랜 역사를 지닌 소스는 아니다.

재료준비 화이트 와인 1/2컵, 곱게 다진 샬롯 1/3컵, 화이트 와인 비네가 2큰술, 생크림 3큰술, 버터(무염) 1½컵(깍두기 크기로 잘라 놓는다), 소금, 백후추 약간

1. 소스 팬에 와인, 샬롯, 비네가를 넣고 끓인다.
2. 끓기 시작하면 중불로 줄이고, 7~9분 정도 잘 저어주면서 전체 양이 1/4컵이 되도록 졸인다.
3. 생크림을 넣고 거품기로 저어주면서 버터를 넣는다. 버터는 한 조각을 넣고 완전히 녹으면 또 한 조각을 넣는 식으로 차례차례 집어넣는다.
4. 약 10분 정도 더 졸인 다음에 고운 채를 이용하여 샬롯 조각을 걸러낸다. 여기에 소금 후추 간을 하면 완성이다.

◎ 크리미 머스터드 소스

뵈르 블랑 소스 만들기와 동일하고 마무리 단계에서 디종 머스터드나 홀 그레인 머스터드를 2작은술 정도 넣는다.

◎ 크리미 허브 소스

딜 위드나 파슬리, 바질 같은 마일드한 향의 허브 스파이스를 마무리 단계에서 넣는다.

◎ 칵테일 소스

해물, 생선에 적합한 소스. 우리의 초고추장 격으로 자주 쓰인다.

재료준비 칠리 소스 3/4컵, 레몬즙 2큰술, 얇게 슬라이스한 양파 2큰술, 호스래디시 1큰술, 우스터 소스 2작은술, 핫소스 약간

믹싱볼에 모든 재료를 넣고 잘 섞어준다. 냉장고에 넣어 차갑게 식혀서 사용한다. 2주 정도 숙성되었을 때 제 맛이 난다.

◎ 타르타르 소스

생선 커틀릿에 자주 쓰여 친숙한 소스. 생선이나 해물류에 적합하다.

재료준비   마요네즈 1컵, 다진 오이피클 1/4컵, 곱게 다진 양파 2큰술, 다진 파슬리 1큰술, 케이퍼 2작은술

믹싱볼에 모든 재료를 넣고 잘 섞어준다. 냉장고에 넣어 2시간 정도 식힌 다음 차갑게 서빙한다. 마요네즈 대신 샐러드드레싱을 이용하면 새로운 맛을 준다. 마요네즈의 양을 줄이고 그만큼 플레인 요구르트를 넣어주면 기름기가 적어 보다 개운하다.
　다진 피망이나 파프리카를 넣어도 좋기도 한다. 디종 머스터드를 조금 넣어주면 산뜻하면서도 깊은 맛을 준다.

◎ 요구르트 딜 소스

재료준비   플레인 요구르트 1컵, 다진 딜 위드 1큰술(말린 딜은 1작은술), 곱게 다진 레몬 제스트 1/4작은술, 다진 마늘 1/2작은술, 흑후추 1/4작은술

믹싱볼에 모든 재료를 넣고 잘 섞어준다. 냉장고에 넣어 차갑게 식혀서 서빙한다. 해물 요리에 잘 어울린다.
　딜과 레몬 대신 잘게 다진 오이와 민트 잎을 넣을 수도 있다. 이름하여 요구르트 오이 민트 소스. 민트가 들어가는 소스나 양념은 양고기에 잘 어울린다.

Part 3.

실전, 바비큐!

바비큐에 처음 도전할 때 중요한 것은 재료의 선택이다. 우리에게 익숙하여 맛을 가늠하기 쉽거나 재료 자체가 지방의 배분이 적당하여 누가 굽더라도 실패하지 않는 종류를 선정하는 게 좋다. 바비큐에 첫걸음을 내딛는 이에게 중요한 것은 '성공 체험'이다. 대수롭지 않은 내 요리에 사람들이 감탄하면서 먹을 때, 너무 맛있다는 칭찬이 귀에 들어올 때마다 조금씩 자신감이 쌓이고 더 어려운 재료에 대한 도전 욕구도 높아지게 마련이다.

PORK

통삼겹살

통삼겹살 구이는 바비큐에 입문하면서 제일 먼저 시도하는 종목. 실패의 우려가 적으면서도 효과 만점이니 최적의 도전 과제라고 하겠다.

통삼겹살 구이가 초보자에게 가장 무난한 첫 번째 이유는 삼겹살이 두께가 거의 일정하다는 점이다. 두께가 일정하기에 거의 모든 부위가 고르게 익고, 모양을 다듬기 위해 힘들일 필요도 없다.

두 번째는 기름이 꽤 많다는 점이다. 약간 높은 온도에서 구워도 건조해지지 않고 잘 타지도 않는다. 직화구이에서 기름이 많다는 게 단점일 수 있으나, 인다이렉트 그릴링에서는 상당한 장점이 된다.

셋째, 삼겹살에 관한 한 사람들의 입맛이 뛰어나다는 점이다. 기존에 먹어보던 삼겹살과 확연히 다른 맛을 부각시킬 수 있다. 통삼겹살 구이에서는 구태여 양념에 신경 쓰지 않아도 무방하다. 소금, 후추로 간단히 시즈닝하여 굽되, 그 노력을 훈연에 집중하면 좋은 결과를 얻을 수 있다.

통삼겹 구이에서는 같이 곁들여내는 음식 세팅에 노력을 기울여야 한다. 처음 몇 번은 그냥 썰어서 바비큐 소스나 새우젓에 찍어먹는 것으로도 대만족이다. 하지만 이내 식상해진다.

살사, 코울슬로 등 새콤한 곁들임이 함께 하면 좋다. 새콤한 무쌈, 파 무침, 무채나물, 보쌈김치, 백김치 등 전통적인 삼겹살 세팅을 따라 하는 것도 좋은 방법이다. 혹은 라이스페이퍼와 채소를 준비하는 월남쌈, 또띠야에 슬라이스한 양파와 칠리를 곁들이거나 잘 구운 김과 초밥, 계란말이, 게맛살, 아보카도, 깻잎, 날치알 등을 준비하여 각자 싸 먹는 파티초밥 식으로 변형하면 든든한 별미 식사가 될 수 있다.

삼겹살을 구운 뒤, 다른 조리과정을 추가하여 맛을 보강하는 방법도 있다. 인다이렉트로 구운 다음에 달달한 간장 소스에 졸인다든지, 고추장 양념을 발라서 직화로 다시 한 번 겉만 살짝 구워서 매콤한 불 맛을 내주는 식이다.

바비큐 럽

재료준비 소금 4큰술, 설탕 2큰술, 후추 1큰술, 마늘가루 1큰술, 양파가루 2작은술, 생강가루 1작은술, 고춧가루 곱게 간 것 2큰술, 칠리 파우더 1큰술, 파프리카 2큰술, 세이지 2작은술, 타임 1작은술, 오레가노 1작은술, 페넬 1/2작은술, 시나몬 1/2작은술, 샐러리 시드 1/2작은술, 코리앤더 1작은술, 커민 1/4작은술

1. 고기 1kg당 1~1.5큰술씩 사용한다.
2. 스파이스 향에 익숙하지 않을 때에는 소금, 후추, 마늘가루 등 친숙한 재료를 사용하여 양념을 구성하고, 차츰 구성 재료를 늘려나간다.
3. 삼겹살 구이를 전체 조리의 중간과정으로 할 때는, 이후 추가될 양념을 생각하여 적절히 재료를 가감하여 럽을 만든다.
4. 양념통에 적정 사용량의 럽을 담아서 골고루 뿌린 다음, 랩으로 감싸서 하룻밤 재운다.

굽기

1. 차콜 분리대 등을 이용하여 양옆으로 숯을 배치하고, 가운데에 드립팬을 두는 인다이렉트 그릴링 세팅을 한다.
2. 15~20분 정도 충분히 예열하고 석쇠에 오일을 발라준다.
3. 그릴 가운데에 양념한 삼겹살을 올리고 훈연재를 투입한다.
4. 공기 구멍의 위치를 고려하여 뚜껑을 닫고서 40분간 굽는다.
5. 삼겹살의 중심온도를 체크하고 구이를 계속한다. 필요시 훈연재도 보충하

여 넣어준다.
6. 통삼겹살은 보통 폭 5cm 정도로 잘라서 사용한다. 통삼겹살 구이는 고기의 덩어리를 크게 할수록 육질이 부드럽고 기름과 수분이 덜 빠져서 수율도 높게 나온다. 대신 굽는 시간이 더 많이 소요되므로 완성에 걸리는 시간 등을 고려하여 자를 폭을 결정한다.
7. 고기의 중심온도를 체크하여 72~75℃에 이르면 그릴에서 꺼낸다.
8. 쟁반에 키친타월을 깔고 구운 고기를 올려놓은 다음, 15분 정도 레스팅한다.

> **Tip** 구운 삼겹살은
> - 진공포장 하여 김치냉장고에 보관하면 약 3주 정도 보관이 가능하다.
> - 버섯, 피망, 죽순, 영콘, 청경채 등 채소를 넣고 볶다가 간장과 굴 소스를 넣고, 물녹말로 마무리하면 중국식 삼겹살 볶음이 된다. 불린 해삼, 새우, 홍합, 굴 등을 넣어 볶아도 별미 요리가 된다.
> - 김치찌개에 구운 삼겹살과 소시지, 햄 등을 넣어서 부대찌개 식으로 만들어도 좋다.
> - 라면이나 국수에 고명으로 얹어도 좋다.

삼겹살 오향 조림

재료준비 간장 1컵, 미림 1/2컵, 흑설탕 2큰술, 물엿 2큰술, 마늘 저민 것 2작은술, 생강 저민 것 2작은술, 오렌지 주스 1/4컵, 물 1/4컵, 오향 파우더 2작은술, 말린 고추 1개

1. 스킬렛에 재료를 넣고 나무 주걱으로 눋지 않도록 저어주면서 끓인다.
2. 소스가 끓으면 구운 삼겹살을 넣고 윤기가 날 때까지 졸인다.
3. 고기를 접시에 담고 남은 소스를 위에 뿌려준다.
4. 가늘게 채를 썬 대파, 마늘 슬라이스, 오이 슬라이스, 무쌈 등을 곁들인다.

럽하여 인다이렉트 그릴링한 통삼겹살

삼겹살 오이 쌈

재료준비   오이 2~3개, 고추기름 1큰술, 참기름 1작은술, 청주 1작은술, 식초 2작은술, 간장 1½큰술, 생강 다진 것 2작은술, 마늘 다진 것 1작은술, 파 다진 것 2큰술, 부추(혹은 쪽파) 다진 것 2큰술

1. 오이는 가급적 곧바른 걸로 준비한다. 오이의 겉을 굵은 소금으로 문질러 준 다음, 깨끗이 씻어서 물기를 제거한다.
2. 양끝을 잘라내고 반으로 자른 다음, 채칼을 이용하여 슬라이스한다.
3. 믹싱볼에 고추기름 등 소스 재료를 모두 넣고 잘 섞는다.
4. 오이 슬라이스한 것에 도톰하게 썬 삼겹살을 올리고 소스를 적당량 뿌려 준다.

삼겹살 겨자 쌈

재료준비   오이 100g, 양파 100g, 짜사이 50g, 당근 20g, 겨자 갠 것 1½큰술, 2배식초 2작은술, 설탕 2큰술, 소금 1작은술

1. 오이, 당근, 무를 약 3cm 길이로 가늘게 채 썰어서 소금에 절였다가 꼭 짜서 물기를 없애준다.
2. 짜사이는 물에 2~3번 헹궈서 지나친 소금기를 제거한다.
3. 준비한 채소에 겨자, 식초, 설탕, 소금을 넣어 가볍게 버무려서 양념을 한다.
4. 구운 삼겹살을 5mm 정도 두께로 써는데, 가운데에 절반 정도 깊이로 칼집을 넣어준다.
5. 칼집 사이로 겨자 양념한 채소를 조금씩 끼워 넣는다.

목살 덩어리

돼지목살은 삼겹살과 함께 고급육에 속한다. 적절하게 기름과 살코기가 섞여 있어 담백하면서도 부드러운 질감을 보여준다.

목살 덩어리는 제법 커서 케틀형 그릴에서 구울 때 3~5시간이 걸리게 된다. 하여 굽는 도중 표면이 건조되지 않도록 적절하게 소스를 발라줄 필요가 있고, 훈연재와 브리켓도 시간에 맞춰서 보충해줘야 한다.

목살은 스테이크 두께로 썰어서 다이렉트로 구워도 훌륭한 맛을 보여준다. 그럼에도 덩어리로 굽는 이유가 몇 가지 있다. 첫째, 슬라이스하여 직화로 구운 것보다 훨씬 부드럽다. 육즙의 유출이 아무래도 적기 때문. 둘째, 대량 조리시 유리하다. 전날 미리 구워서 준비해놓은 다음, 스테이크 두께로 슬라이스하여 직화로 데우는 식으로 구워서 내면 훨씬 시간을 단축할 수 있다. 셋째, 비교적 오래 보존할 수 있다. 구운 고기를 진공포장 하여 냉장 또는 냉동보관해도 품질이 그다지 나빠지지 않는다.

고기 재우기

고기가 두터워서 양념이 깊숙이 침투하기 어려우므로, 마리네이드 인젝터를 이용하여 양념을 고기 속으로 주입한다. 겉에는 머스터드 슬래더 혹은 옐로우 머스터드를 바르고, 바비큐 럽을 뿌려준다.

인젝터 마리네이드

재료준비   버터 1컵, 물 1컵, 치킨스톡 큐브 2개, 레몬 주스 1큰술, 우스터 소스 1큰술, 양파가루 1작은술, 마늘가루 1작은술, 샐러리 시드 1/4작은술, 후추 1/2작은술, 칠리 파우더 1/2작은술, 페넬 1/2작은술, 소금 약간

1. 소스 팬에 재료를 넣고서 중간 불에서 끓인다.
2. 고운체에 걸러서 식힌다.
3. 어느 정도 식어서 버터가 굳기 시작했을 때 거품기로 잘 저어준다.
4. 식은 양념 액을 인젝터로 옮긴다.
5. 천천히 고기에 주입하고, 잘 문질러준다.
6. 목살 한 덩이에 대략 1/2컵 정도를 주입하면 되는데, 저염도이므로 사용량에 그다지 신경 쓰지 않아도 된다.

바비큐 럽

재료준비   소금 1컵, 황설탕 1컵, 후추 1/4컵, 칠리 파우더 2큰술, 레드 페퍼 플레이크 2작은술, 마늘가루 1큰술, 양파가루 1작은술, 파프리카 2큰술, 타임 2작은술, 로즈마리 1작은술, 클로브 1/4작은술, 페넬 1작은술, 코리앤더 1작은술

1. 고기 표면에 옐로우 머스터드를 붓 또는 손을 이용하여 얇게 바른다.
2. 바비큐 럽을 양념통에 담아서 골고루 뿌린다.
3. 겉이 꾸덕꾸덕해졌을 때 랩으로 단단히 싸서 냉장고에서 하룻밤 숙성시킨다.

굽기

1. 차콜 분리대 등을 이용하여 그릴의 절반 정도를 막고, 한쪽에 드립팬을 둔다.

인젝터를 이용하여 마리네이드한 다음 인다이렉트 그릴링한 통목살

2. 불을 붙이지 않는 브리켓을 표준 사용량의 2/3 정도 담아서 숯 놓일 자리에 깐다.
3. 표준 사용량의 절반 정도만 브리켓에 불을 붙여서 숯 놓일 자리에 붓는다.
4. 드립팬 위쪽 석쇠에 고기를 올리고 훈연재를 투입한 다음, 뚜껑을 닫는다.
5. 훈연재는 큼직한 청크 형태가 적당하며, 물에 1시간 정도 담가서 충분히 불린다.
6. 연기의 상태를 확인하여 수시로 훈연재를 보충한다.
7. 1시간 30분이 지났을 때, 브리켓을 보충하고 고기에 베이스팅 소스를 발라준다. 이후 30분 간격으로 소스를 발라주고, 브리켓을 보충한다. 필요시 고기를 돌려서 놓는다. 훈연재는 더 이상 넣어주지 않는다.

베이식 베이스팅 소스

재료준비 닭육수 2컵, 맥주 1컵, 우스터 소스 2/3컵, 카놀라 오일 1/3컵, 소금 1½작은술, 겨자가루 1½작은술, 파프리카 가루 1½작은술, 마늘가루 1작은술, 칠리파우더 1작은술, 핫소스 1작은술, 후추 1/2작은술, 고춧가루 1/2작은술

1. 3시간 정도 되었을 때 고기의 중심 온도를 체크해본다.
2. 고기의 중심온도를 체크하여 72~75℃에 이르면 그릴에서 꺼낸다.
3. 쟁반에 키친타월을 깔고 구운 고기를 올려놓은 다음, 알루미늄 호일로 윗부분을 덮고서 15분 정도 레스팅한다.

 Tip
- 드립팬에 약간의 물을 담아서 워터 스모킹을 의도할 수 있으나, 그다지 효과는 없다.
- 굽기 전, 과도 끝으로 목살 덩어리에 칼집을 넣고 통마늘을 골고루 박아 넣기도 한다.
- 모양이 흐트러지지 않도록 두꺼운 면실로 묶어주면 좋다.

말린 토마토를 넣은 폭찹 스테이크

`다이렉트, 난이도 ★☆☆`

재료준비 돼지목살 스테이크(약 3cm 두께) 4쪽, 올리브 오일 2큰술, 사과 주스 1컵, 선드라이드 토마토(sun-dried tomato) 8쪽, 바질잎 4쪽, 슈레드 모짜렐라 치즈 3큰술, 슈레드 체다 치즈 1큰술, 소금, 후추 약간

1. 선드라이드 토마토는 뜨거운 물에 30분 정도 불렸다가 꼭 짜낸다.
2. 목살 가운데에 칼집을 넣어 포켓을 만든다. 목살 스테이크는 한쪽에 지방층이 위치하고 있는데, 칼집을 넣을 때에 이쪽에서 들어가야 한다. 그 반대로 할 경우, 고기가 익으면서 지방층이 떨어져 나가거나 약해져서 결과적으로 포켓이 뜯어지게 된다. 포켓은 대략 5~6cm 폭으로 하고, 깊이는 반대쪽에 1.5cm 정도의 테두리가 생길 정도로 한다.
3. 목살 포켓에 선드라이드 토마토, 치즈, 세이지 잎을 채우고, 이쑤시개로 봉한다.
4. 목살 스테이크 앞뒤로 올리브 오일을 바르고, 소금, 후추 밑간을 한다.
5. 잘 피운 숯을 그릴로 옮겨서 절반만 채우는 다이렉트 세팅을 한다.
6. 15분 정도 예열을 한 다음, 숯불 위로 목살을 올리고 앞뒷면을 골고루 굽는다.
7. 앞뒷면을 구운 목살을 숯불이 없는 쪽으로 옮겨서 속까지 충분히 익힌다.
8. 두툼하여 익히는 동안 표면이 마르기 쉬우므로 스프레이에 사과 주스를 담아서 뿌려준다.
9. 이쑤시개를 제거하여 접시에 담고, 살사 등을 곁들여 낸다.

◎ 선드라이드 토마토

햇빛에 말린 토마토를 말한다. 대개 올리브 오일에 재운 병조림 형태로 판매되며, 바질 등 스파이스로 양념한 것도 있다. 말린 토마토를 구하기 어려우면 집에서 오븐을 이용하여 만들면 된다. 완숙 토마토를 슬라이스하여 석쇠에 얹고 100℃로 예열한 오븐에서 3시간 굽는다.

◎ 말린 토마토 페스토

푸드 프로세서에 말린 토마토 3/4컵, 잣 1/4컵, 바질 1/4컵, 소금 1/2작은술, 마늘 8쪽을 넣고 올리브 오일 1/2컵을 조금씩 흘려 넣으면서 곱게 갈아준다.

◎ 핫 칠리 살사

재료준비 홍고추 5개, 완숙 토마토 1개, 마늘 1큰술, 라임 주스 1개 분량, 엑스트라 올리브 오일 4큰술, 소금, 후추 약간

1. 고추, 토마토, 마늘을 푸드 프로세서에 넣고 곱게 다진다.
2. 냄비에 다진 토마토 등을 넣고 낮은 불에서 10분 정도 걸쭉해질 때까지 졸인다.
3. 라임 주스를 넣고 병에 옮긴 다음, 올리브 오일을 내용물 바로 위까지 잠기도록 부어준다.

◎ 바비큐 살사

재료준비 청양고추 6개, 마늘 다진 것 1큰술, 양파 3개, 토마토 3개, 파슬리 다진 것 3큰술, 올리브 오일 1컵, 레드 와인 비네가 6큰술, 소금, 후추 약간

고추, 양파, 토마토를 잘게 다진다. 믹싱볼에 모든 재료를 넣고 골고루 섞어주고 필요시 소금, 후추로 간을 한다. 맛이 우러나오도록 1시간 이상 두었다가 서빙한다.

치즈로 속을 채워 구운 목살 스테이크

> **Tip**
> - 바질을 세이지로 대신해도 좋다.
> - 속을 채울 거리로 페스토나 칠리 살사도 적당하다. 칠리 살사에 할라피뇨 슬라이스를 다져 넣으면 매콤한 뒷맛이 고기와 잘 어울린다.

포크 로스트

인다이렉트, 난이도 ★☆☆

재료준비 레드 와인 1컵, 흑설탕 1/3컵, 레드 와인 비네가 2큰술, 발사믹 비네가 1큰술, 토마토케첩 3큰술, 올리브 오일 2큰술, 간장 1큰술, 마늘 다진 것 1큰술, 생강 다진 것 1작은술, 커리 파우더 1작은술, 후추 조금

1. 소스 팬에 전분을 제외한 재료를 모두 넣고 중간 불에서 잘 저어주면서 끓인다. 끓기 시작하면 불을 끄고 식힌다.
2. 지퍼백에 목살 덩어리를 담고 식힌 양념액을 붓는다. 공기를 빼고서 잘 밀봉한 다음, 냉장고에서 이틀간 재운다.
3. 그릴을 인다이렉트 세팅하고, 고기를 올린다.
4. 고기를 재웠던 양념액을 냄비로 옮겨 은근한 불에서 잘 졸인다. 마무리 단계에서 물녹말을 넣어서 걸쭉하게 만든다.
5. 고기의 내부온도가 68°C 정도에 이르렀을 때, 위의 소스를 5분 간격으로 여러 차례 발라준다.
6. 내부온도 72~75°C 정도로 충분히 익었으면 그릴에서 꺼내어, 알루미늄 호일로 덮어준 상태로 15분 정도 레스팅한다.

황도 글레이즈 폭찹 스테이크

`다이렉트, 난이도 ★☆☆`

재료준비 목살 스테이크(약 3cm 두께) 4쪽, 황도(통조림) 1/3컵, 옐로우 머스터드 1큰술, 시나몬 파우더 1/8작은술, 올리브 오일 2큰술, 소금, 후추 약간

1. 목살 스테이크에 소금, 후추 밑간을 한다.
2. 통조림 황도, 머스터드, 시나몬 파우더를 푸드 프로세서에 넣고 갈아서 걸쭉한 페이스트를 만든다.
3. 잘 피운 숯을 그릴로 옮겨서 절반만 채우는 다이렉트 세팅을 한다.
4. 석쇠를 얹고, 스킬렛을 넣고 뚜껑을 닫아서 15분 정도 예열을 한다.
5. 목살 스테이크에 올리브 오일을 바르고 석쇠에 올려서 앞뒷면을 골고루 그릴마크를 내면서 10분 정도 굽는다.
6. 구운 목살을 숯이 없는 쪽으로 옮기고, 그릴 뚜껑을 닫고서 속까지 충분히 익힌다.
7. 거의 다 익었을 때(대략 중심온도가 68℃에 이르렀을 때), 황도 페이스트를 여러 차례 발라주면서 10분 정도 더 굽는다.
8. 고기의 중심온도가 72~75℃에 이르면 그릴에서 꺼낸다.

발사믹 글레이즈 폭찹 스테이크

`다이렉트, 난이도 ★★☆`

재료준비 돼지 목살 스테이크(약 3cm 두께) 4쪽, 소금 1/2컵, 흑설탕 1/4컵, 타임 줄기 1/2개 통마늘 4쪽, 후추 굵게 으깬 것 1½작은술, 시금치 1단, 올리브 오일 1큰술, 버터 2큰술, 양파 잘게 다진 것 1/4컵, 발사믹 비네가 2큰술, 치킨스톡 1컵, 세이지(fresh) 다진 것 1큰술

1. 소스팬에 소금, 설탕, 타임 줄기, 마늘, 후추, 물 2ℓ를 넣고 중간 불에서 끓

여서 염지 액을 만든다.
2. 차갑게 식힌 염지 액에 목살을 넣고 4~5시간 재운다. 고기가 뜨지 않도록 무거운 접시로 눌러준다.
3. 잘 피운 숯을 그릴로 옮겨서 절반만 채우는 다이렉트 세팅을 한다.
4. 석쇠를 얹고, 스킬렛을 넣고 뚜껑을 닫아서 15분 정도 예열을 한다.
5. 예열하는 동안, 끓는 물에 소금을 약간 넣고 시금치를 살짝 데친다. 데친 시금치는 채반에 건져 물기를 없앤다.
6. 염지한 목살을 꺼내어 키친타월로 물기를 닦은 다음, 올리브 오일을 골고루 바른다.
7. 충분히 예열한 그릴에 목살을 넣고 숯불 위에서 앞뒷면을 구워서 그릴마크를 낸다. 이때 스킬렛은 숯이 없는 쪽으로 옮긴다.
8. 앞뒷면을 구운 목살을 스킬렛에 넣고서 속까지 충분히 익힌다.
9. 스킬렛에서 목살을 꺼내어 한쪽에 모아서 식지 않도록 한다.
10. 스킬렛을 숯불 위로 옮긴 다음, 버터 1큰술을 녹여서 양파를 볶는다. 양파가 나른해지면 발사믹 비네가를 넣고 절반 정도 줄어들 때까지 졸인다.
11. 치킨스톡과 세이지를 넣고 눋지 않도록 나무 주걱으로 바닥을 긁어가면서 1/3컵 정도 될 때까지 졸이다가 남은 버터를 넣고 녹인다.
12. 스킬렛을 숯이 없는 쪽으로 옮기고 구운 목살을 넣어 소스를 골고루 묻힌다.
13. 접시에 시금치를 담고 목살을 얹은 다음, 남은 소스를 위에 뿌린다.

돼지갈비

시중에서 구할 수 있는 돼지갈비는 세 가지 형태가 있다.

첫 번째가 우리식 도축 방법에 의해 커팅된 돼지갈비다. 갈비 5대가 모여 있는 삼각형 모양이다. 갈비 위로 가슴살이 두툼하게 붙어 있어서 먹을 부위가 많다. 가슴 앞쪽, 흉골에 붙어 있는 갈비 부위를 잘라낸 것이다. 고깃집에서 보는 돼지갈비는, 갈빗대 사이를 잘라내고 두툼한 살을 펼쳐서 양념하여 내는 것. 그릴링에서는 갈빗대 사이를 잘라서 뼈와 살코기가 붙어 있는 형태로 만들거나 LA갈비 식으로 뼈가 서로 연결되게 가로로 두툼하게 잘라서 구울 수 있다.

두 번째는 스페어 립(spare ribs)이다. 가슴 앞쪽의 갈비뼈를 잘라낸 것이다. 베이컨을 만들기 위한 뱃살을 걷어내고 남은 갈비라 하여 스페어 립이 되었다. 우리식 돼지갈비와 삼겹살에 속하는 갈빗살이 모인 형태. 육질이 쫄깃하고 풍미가 좋은 편이다. 되도록 낮은 온도에서 오랜 시간 굽는 게 포인트다. 150℃ 정도로 맞춰서 완성까지 3시간 남짓 굽는 것을 목표로 진행한다.

마지막으로 우리에게 잘 알려진 '베이비' 백립(back ribs, 등갈비)이다. 몸 뒤쪽(back)의 갈비뼈를 잘라낸 것. 등심 쪽의 살코기가 붙어 있어 육질이 부드럽다. '베이비'라는 별칭은 스페어 립에 비해 크기가 작아서 붙여진 이름이다. 아기 돼지의 갈비뼈라 해서 '베이비'인 것은 아니다.

바비큐 스페어 립(Spare Ribs)

인다이렉트, 난이도 ★★☆

◎ 고기 다듬기

1. 흉골과 립 끝부분에 붙어 있는 살코기를 잘라내어 모양을 다듬어준다. 잘라낸 고기는 감자탕 재료로 쓰면 좋다. 잘라내지 않고 그냥 구워도 크게 무리는 없다. 다만 흉골이 있으면 굽고 난 뒤에 자르기 불편하고, 끝부분의 살점은 굽는 도중 마르거나 타기 쉽다.
2. 갈비 뒷면에 가로로 매달려 있는 갈매기살을 떼어낸다. 뒷면의 막을 제거한 다음, 간단히 양념하여 직화로 구우면 좋다.
3. 다듬은 갈비를 찬물에 1시간 정도 담가서 핏물을 제거한다. 오랜 시간 담가 두는 것보다 손가락 끝으로 갈비뼈 사이를 훑어서 혈관에 고여 있던 핏덩이를 제거하는 게 포인트.
4. 갈비 뒤쪽의 질긴 막을 제거한다. 포크 끝이나 송곳 등 뾰족한 도구를 이용하여 막을 살짝 들어낸 다음 키친타월로 감싸서 벗겨낸다. 많은 양을 작업할 때는 목장갑을 끼고서 하면 수월하다. 지방층이 너무 두꺼우면 적당히 제거한다. 제거되지 않은 힘줄도 있으면 없애거나 가위로 끊어준다.
5. 갈비를 흐르는 물에 몇 차례 헹궈서 깨끗이 씻어낸 다음, 물기를 제거한다.

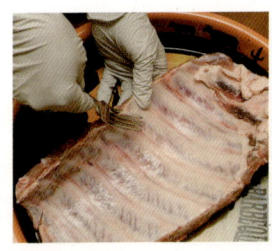 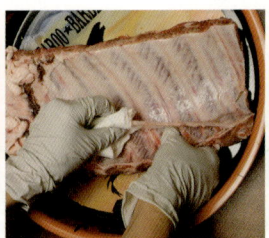 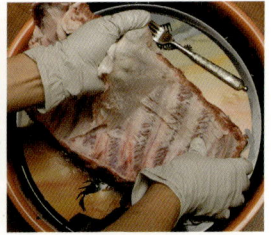

애플 소스로 글레이징한 스페어 립

재료준비 **[바비큐 럽]** 소금 4큰술, 황설탕 4큰술, 파프리카 파우더 4큰술, 칠리 파우더 2큰술, 후추 2큰술, 청양고춧가루 1큰술, 마늘가루 1큰술, 커민 1큰술, 코리앤더 1작은술, 오레가노 1큰술, 타임 2작은술, 페넬 1작은술, 샐러리 시드 1/2작은술 **[머스터드 슬래더]** 옐로우 머스터드 1/2컵, 핫소스 2큰술, 우스터 소스 1큰술, 사과 갈은 것 2큰술 **[베이스팅 소스]** 사과 주스 1컵, 사과 식초 1/2컵, 양파 얇게 슬라이스한 것 1/2개, 청양고추 얇게 슬라이스한 것 2개, 월계수잎 파우더 1/2작은술

1. 잘 다듬은 스페어 립을 그릴에 맞도록 절반 자른다.
2. 머스터드 슬래더를 얇게 바르고, 바비큐 럽을 골고루 뿌린다.
3. 랩으로 잘 감싼 후, 냉장고에서 12시간 혹은 하룻밤 재운다.
4. 차콜 분리대를 이용하여 그릴의 1/3 공간을 막는다.
5. 표준 사용량보다 약간 적게(약 40개) 브리켓을 피워서, 차콜 분리대로 나눠진 적은 공간에 채운다. 남은 공간에는 드립팬을 놓는다.
6. 훈연재를 넣고 뚜껑을 닫고서 5분 정도 예열을 한다.
7. 드립팬 위 공간에 스페어 립을 놓는다. 립 랙을 사용할 경우에는 뼈가 드러난 쪽을 숯불 있는 방향으로 놓는다. 랙을 사용하지 않을 때에는 뼈쪽이 바닥을 향하도록 놓는다.
8. 공기구멍의 방향을 고려하여 뚜껑을 닫는다.
9. 매 30분마다 갈비를 180도 돌려놓는다. 연기 상태를 확인하여 필요시 훈연재를 보충한다.
10. 1시간 30분이 지났을 때 브리켓 15개를 보충한다. 이후 30분 간격으로 베이스팅 소스를 붓으로 바르거나, 스프레이에 담아서 뿌려준다.
11. 3시간이 되었을 때 익은 정도를 체크한다. 뼈가 밖으로 6~7mm 이상 튀어나오고, 손으로 뼈 사이를 잡았을 때 술술 찢어지는지 확인한다.
12. 갈비를 그릴에서 꺼낸다. 알루미늄 호일로 단단히 감싼 뒤, 다시 종이봉투에 담고 입구를 여러 번 접어서 밀봉하여 실온에서 1시간 동안 레스팅한다.

땅콩버터를 얹어 구운 백립

피너츠 백립

재료준비 뜨거운 물 1/4컵, 크리미 땅콩버터 1/4컵, 라임 주스 2큰술, 양파 얇게 슬라이스한 것 2큰술, 생강 다진 것 1/2작은술, 청양 고춧가루 1/4작은술

1. 작은 소스 팬에 땅콩버터를 뜨거운 물을 넣고 잘 저어서 녹인다. 라임 주스, 양파, 생강, 고춧가루를 넣고 약한 불에서 10분 정도 은근하게 끓인다. 고운체로 앙금을 거른다.
2. 손질한 백립을 3대씩 자른다.
3. 인다이렉트 세팅한 그릴에서 백립을 굽는다.
4. 1시간 지났을 때, 땅콩 소스를 숟가락이나 케첩 통을 이용하여 립 위에 도톰하게 바른다.
5. 1시간 30분 정도 지났을 때 백립의 익은 정도를 확인하여 그릴에서 꺼낸다.

소스에 재운 돼지갈비

`인다이렉트, 난이도 ★★☆`

식육점에서 찜용으로 커팅한 돼지갈비를 준비한다. 가슴살이 두툼하게 붙어 있어서 구울 때 표면이 마르기 쉬우므로 굽는 중간에 사과 주스를 수시로 뿌려준다.

재료준비 토마토케첩 1컵, 양파 곱게 다진 것 1/4컵, 사과 식초 1/4컵, 요리당 1/4컵, 우스터 소스 2큰술, 칠리 파우더 2작은술, 마늘 다진 것 2작은술, 물 1/2컵, 찜용 돼지갈비 2~3근

1. 소스팬에 모든 재료를 넣고 중간 불에서 15분 정도 나무 주걱으로 저어주면서 은근하게 졸인다.
2. 지퍼백에 돼지갈비와 차갑게 식힌 소스를 넣고 잘 밀봉한 뒤 냉장고에서 하룻밤 재운다.

바비큐 소스에 재워서 컨츄리 스타일로 구운 돼지갈비

3. 인다이렉트 세팅한 그릴에서 돼지갈비를 굽는다. 표준 사용량보다 브리켓을 약간 적게 하여 온도를 130~150℃ 정도로 맞춘다.
4. 1시간 지나고서, 20분 간격으로 사과 주스를 뿌려준다.
5. 2시간 되었을 때 숯불 위로 스킬렛을 올려서 고기를 재웠던 소스를 데운다. 소스에서 김이 올라올 정도로 데워지면 구운 돼지갈비를 함께 넣어서 그릴에서 15분 정도 졸인다.
6. 고기의 익은 정도를 확인하여 그릇에 낸다.

◎ 로즈마리 갈릭 소스

재료준비   버터 6큰술, 로즈마리 1큰술, 마늘 다진 것 2큰술, 화이트진 판델 2컵, 소금 2작은술, 후추 1작은술, 우스터 소스 3큰술

1. 중간 불에서 소스팬에 버터를 녹이고 로즈마리와 마늘 다진 것을 볶는다. 마늘이 익으면 불을 끄고 나머지 재료를 모두 넣고 잘 섞는다.

◎ 오렌지 소스

재료준비   카린스 1컵, 오렌지 주스 1컵, 바비큐 소스 1컵, 레몬 주스 1/3컵, 흑설탕 1/3컵, 오렌지 마멀레이드 1/2컵, 양파 다진 것 2큰술, 간장 2큰술, 소금 1작은술

1. 소스팬에 카린스를 제외한 모든 재료를 넣고 약한 불에서 은근하게 15분 정도 끓이고 불을 끄고 차갑게 식힌 뒤, 카린스를 넣고 잘 섞는다.

맥주에 재운 백립(back ribs)

인다이렉트, 난이도 ★★☆

재료준비　**[염지]** 굵은 소금 1컵, 황설탕 1/4컵, 마늘 으깬 것 1큰술, 양파 얇게 슬라이스한 것 1개, 청양고추 얇게 슬라이스한 것 2개, 맥주 1ℓ, 오렌지 주스 1ℓ, 물 2ℓ **[백립]** 2랙 바비큐 럽 4큰술, 바비큐 소스 1컵, 요리당 1/3컵, 맥주 2컵

1. 6ℓ 들이 그릇에 염지 재료를 넣고 잘 저어준다.
2. 백립을 잘 다듬어서 염지 액에 1시간 재운다.
3. 염지된 백립의 물기를 제거한 후, 바비큐 럽을 갈비 앞뒤로 1큰술씩 뿌려주고 30분 정도 더 재운다.
4. 차콜 분리대를 이용하여 그릴의 1/3 공간을 막는다.
5. 표준 사용량의 브리켓을 피워서, 차콜 분리대로 나눠진 적은 공간에 채운다. 남은 공간에는 드립팬을 놓는다.
6. 훈연재를 넣고 뚜껑을 닫고서 5분 정도 예열을 한다.
7. 드립팬 위 공간에 백립을 위치시킨다. 립 랙을 사용할 경우에는 뼈가 드러난 쪽을 숯불 있는 방향으로 놓는다. 랙을 사용하지 않을 때에는 뼈 쪽이 바닥을 향하도록 놓는다.
8. 공기구멍의 방향을 고려하여 뚜껑을 닫는다.
9. 매 30분마다 갈비를 180도 돌려놓는다. 연기 상태를 확인하여 필요시 훈연재를 보충한다. 스프레이에 맥주를 담아서 뿌려준다.
10. 2시간이 지났을 때, 브리켓 10개를 보충한다.
11. 3시간 30분이 되었을 때, 익은 정도를 체크한다. 뼈가 밖으로 6~7mm 이상 튀어나오고, 손으로 뼈 사이를 잡았을 때 술술 찢어지는지 확인한다.
12. 바비큐 소스에 요리당을 섞어서 글레이징 소스를 만든 다음, 붓으로 백립에 5분 간격으로 한쪽 면씩 거듭 바른다.
13. 4시간이 되었을 때, 백립을 그릴에서 꺼낸다.

◎ **해선장 글레이즈**

재료준비 해선장 1컵, 꿀 1/4컵, 복분자술 1/2컵, 생강 다진 것 2큰술, 레드 와인 비네가 2큰술, 참기름 1큰술, 오향 파우더 1작은술

1. 앞에 염지 액에 1시간 30분간 백립을 재운 뒤, 바로 그릴에서 굽는다.
2. 마무리 단계에서 고기에 윤기를 더하는 용도로 쓰고, 남은 것은 디핑 소스로 활용한다.

등심과 안심

등심과 안심은 순 살코기로 이뤄진 매우 부드러운 부위이다. 돈가스나 불고기, 카레 용도로 흔히 활용된다.

등심은 결이 조밀하고 적당히 지방이 박혀 있어 씹는 감촉이 부드럽다. 가장자리의 지방이 맛이 좋은 부위이므로 다듬을 때는 너무 많이 떼어내지 않도록 한다. 모양이 가지런하여 자를 때 크기를 고르게 할 수 있는 것도 장점. 다만 굽는 과정에서 납작해질 수 있기에 면실로 묶어주기도 한다.

안심은 가장 결이 곱고 칼로리가 낮은 부위로 식육 중에서 비타민B_1을 가장 많이 함유하고 있다고 한다.

등심과 안심의 바비큐 포인트는 보습과 타이밍. 지방이 적고 살코기로 이뤄져 있어서 굽는 과정에서 많이 건조될 수 있다. 또 굽고 난 뒤 일정 시간이 지났을 때 수분이 증발하여 돌덩이처럼 딱딱한 질감을 나타내므로 사전에 충분히 수분과 유분을 보충해줘야 한다.

양념 시에는 염지한 다음 마리네이드하거나 웨트럽(wet rub)하는 방식을 취하여 충분한 보습에 중점을 둔다. 두툼한 등심은 살을 펼쳐서 그 안에 양념 재료를 넣고 김밥처럼 말아서 끈으로 묶는 조리법을 취하는 방법을 쓰기도 한다.

고기를 그릴에서 꺼내는 타이밍도 중요하다. 일반적으로 돼지고기의 익힘 정도인 중심온도 72℃보다 더 낮은 온도에서 그릴링을 마무리한다. 대략 중심온도 65~67℃ 정도. 고기를 잘랐을 때 한가운데 살짝 핑크빛이 감도는 정도가 된다. 덜 익은 듯 여겨져 찜찜하다면 71℃ 정도까지 익히도록 한다.

등심과 안심을 다듬을 때는 겉면에 남아 있는 은색으로 빛나는 막을 잘 떼어낸다. 안심은 가늘어지는 양 끝을 잘라내거나 칼집을 넣은 뒤 접고 끈으로 묶어서 두께를 일정하게 한다.

로스트 포크 로인(roasted pork loin)
인다이렉트, 난이도 ★★☆

재료준비 **[염지]** 굵은 소금 1컵, 물 4ℓ **[웨트럽]** 마늘 다진 것 1큰술, 엑스트라버진 올리브 오일 1큰술, 요리당 1큰술, 디종 머스터드 2작은술, 로즈마리 1작은술, 레몬 제스트 1작은술, 후추 1/2작은술, 소금 1/4작은술

1. 등심의 실버 스킨을 제거하고, 면실로 4~5cm 간격으로 묶는다.
2. 염지 액에 손질한 등심을 8시간 혹은 하룻밤 재운다.
3. 굽기 1시간 전에 염지한 등심을 꺼내 찬물로 헹군 다음, 물기를 제거한다. 이어 웨트럽을 바르고 랩으로 단단히 감싼다.
4. 침니 스타터에 브리켓을 가득 채우고 잘 착화한 다음, 그릴 절반을 채우도록 붓는다.
5. 훈연재를 투입하고 뚜껑을 닫고서 10분간 예열한다. 이때 뚜껑 쪽 공기구멍은 절반만 열어준다.
6. 석쇠에 오일을 충분히 바른 후, 숯이 없는 쪽에 등심을 올린다.
7. 30~40분쯤 지났을 때, 고기의 중심온도를 체크한다.
8. 두꺼운 부위의 중심온도가 65℃에 이르면 그릴에서 꺼내 알루미늄 호일로 위를 덮고서 15분간 레스팅한다.
9. 브리켓을 표준량보다 많이 사용하여 높은 온도에서 굽는 게 포인트. 브리켓을 표준량만큼 사용할 때는 숯불 위에서 다이렉트로 살살 굴려가며 골고루 표면을 익힌 뒤 숯이 없는 곳으로 옮겨서 인다이렉트 그릴링하는 방법을 쓴다. 이때 뚜껑의 공기구멍은 활짝 열어서 온도를 유지한다.

커리와 채소를 속에 넣어 인다이렉트 그릴링한 돼지등심

커리 마리네이드 포크 로인
인다이렉트, 난이도 ★☆☆

재료준비 마늘 다진 것 1큰술, 간장 3큰술, 식초 1큰술, 샐러리 줄기 다진 것 1큰술, 대파 다진 것 2큰술, 타임 1½작은술, 세이지 1작은술, 커리 파우더 1큰술, 럼 1/2컵, 설탕 1큰술, 후추 1/4작은술, 소금 1/2작은술, 등심 약 3근

1. 믹싱볼에 재료를 넣고 잘 섞어서 양념을 만든다.
2. 잘 손질한 등심에 칼집을 길이 방향으로 가운데 깊숙이 넣어서 반으로 펼친다. 등심이 완전히 잘리지 않도록 주의한다.
3. 등심을 펼치고 그 안에 양념을 넣어준다.
4. 양념이 새지 않도록 조심하면서 펼쳐진 등심을 오므려서 면실로 묶는다.
5. 엑스트라버진 올리브 오일을 등심 표면에 골고루 넉넉하게 바른다. 바비큐 럽이나 소금 후추를 뿌려준 다음, 랩으로 단단히 감싸서 냉장고에서 하룻밤 재운다.

무화과를 채운 포크 로인
인다이렉트, 난이도 ★★☆

재료준비 등심 1kg, 올리브 오일 4큰술, 양파 곱게 다진 것 1개, 마늘 다진 것 2작은술, 빵가루 1½컵, 말린 무화과 물에 불려서 다진 것 4개, 그린 올리브 다진 것 8개, 아몬드 슬라이스 1/4컵, 레몬 주스 1큰술, 파슬리 1큰술, 계란노른자 1개

1. 기름을 두르지 않은 소스팬에 아몬드 슬라이스를 살짝 굽는다.
2. 소스팬에 오일 3큰술을 두르고서 양파, 마늘을 잘 볶는다.
3. 볶은 양파, 마늘을 믹싱볼로 옮기고 빵가루, 무화과, 그린 올리브, 아몬드, 레몬 주스, 파슬리, 계란 노른자를 넣고 잘 섞은 뒤 소금, 후추로 간을 한다.

고기를 다듬어 넓게 펼친 다음, 무화과, 올리브 등 재료를 넣고 김밥처럼 말아서 구운 돼지등심

4. 잘 손질한 등심을 10~15cm 길이로 자른다.
5. 등심을 1cm 두께로 잘 펼친다. 등심을 도마에 올리고 손바닥으로 위를 눌러주면서 아래쪽부터 칼집을 넣는다. 마치 두루마리 화장지를 펼친다는 기분으로 작업한다. 혹은 'ㄹ' 자 모양으로 지그재그로 칼집을 넣어서 펼친 다음, 고기 망치로 두툼한 부분을 살짝살짝 쳐서 평탄하게 만드는 방법도 있다.
6. 등심을 펼치고서 그 위에 준비한 채울 거리를 올린다.
7. 김밥 말듯이 잘 말아서 끈으로 묶어준다.
8. 오일을 표면에 듬뿍 바르고 소금 후추를 뿌린 다음 30분 정도 재운다.
9. 인다이렉트 세팅한 그릴에서 1시간 정도 굽는다.
10. 고기의 익은 정도를 체크하여 그릴에서 꺼낸 뒤, 알루미늄 호일로 위를 덮은 채 10분 정도 레스팅한다.
11. 김밥처럼 썰어서 접시에 담고 망고 살사 등을 함께 세팅한다.

> **Tip** 빵가루 만들기
>
> 식빵의 하얀 부분을 1cm 크기로 깍둑썬다. 푸드 프로세서에 넣고 스파트로 살짝 살짝 돌려서 원하는 입자 크기가 될 때까지 다진다.

바비큐 안심구이(barbecued pork tenderloin)
다이렉트, 난이도 ★★☆

재료준비 물 4ℓ, 오렌지 얇게 슬라이스한 것 1개, 설탕 1/3컵, 굵은 소금 3큰술, 올리브 오일 2큰술, 바비큐 럽 2큰술, 안심 덩어리 2개, 약 1kg

1. 잘 손질한 안심을 염지 액에 1시간 재운다. 시간이 되면 고기를 건져서 찬

오렌지 염지와 럽을 한 다음, 인다이렉트 그릴링한 돼지안심. 중심온도를 65℃에 맞춰서 굽는다.

물에 잘 헹구고 물기를 제거한다.
2. 고기 표면에 올리브 오일을 바르고 바비큐 럽을 뿌린다. 오일이 충분히 스며들도록 30분 이상 둔다.
3. 잘 피운 숯이나 브리켓을 그릴 절반만 채우도록 담는다.
4. 뚜껑을 닫고 5분 정도 예열하고, 석쇠에 오일을 바른다.
5. 뚜껑을 연 상태에서, 안심을 숯불 위에서 돌려가며 겉 표면을 골고루 익힌다.
6. 겉을 익힌 안심을 숯이 없는 쪽으로 옮기고 알루미늄 드립팬을 위에 덮어주고, 그릴 뚜껑을 닫는다.
7. 중간에 고기를 한 번 뒤집어주고, 중심온도가 65℃에 이르는지 확인한다.
8. 그릴에서 꺼내어 알루미늄 드립팬을 덮은 상태로 5~10분 정도 레스팅한다.

돼지족발

그릴을 사면 꼭 도전하고 싶은, 그러나 성공하기 어려운 부위가 돼지족발이다. 문제는 껍질. 비교적 낮은 온도에서 굽다 보면 도중에 껍질이 건조되어 그야말로 가죽이 되기 때문이다. 그렇다고 높은 온도에서 구우면 살점이 퍽퍽하니 질겨진다.

이 걸림돌만 해결된다면 족발만큼 멋진 재료는 없다. 일단 가격이 저렴하고 푸짐하다는 것. 쫄깃한 씹는 감촉도 그렇고 콜라겐 성분이 듬뿍 들어 영양가도 높다니 더욱 만족이다.

돼지족발을 굽는 데는 두 가지 방법이 있다. 첫 번째는 염지 후 삶았다가 굽는 것으로 가장 쉬운 방법이다. 두 번째는 끊임없이 소스를 발라주면서 굽는 것. 조금은 복잡하지만 훨씬 부드럽고 풍미가 좋다.

족발을 구입해서 보면, 털이 제법 많이 붙어 있다. 특히 발톱 사이. 면도기로 말끔히 밀어내고 토치로 살짝 그을려서 털을 제거한다. 또 수세미로 박박 문질러서 가죽도 깨끗하게 닦아낸다. 약간은 묘한 기분을 느끼게 하지만 맛을 위해서라면 참을 수밖에 없다.

맥주에 재운 돼지족발
인다이렉트, 난이도 ★☆☆

재료준비 맥주(특히 흑맥주 계열) 3ℓ, 물 1ℓ, 월계수잎 5장, 흑설탕 1컵, 굵은 소금 2컵, 클로브(정향) 1작은술, 페넬 1작은술, 후추 2작은술, 시나몬 1/2작은술, 코리앤더 2작은술, 타임 2작은술, 건고추 4개, 생강 저민 것 1큰술, 마늘 저민 것 2작은술

1. 6ℓ들이 냄비에 물 1ℓ를 붓고 맥주를 제외한 나머지 재료를 넣고 끓인다.

물이 끓으면 불을 아주 약하게 하여 10분간 더 끓인다. 불을 끄고 맥주를 부어 차갑게 식힌다.
2. 염지 액에 잘 손질한 돼지 족발을 넣고 하룻밤 재운다.
3. 냄비에 염지액과 족발, 물 2ℓ, 양파 통째로 1개를 넣고 끓인다. 끓기 시작하면 불을 약하게 줄이고 40분간 더 삶는다.
4. 차콜 분리대를 이용하여 그릴의 1/3 공간을 막는다. 넓은 공간에는 드립팬을 놓는다.
5. 침니 스타터에 브리켓을 2/3 채워서 잘 착화한 다음 그릴에 채운다.
6. 훈연재를 투입하고 뚜껑을 닫고서 5분간 예열한다.
7. 석쇠에 오일을 충분히 바른 후, 숯이 없는 쪽에 족발을 올린다.
8. 뚜껑쪽 공기구멍은 절반만 개방한다.
9. 30분이 지났을 때, 고기의 위치를 바꿔주고 스프레이에 담은 흑맥주를 뿌려준다. 이후 30분 간격으로 흑맥주를 발라준다.
10. 1시간이 지났을 때, 고기의 중심온도를 체크한다.
11. 두꺼운 부위의 중심온도가 70℃에 이르면 알루미늄 호일로 감싸고 계속 굽는다.
12. 중심온도가 85℃에 이르면 그릴에서 꺼내어 15분간 레스팅한다.

소스를 발라 구운 돼지 족발
인다이렉트, 난이도 ★★☆

재료준비 [염지] 175쪽과 동일 [머스터드 슬래더] 디종 머스터드 1/2컵, 간장 1큰술, 오향 파우더 1작은술, 해선장 1큰술, 올리브 오일 2큰술, 참기름 1작은술 [베이스팅 소스] 파인애플 갈은 것 1/2컵, 오렌지 주스 1/2컵, 해선장 2큰술, 바비큐 소스 1컵, 양파가루 1큰술, 마늘가루 1큰술, 생강가루 1작은술, 핫소스 2큰술

1. 염지 액에 잘 손질한 돼지족발을 넣고 2일간 재운다.

맥주에 재워 구운 돼지족발. 일명 '슈바이네 학센'

2. 염지 액에서 건져낸 족발을 물에 잘 헹구고 키친타월로 물기를 제거한다.
3. 머스터드 슬래더를 족발에 골고루 바르고 랩으로 단단히 감싸서 1시간 정도 재운다.
4. 차콜 분리대를 이용하여 그릴의 1/3 공간을 막는다. 넓은 공간에는 드립팬을 놓는다.
5. 침니 스타터에 브리켓을 절반 채워서 불을 붙이지 않고 그릴에 넣는다.
6. 침니 스타터에 브리켓을 1/3 채워서 잘 착화한 다음, 그릴에 채운다.
7. 훈연재를 투입하고 뚜껑을 닫고서 5분간 예열한다.
8. 석쇠에 오일을 충분히 바른 후, 숯이 없는 쪽에 족발을 올린다.
9. 뚜껑 쪽 공기구멍은 절반만 개방한다.
10. 2시간 이후 30분 간격으로 고기의 위치를 바꿔주고, 베이스팅 소스를 바른다.
11. 두터운 부위의 중심온도가 70℃에 이르면 알루미늄 호일로 감싸고 계속 굽는다.
12. 중심온도가 85℃에 이르면 그릴에서 꺼내어 15분간 레스팅한다.

다리살과 어깨살

앞다리살(전지)은 어깨 부위의 살코기다. 겉지방이 두껍고, 살코기 속에 지방이 굵은 그물처럼 박혀 있다. 또 살코기와 지방 사이에는 섬유질이 있다. 거칠고 단단하지만 풍미가 진하여 가장 돼지고기다운 맛을 보여준다.

찌개용으로 주로 활용되고, 돈가스, 불고기, 샤브샤브, 카레 감으로도 쓰인다. 바비큐에서는 2cm 정도로 썰어서 스테이크처럼 굽거나, 덩어리째 구워서 살코기를 장조림처럼 찢은 다음, 소스에 버무려 샌드위치를 만든다.

뒷다리살(후지)은 지방이 적고 부드러우며 맛이 좋은 부위다. 로스트 포크나 장조림, 불고기 감으로 주로 활용된다. 영문 이름이 햄(ham). 뒷다리살로 만든 햄이 본레스 햄이다. 안심 다음으로 비타민B_1이 많이 함유되어 있다고 알려진다.

살코기가 두툼하므로 염지→(마리네이드)→(머스터드 슬래더)→럽→베이스팅→글레이즈의 방법으로 바비큐한다. 자칫 심심할 수 있으므로 글레이즈에 집중하여 고기에 개성을 불어넣는다.

포크 스테이크
다이렉트, 난이도 ★☆☆

재료준비 **[허니 오렌지 마리네이드]** 간장 1/2컵, 사과 주스 1/2컵, 레몬 주스 1/4컵, 꿀 1/4컵, 생강 다진 것 2작은술, 마늘 다진 것 1큰술, 오렌지 마멀레이드(혹은 유자청) 2큰술 **[스테이크]** 올리브 오일 1/2컵, 레몬 주스 2큰술, 프레쉬 바질 다진 것 2큰술, 프레쉬 오레가노 다진 것 1큰술, 마늘 다진 것 1큰술, 후추 곱게 간 것 1작은술, 소금 1/2작은술, 어깨살 1~1.5cm 두께로 자른 것

1. 믹싱볼에 마리네이드 재료를 잘 섞는다.
2. 지퍼백에 어깻살 스테이크를 담고 마리네이드 액을 넣은 뒤, 잘 밀봉하여 4시간 재운다.
3. 그릴에 숯을 절반만 채우는 다이렉트 세팅을 한다.
4. 숯불 위에서 앞뒷면을 구워준 다음, 숯이 없는 쪽으로 옮겨서 속까지 충분히 익힌다.
5. 레스팅하지 않고 바로 서빙한다.

바비큐 포크 샌드위치
인다이렉트, 난이도 ★☆☆

재료준비 **[염지]** 굵은 소금 1/2컵, 흑설탕 1/4컵, 샐러리 시드 1/4작은술, 후추 1/2작은술, 월계수 잎 2장, 물 2ℓ **[바비큐 럽]** 소금 1/2작은술, 후추 1/2작은술, 샐러리 시드 1/4작은술, 양파가루 1/8작은술, 마늘가루 1/8작은술, 클로브 파우더 1/8작은술, 청양고춧가루 1/4작은술 **[소스]** 토마토 소스 1컵, 토마토케첩 1컵, 양파 곱게 다진 것 1개, 마늘 다진 것 2작은술, 피망 다진 것 1개, 사과식초 1/4컵, 흑설탕 2큰술, 우스터 소스 2큰술, 옐로 머스터드 1큰술, 칠리 파우더 2작은술, 할라피뇨 피클 잘게 다진 것 1큰술 **[샌드위치]** 어깻살 2~2.5kg, 패스추리 롤 빵 16~20개

1. 염지 액에 어깻살을 하룻밤 재운다.
2. 소스팬에 재료를 모두 넣고 끓인다. 끓기 시작하면 불을 약하게 하여 15분간 졸인다.
3. 염지하여 물기를 제거한 어깻살에 바비큐 럽을 골고루 뿌리고, 손가락 끝마디로 잘 문지른다. 1시간 정도 두어서 럽이 배도록 한다.
4. 인다이렉트 세팅한 그릴에 착화한 브리켓과 훈연재를 투입하고 5분간 예열한다.
5. 어깻살을 그릴에 넣고 4시간 굽는다.

앞다리살을 이용하여 구운 포크 스테이크

6. 1시간 30분이 지났을 때 브리켓을 보충하고, 사과 주스를 스프레이에 담아 뿌린다. 사과 주스는 이후 30분 간격으로 분무한다.
7. 중심온도가 87~90℃에 이르면 그릴에서 꺼내어 15분 정도 레스팅한 다음, 포크 2개를 이용하여 잘게 찢는다.
8. 준비한 소스에 잘게 찢은 고기를 버무리고 빵 사이에 끼워 샌드위치를 만든다.

바비큐 햄(barbecued ham)
`인다이렉트, 난이도 ★★☆`

재료준비 **[염지]** 굵은 소금 1/2컵, 설탕 1/4컵, 오렌지 얇게 슬라이스한 것 1개, 물 2ℓ, 생강 다진 것 1큰술, 후추 곱게 간 것 1작은술, 겨자가루 2작은술 **[웨트럽]** 마늘 다진 것 1큰술, 엑스트라버진 올리브 오일 2큰술, 요리당 1큰술, 디종머스터드 1큰술, 홀그레인 머스터드 1큰술, 화이트 진판델(혹은 화이트 와인) 2큰술, 타임 1작은술, 페넬 1작은술, 세이지 1작은술, 오렌지 마멀레이드 3큰술, 후추 1/2작은술, 소금 1/4작은술 **[햄]** 후지 덩어리 4kg

1. 염지 액에 후지 덩어리를 하룻밤 재운다.
2. 굽기 2시간 전에 염지한 후지를 꺼내어 찬물로 헹군 다음, 물기를 제거한다. 이어 웨트럽을 바르고 랩으로 단단히 감싼다.
3. 침니 스타터에 브리켓을 가득 채우고 잘 착화한 다음, 그릴 절반을 채우도록 붓는다.
4. 훈연재를 투입하고 뚜껑을 닫고서 10분간 예열한다. 이때 뚜껑 쪽 공기구멍은 절반만 열어준다.
5. 석쇠에 오일을 충분히 바른 후, 숯이 없는 쪽에 후지를 올린다.
6. 2시간쯤 지났을 때, 고기의 중심온도를 체크한다.
7. 두꺼운 부위의 중심온도가 65℃에 이르면 글레이즈 소스를 여러 차례 발라

풀드 포크 샌드위치(Pulled Pork Sandwich). 앞다리살을 충분히 익혀서 부드러워지게 한 후, 장조림처럼 살을 찢고 소스에 버무려 샌드위치를 만든다.

준다.
8. 중심온도가 72℃에 이르면, 그릴에서 꺼내 알루미늄 호일로 위를 덮고서 15분간 레스팅한다.

◎ 오렌지 글레이즈

재료준비 오렌지 껍질 곱게 다진 것 2작은술, 오렌지 주스 1컵, 황설탕 1/2컵, 전분 4작은술, 겨자가루 1½작은술

1. 소스팬에 재료를 넣고 거품기로 잘 풀어준다. 불을 켜고 잘 저으면서 끓인다. 걸쭉해지면서 부글부글 끓어오르면 불을 약하게 하여 2분간 더 졸인다.

◎ 망고 글레이즈

재료준비 망고 잘라서 냉동한 것 1컵, 망고 넥타 1컵, 요리당 1/4컵, 겨자가루 2작은술

1. 푸드 프로세서에 모든 재료를 넣고 곱게 간다.

◎ 해선장 글레이즈

재료준비 해선장 1컵, 꿀 1/4컵, 복분자 술 1/2컵, 생강 다진 것 2큰술, 레드 와인 비네가 2큰술, 참기름 1큰술, 오향 파우더 1작은술

1. 앞에 염지 액에 1시간 30분간 백립을 재운 뒤, 바로 그릴에서 굽는다.
2. 마무리 단계에서 고기에 윤기를 더하는 용도로 쓰고, 남은 것은 디핑 소스로 활용한다.

POULTRY

통닭

통닭을 굽는 방법은 크게 4가지로 나뉜다.

첫 번째는 반으로 펼쳐서 굽는 방법. 펼쳐진 모양이 나비 같다고 하여 버터플라이드 치킨(butterflied chicken)이라고도 한다. 먹을 수 있는 부위가 적은 등뼈와 목뼈를 발라내고 가운데를 펼친다. 굽기 편하게 하고자 벽돌로 눌러서 더 납작하게 만들기도 한다. 그릴 공간을 적게 차지하고 그릴링이 편하여 가장 많이 활용되는 방법이다.

두 번째는 바비큐 입문자의 필수 코스인 비어캔 치킨이다. 맥주캔에 닭을 꽂아 세워서 굽는 방법이다. 맥주의 김이 올라와서 수분이 상당히 많은, 그래서 더욱 부드러운 질감의 통닭이 완성된다. 캔 안에는 맥주뿐 아니라 향이 좋은 와인이나 럼 등의 술을 넣기도 한다.

비어캔 치킨의 원형은 중국의 드렁큰 치킨(紹興醉鷄, drunken chicken)으로 알려진다. 원래 절강성 지방의 요리인 드렁큰 치킨은 염지한 닭을 솥에서 찌고, 찌면서 나오는 육즙에 파, 생강 등 향신 채소를 넣고 소흥주를 부어서 하룻밤 냉장고에서 재운 뒤, 얇게 썰어 고수잎을 곁들여 냉채로 즐기는 음식이다.

이 중국식 방법은 바비큐에서도 적절하게 변형하여 활용해볼 만하다. 닭을 염지할 때 약간의 맥주를 넣는다. 비어캔 치킨을 하면서 맥주캔 바로 밑에 드립팬을 두어서 구울 때 흘러내리는 기름과 육즙을 받아 모은다. 모은 육즙에서 기름을 걷어내고 바비큐 럽을 한 스푼 넣어 간을 맞춘 다음, 적당한 크기로 자른 닭과 화이트 와인, 허브를 넣어 하룻밤 재운다. 허브는 세이지나 타임, 바질 등이 적당하다. 접시에 얇게 썬 닭고기와 함께, 육즙과 술이 뭉쳐서 굳어진 젤리도 한 스푼 올려서 서빙한다.

몇 번의 시행착오가 필요하겠지만 색다른 느낌의 바비큐 메뉴를 만들어낼 수 있으리라 여겨진다.

　대개 닭은 1kg 정도 크기의 것(10호)이 제일 맛이 좋다고 알려진다. 그러나 비어캔 치킨에서는 맥주캔을 닭 속에 끼워야 하기에 1.2kg 정도의 다소 큰 닭(12호)을 주로 사용한다.

　세 번째는 삼계탕처럼 속을 채우는 방식이다. 찹쌀, 수삼, 밤, 대추 등 전통 방식대로 넣어도 좋고 적절히 서양식으로 변형할 수도 있다.

　빵 조각에 호두, 잣 등 견과류와 샐러리, 양파, 당근 등 채소를 넣고 스파이스로 시즈닝 하는 식이다. 낙지, 주꾸미, 새우, 홍합 등 해물을 넣는 방법도 연구해볼 만 하다. 비교적 높지 않은 온도에서 서서히 익혀지기에 오랜 시간 굽더라도 그리 질겨지지 않는다.

　어느 것이든 채움 속에 맞춰서 닭의 양념을 달리해야 한다. 찹쌀, 대추, 수삼 등으로 속을 채운다면 황기, 엄나무 껍질 등을 염지 재료로 생각해볼 수 있을 것이다.

　네 번째는 닭 껍질과 살 사이를 벌리고 그 속에 적당한 재료를 채워서 굽는 방법이다. 비어캔 치킨이나 펼침 닭, 채움 닭 어느 방식과도 함께 사용할 수 있으니 독자적이 아닌 보조 수단이라고 할 수 있다. 껍질 밑으로 넣는 재료는 주로 버터나 치즈 혼합물이다. 보다 바삭한 껍질과 간이 잘 배어든 속살을 맛볼 수 있다.

　통닭구이에 대한 레시피는 이 네 가지 방식에 마리네이드, 염지, 럽 등 양념법까지 고려하면 3×2×3, 최소 18가지 이상의 다양한 방법이 나오게 된다.

버터플라이드 치킨(butterflied chicken)
다이렉트, 난이도 ★☆☆

재료준비 **[치킨 럽]** 설탕 1컵, 소금 1컵, 양파가루 1큰술, 마늘가루 1큰술, 생강가루 1작은술, 파프리카 1/2컵, 칠리 파우더 2큰술, 후추 2큰술, 레몬 제스트 1큰술, 청양고춧가루 2작은술, 세이지 1

큰술, 바질 1큰술, 로즈마리 1작은술, 겨자가루 2작은술   **[베이스팅 오일]** 올리브 오일 2큰술, 레몬 주스 1큰술, 화이트 와인 1큰술

1. 등이 보이게 내려놓고, 등뼈를 따라서 칼로 두 줄의 금을 넣는다.
2. 금을 따라서 가위로 등뼈를 발라낸다. 잘라낸 등뼈는 육수를 내는 데 활용한다.
3. 가슴뼈 가운데 칼집을 넣고, 뒤집어서 양손으로 가슴 부위를 눌러서 부러뜨린다.
4. 가슴뼈와 연골을 손으로 잘 훑어서 뽑아낸다.
5. 필요시 가위로 갈비뼈를 잘라낸다.
6. 흐르는 물에 잘 씻은 후, 키친타월로 물기를 제거한다.
7. 다듬은 겉과 안쪽에 올리브 오일을 바른다.
8. 치킨 럽을 닭 표면에 골고루 뿌린다. 사용량은 대략 1kg에 1.5큰술 정도다.
9. 냉장고에서 4시간 또는 하룻밤 재운다.
10. 침니 스타터에 숯을 2/3 정도 담아서 불을 지핀다.
11. 그릴에 절반 정도를 숯으로 채우는 다이렉트 세팅을 한다.
12. 뚜껑을 닫고 5분간 예열하고 석쇠에 오일을 바른다.
13. 양념된 닭의 날개와 다리를 굽기 편하게 정리한다.
14. 불이 있는 쪽에 닭을 껍질이 밑으로 가게 올려서 약 5분간 굽는다.
15. 닭을 숯이 없는 쪽으로 옮기고, 껍질이 위로 가게 하여 약 1시간가량 굽는다. 중간에 베이스팅 오일을 한두 번 발라준다.
16. 온도계로 내부 온도를 측정하여 82~85℃에 이르면 그릴에서 꺼낸다. 온도를 잴 때는 살이 두터운 허벅지 쪽을 이용한다.
17. 필요시 그릴에서 꺼내기 전에 바비큐 소스를 바른다.

◎ 껍질 밑으로 속 채우기

재료준비 **[레몬 버터]** 버터 6큰술, 레몬 주스 2큰술, 레몬 제스트 1큰술, 로즈마리 1작은술, 마늘 다진 것 1큰술, 후추 1/4작은술, 소금 1작은술, 칠리 파우더 1큰술 **[치즈 믹스]** 리코타 치즈 1/2컵, 슈레드 모짜렐라 치즈 1/2컵, 파마산 치즈 1/3컵, 바질 1/2작은술, 오레가노 1/4작은술, 레몬 페퍼 시즈닝 1/4작은술

1. 닭 목뼈를 자른다.
2. 목 언저리에 살이 노출된 쪽에 손가락을 밀어넣는다.
3. 껍질이 찢어지지 않도록 조심스럽게 손가락을 집어넣으며 껍질과 살을 분리한다.
4. 아랫배 쪽에 약간의 여유를 두어서 껍질이 완전히 떨어지지 않도록 한다.
5. 허벅지와 다리 쪽으로도 손가락을 밀어넣어 껍질을 늘린다.
6. 늘린 껍질 밑으로 허브 버터나 치즈 혼합물을 채운다.

◎ 북채 다듬기

1. 칼끝을 이용하여 닭 다리뼈에 붙어 있는 힘줄과 살을 떼어낸다.
2. 다리뼈를 잡고 칼로 뼈를 긁는 식으로 뼈와 살을 분리한다.
3. 노출된 다리뼈를 칼로 자른다.
4. 손으로 모양을 다듬어주고, 속을 채운다.

Tip 리코타 치즈 만들기

리코타 치즈 만들기는 두부 만드는 법과 비슷하다. 두부 만들기를 잠깐 살펴보면, 불린 콩을 맷돌에 간다. 이를 베보자기에 담고 손으로 주물러 짜서 콩국과 비지를 분리한다. 콩국을 끓인 후, 간수를 넣어 콩 단백을 굳힌다. 두부 틀에 베보자기를 깔고 순두부를 붓는다. 뚜껑을 덮고 무거운 것으로 눌러서 굳힌다. 여기서 콩국을 우유로, 간수를 식초로 바꿔치기하면 리코타 치즈 만들기가 된다.

버터플라이드 치킨

재료준비 우유 1000cc, 생크림 500cc, 레몬 주스 5큰술, 소금 1큰술, 적당한 허브 스파이스

1. 우유와 생크림, 소금을 섞어서 약한 불에서 끓인다.
2. 공기방울이 조금씩 올라올 때 레몬 주스를 넣고 한번 저어준다.
3. 불을 아주 약하게 하여 40~50분 정도 더 끓인다. 순두부처럼 유단백이 뭉쳐서 굳어진다.
4. 체에 면보자기를 깔고 끓인 우유를 부어서 물이 빠지도록 1시간 정도 받아둔다.
5. 물이 더 빠지도록 체에 받인 상태로 냉장고에 넣어서 5시간에서 하룻밤 정도 굳힌다.
6. 만들어진 치즈를 담고 올리브 오일과 허브 스파이스를 재워서 보관한다.

비어캔 치킨(beer can chicken)
인다이렉트, 난이도 ★☆☆

재료준비 **[염지]** 사과 주스 2ℓ, 소금 1/2컵, 흑설탕 1/2컵, 생강 1개 슬라이스, 클로브 1/2작은술, 월계수잎 1장, 후추 1작은술, 마늘 1작은술

1. 사과 주스에 염지 재료를 넣고, 소금, 설탕이 녹을 때까지 잘 젓는다.
2. 염지 액에 깨끗이 씻은 닭을 넣고 하룻밤 재운다.
3. 닭을 꺼내어 키친타월로 물기를 제거한다.
4. 버터 1큰술을 녹여서 닭 표면에 바르고, 바비큐 럽 1작은술 정도를 뿌린다.
5. 맥주캔에서 맥주 절반만 남기고 따라내고, 캔 오프너를 이용하여 여분의 구멍을 더 뚫는다.
6. 맥주캔에 바비큐 럽 1큰술을 넣는다.
7. 닭에 맥주캔을 끼우고 날개를 정리한다. 캔과 양 다리가 삼각형을 이루게 하여 쓰러지지 않도록 한다.
8. 가운데를 비우는 인다이렉트 그릴링 세팅을 하여 10분간 예열한다.

비어캔 치킨

9. 그릴 가운데에 캔에 꽂은 닭을 쓰러지지 않도록 조심하여 세운다.
10. 훈연재를 투입하고, 뚜껑을 덮고 1시간가량 굽는다.
11. 온도계로 내부 온도를 측정하여 82~85℃에 이르면 그릴에서 꺼낸다.

속을 채운 통닭(Stuffed Chicken)
인다이렉트, 난이도 ★☆☆

재료준비 [염지] 물 2ℓ, 소금 1/2컵, 황설탕 1/4컵, 황기 1뿌리, 엄나무 껍질 약간, 마늘 5쪽
[채움 속] 찹쌀 1/2컵, 멥쌀 1/2컵, 은행 4개, 밤 껍질 깐 것 2개, 대추 3개, 수삼 1뿌리

1. 물 1ℓ에 소금 등 염지 재료를 넣고 끓인다.
2. 물이 끓으면 불을 약하게 하고서 30분간 더 끓인다.
3. 찬물 1ℓ를 넣고 식힌다.
4. 찹쌀과 멥쌀을 씻어서 물에 1시간 정도 불린다.
5. 염지 액에 닭을 넣고 6시간 재운 뒤, 꺼내어 물기를 제거한다.
6. 목뼈를 잘라내고, 목 주위의 껍질을 잡아당겨서 구멍을 막은 뒤 이쑤시개로 고정시킨다.
7. 닭 뱃속에 채움 속을 3/4 정도 넣는다.
8. 다리를 오므려서 면 실로 묶는다.
9. 식용유 1큰술, 참기름 1작은술을 섞어서 닭 표면에 골고루 바른다.
10. 가운데를 비우는 인다이렉트 그릴링 세팅을 하여, 5분간 예열한다.
11. 로스팅 랙(V자 랙)에 오일을 바르고, 손질한 닭을 가슴이 위쪽으로 가게 하여 올린다.
12. 뚜껑을 닫고서 1시간가량 굽는다.
13. 온도계로 내부온도를 측정하여 82~85℃에 이르면 그릴에서 꺼낸다.

닭가슴살

익히 알려진 단백질 덩어리. 지방이 거의 없으므로 굽기 30분쯤 전에 오일을 바르면 타지 않고 속까지 충분히 익힐 수 있다. 오래 구우면 퍽퍽해지는 살코기이기에 그릴링을 완료하는 타이밍이 중요하다. 중심온도 72~75℃가 알맞게 익은 수준이다.

치킨 롤

다이렉트, 난이도 ★☆☆

재료준비 다진 쪽파 1큰술, 파슬리 다진 것 1큰술, 마늘 다진 것 1작은술, 버터 100g, 계란 1개, 물 1큰술, 밀가루 1/4컵, 빵가루 1/2컵, 버터 1큰술, 카놀라 오일 1큰술, 소금, 후추 약간, 닭가슴살 4개

1. 공기에 다진 쪽파, 파슬리, 마늘을 섞어둔다.
2. 대접에 계란을 풀어서 물과 섞어놓는다.
3. 쟁반에 빵가루를 놓는다.
4. 버터를 길이 5cm, 사방 1cm 크기로 자른다.
5. 랩을 펼쳐서 닭가슴살을 놓고, 다시 랩으로 덮은 다음, 고기망치로 두들겨서 평편하게 만든다.
6. 닭가슴살 안쪽 면에 소금, 후추 밑간을 하고, 쪽파, 파슬리, 마늘 섞은 것을 뿌린 뒤, 버터 스틱을 넣는다.
7. 닭가슴살의 양 옆을 접고 말아서 이쑤시개로 봉한다.

8. 닭가슴살 말이에 밀가루를 묻힌 다음, 계란 물과 빵가루를 입힌다. 돈가스 만들기를 생각하면 된다.
9. 냉장고에 넣어서 1시간 이상 숙성한다.
10. 잘 피운 숯을 그릴에 절반만 채우고, 석쇠에 스킬렛을 올리고 뚜껑을 닫고서 15분간 예열한다.
11. 스킬렛에 버터와 오일을 두르고, 닭가슴살 말이를 돌리면서 겉이 노릇해지도록 익힌다.
12. 겉을 익힌 가슴살을 숯이 없는 쪽 석쇠에 올려서 인다이렉트 방식으로 충분히 익힌다.

치즈를 채운 치킨 가슴살

다이렉트, 난이도 ★☆☆

재료준비 리코타 치즈 1/2컵, 슈레드 모짜렐라 치즈 1/2컵, 아메리칸 치즈 잘게 채 썬 것 3장분, 바질 1/2작은술, 오레가노 1/4작은술, 레몬페퍼 시즈닝 1/4작은술, 버터 2큰술, 소금 후추 약간, 화이트 와인 3큰술, 닭가슴살 6장

1. 닭가슴살의 도톰한 부분에 칼집을 넣어서 주머니를 만든다.
2. 치즈 혼합물을 채우고 이쑤시개로 입구를 봉한다.
3. 속을 채운 가슴살에 화이트 와인을 바르고 소금, 후추를 뿌려서 밑간을 한다.
4. 잘 피운 숯을 그릴에 절반만 채우고, 뚜껑을 닫고 10분간 예열한다.
5. 닭가슴살에 녹인 버터를 고르게 바른다.
6. 석쇠에 오일을 바르고, 가슴살을 숯불 위에서 한쪽 면에 2~3분씩 굽는다.
7. 겉을 익힌 가슴살을 숯이 없는 쪽으로 옮겨서, 인다이렉트 방식으로 속까지 충분히 익힌다.

닭가슴살에 재료를 넣어 말아서 빵가루를 입혀 구운 치킨 롤

그릴드 치킨 윙(grilled chicken wings)

다이렉트, 난이도 ★☆☆

재료준비 물 1ℓ, 소금 3/4컵, 설탕 1/3컵, 레몬 주스 1개분, 닭 날개 12개, 칠리 파우더 3큰술, 블루치즈 소스 1/2컵, 생크림 3큰술, 사워크림 3큰술, 마요네즈 2큰술, 화이트 와인 비네가 2작은술, 설탕 1/4작은술, 마늘가루 1/8작은술, 소금, 후추 약간

1. 물에 소금, 설탕, 레몬 주스를 넣고 잘 풀어서 염지액을 만든다.
2. 닭날개를 30분간 염지한 후, 건져내어 칠리 파우더를 골고루 뿌린다.
3. 잘 피운 숯을 그릴에 절반쯤 채우고, 10분간 예열한다.
4. 닭날개를 숯불이 없는 쪽에 올리고 약 10분간 굽는다.
5. 닭날개를 숯불이 있는 쪽에서 2~3분간 타지 않도록 뒤집어주면서 껍질이 바삭해지도록 익힌다.
6. 미니 믹서에 블루치즈와 생크림을 넣고 돌려서 덩어리가 어느 정도 풀어지게 한 다음, 나머지 재료를 넣고서 걸쭉하게 간다.
7. 접시에 담아 블루치즈 소스와 함께 낸다.

 # 닭꼬치

 닭꼬치에는 가슴살과 안심, 뼈를 제거한 닭다리살이 주로 이용된다.
 닭가슴살은 적당한 크기로 잘라서 대파, 양파 등과 함께 꼬치에 꿰어 데리야끼 소스를 발라 굽는 야키도리가 제격이다. 가늘고 긴 모양의 닭안심은 그 자체로 꼬치에 꽂아서 길쭉한 모양의 태국식 꼬치, 사테이를 만들기에 적당하다. 그리고 뼈를 발라낸 닭다리살, 일명 닭정육은 껍질이 붙어 있어 적당히 기름지고 쫄깃한 육질을 지니고 있기에 우리식 닭꼬치를 만드는 데 주로 쓰이고 있다.

중국풍 오향 닭 꼬치
다이렉트, 난이도 ★☆☆

재료준비 오렌지 주스 농축액 1/4컵, 물엿 2큰술, 간장 1큰술, 오향 파우더 1/4작은술, 생강가루 1/8작은술, 닭가슴살 500g, 파인애플 청크 통조림 1컵, 피망 1개, 홍피망 1개

1. 공기에 오렌지 주스, 물엿, 간장, 오향 파우더, 생강가루를 넣고 잘 섞는다.
2. 닭가슴살과 피망, 홍피망을 3cm 정도 크기로 썬다.
3. 꼬치에 닭가슴살, 파인애플, 피망, 홍피망 순서로 끼워서 오일을 바르고 소금, 후추를 뿌려 밑간을 한다.
4. 그릴에 숯을 절반가량 채우고, 석쇠를 올려서 10분간 예열한다.
5. 숯이 없는 쪽 석쇠에 알루미늄 호일을 2겹으로 접어서 놓는다.
6. 석쇠에 오일을 바르고, 닭꼬치를 타지 않도록 돌려가면서 10~12분 정도 굽는다.

7. 구운 꼬치에 준비한 오렌지 글레이즈를 바르고 5분 정도 더 구워 충분히 익힌다.

해선장 레몬 닭꼬치
`다이렉트, 난이도 ★☆☆`

재료준비 레몬 주스 4큰술, 해선장 1/4컵, 간장 2큰술, 카놀라 오일 1/4컵, 레몬 제스트 1큰술, 마늘 다진 것 1작은술, 생강가루 1/8작은술, 소금 후추 약간, 닭가슴살 500g

1. 믹싱볼에 레몬 주스 등을 넣고 섞어서 마리네이드를 만든다.
2. 3cm 길이로 자른 닭가슴살을 마리네이드에 넣고 1시간 재운다.
3. 꼬치에 닭 가슴살을 꽂는다.
4. 그릴에 숯을 절반가량 채우고, 석쇠를 올려서 10분간 예열한다.
5. 숯이 없는 쪽 석쇠에 알루미늄 호일을 2겹으로 접어서 놓는다.
6. 석쇠에 오일을 바른다. 이어 닭꼬치를 타지 않도록 돌려가면서 15분 정도 굽는다.
7. 익은 상태를 확인하여 접시에 낸다.

고추장 소스 닭꼬치
`다이렉트, 난이도 ★☆☆`

재료준비 고춧가루 1/2컵, 고추장 1/2컵, 사과식초 1/2컵, 콜라 1컵, 물엿 1/2컵, 카놀라 오일 1/4컵, 치킨스톡 큐브 1개, 마늘 다진 것 1큰술, 생강 다진 것 1작은술, 후추 약간, 닭 정육 1kg, 대파 줄기 2개, 양파 2개, 청피망 1개, 홍피망 1개

1. 믹싱볼에 고춧가루 등을 넣고 잘 섞어서 글레이징 소스를 만든다.

2. 닭 정육과 대파, 양파, 청피망, 홍피망을 같은 크기로 잘라서 꼬치에 꿴다.
3. 닭꼬치에 레몬 주스를 뿌리고 소금과 후추 밑간을 한 다음, 오일에 재운다.
4. 그릴에 숯을 절반가량 채우고, 석쇠를 올려서 10분간 예열한다.
5. 숯이 없는 쪽 석쇠에 알루미늄 호일을 2겹으로 접어서 놓는다.
6. 석쇠에 오일을 바르고, 닭꼬치를 타지 않도록 돌려가면서 10~12분 정도 굽는다.
7. 구운 꼬치에 준비한 고추장 소스를 바르고 5분 정도 더 구워 충분히 익힌다.

치킨 사테이
다이렉트, 난이도 ★☆☆

재료준비 **[마리네이드]** 코코넛밀크 3/4컵, 라임 주스 및 라임 제스트 1개분, 스리랏차 소스 2큰술, 코리앤더 파우더 2작은술, 커민 1작은술, 피시소스 3큰술, 마늘 다진 것 2작은술, 설탕 1큰술 **[땅콩 소스]** 땅콩버터 1컵, 코코넛 밀크 1컵, 라임 주스 1/4컵, 스리랏차 소스 1큰술, 피시 소스 4작은술, 닭안심 500g

1. 믹싱볼에 마리네이드 재료를 잘 섞는다.
2. 닭안심을 마리네이드에 2시간 재운다.
3. 닭안심을 대나무 꼬치(혹은 산적꽂이)에 꿴다. 대나무 꼬치는 미리 물에 30분 이상 불려서 타지 않도록 한다.
4. 작은 소스팬에 소스 재료를 넣고 아주 약한 불에서 땅콩버터가 풀릴 때까지 잘 저어준다. 중간에 너무 되직해지면 물을 한 큰술씩 넣어 농도를 맞춘다.
5. 그릴에 숯을 절반가량 채우고, 석쇠를 올려서 10분간 예열한다.
6. 숯이 없는 쪽 석쇠에 알루미늄 호일을 2겹으로 접어서 놓는다.
7. 석쇠에 오일을 바르고, 닭꼬치를 타지 않도록 돌려가면서 10분 정도 굽는다.
8. 익은 상태를 확인하여 땅콩 소스와 함께 접시에 낸다.

닭다리살

닭다리살은 허벅지까지 길게 잘라낸 장각(長脚)과 종아리까지로 길이가 짧은 북채(drum stick), 두 가지 형태로 판매된다.

장각은 사람들이 선호하는 부위가 집약되어 있어 그 자체로 닭 반 마리에 해당한다고 해도 지나침이 없다. 연결조직이 많아 육질이 알맞게 쫄깃하고 감칠맛이 있다. 크기 역시 한 사람이 먹기에 적당하여 나누기에 편리하다.

북채는 그릴의 공간을 절약하기 위한 전용의 랙이 액세서리로 개발될 정도로 자주 이용되는 부위다. 특히 아이들에게 인기가 높다. 매콤 달콤한 글레이즈 소스를 활용하는 조리 방법이 잘 어울린다. 스위트 칠리 소스, 파인애플 주스, 해선장, 꿀 등이 글레이즈 소스의 주된 재료가 된다.

허브 머스터드 치킨

인다이렉트, 난이도 ★☆☆

재료준비 디종 머스터드 2큰술, 파슬리 다진 것 1큰술, 세이지 다진 것 1큰술, 물 1큰술, 청양고춧가루 1/8작은술, 바비큐 럽 1큰술, 올리브 오일 2큰술, 장각 4개

1. 모든 재료를 섞어서 페이스트를 만든다.
2. 페이스트를 닭다리살에 문질러 바르고, 지퍼백에 넣어 냉장고에서 4시간 재운다.
3. 숯을 양 옆에 담고 가운데에 드립팬을 두는 인다이렉트 그릴링 세팅을 한다.
4. 석쇠를 올려서 10분간 예열하고 오일을 바른다.

5. 가운데 드립팬 위 공간에 닭다리살을 올리고, 훈연재를 넣는다.
6. 뚜껑을 닫고 그릴링한다. 45분쯤 지나서 온도계로 익은 정도를 확인한다. 중심온도가 82~85℃에 이르면 그릴에서 꺼낸다.

자두 마리네이드 치킨

인다이렉트, 난이도 ★☆☆

재료준비 자두 주스 1컵, 말린 자두 3개, 해선장 4큰술, 다진 생강 2작은술, 스위트 칠리 소스 4큰술, 마늘 다진 것 1큰술, 코리앤더 파우더 1작은술, 레몬 주스 3큰술, 간장 1큰술, 카놀라 오일 3큰술, 북채 8개

1. 푸드 프로세서에 말린 자두와 주스를 넣고 곱게 간다.
2. 믹싱볼에서 마리네이드 재료를 잘 섞는다.
3. 지퍼백에 북채와 마리네이드를 담고 냉장고에서 4시간 재운다.
4. 숯을 양 옆에 담고 가운데에 드립팬을 두는 인다이렉트 그릴링 세팅을 한다.
5. 석쇠를 올려서 10분간 예열하고, 오일을 바른다.
6. 가운데 드립팬 위 공간에 북채를 올리고, 훈연재를 넣는다.
7. 뚜껑을 닫고 그릴링한다. 30분쯤 지나서 온도계로 익은 정도를 확인한다. 중심온도가 82~85℃에 이르면 그릴에서 꺼낸다.

타임 레몬 치킨

재료준비 대파 줄기 다진 것 2큰술, 타임 1작은술, 마늘 2작은술, 레몬 주스 및 제스트 1개분, 코리앤더 으깬 것 1작은술, 버터 4큰술, 소금, 후추 약간, 장각 8개

1. 푸드 프로세서에 대파, 타임, 마늘, 레몬 주스, 코리앤더, 버터를 넣고 작동

시켜 버터 페이스트를 만든다.
2. 닭다리살에 소금과 후추 밑간을 하여 30분 정도 간이 배도록 둔다.
3. 버터 페이스트를 닭다리살에 문질러 바르고, 4시간 재운다.

커리 머스터드 치킨

재료준비   버터 1/4컵, 꿀 1/2컵, 옐로우 머스터드 2컵, 디종 머스터드 1컵, 커리 파우더 2작은술, 후추 1/2작은술, 우스터 소스 2큰술, 장각 8개

1. 소스팬에 불을 약하게 하여 버터를 녹이고 마리네이드 재료를 넣어서 잘 섞는다.
2. 장각에 칼집을 넣어 뼈가 드러나도록 살을 펼친다. 필요시 닭뼈를 제거한다.
3. 다듬은 장각을 마리네이드에 4시간 재운다.

치킨 카차토레(chicken cacciatore)

`다이렉트, 난이도 ★★☆`

재료준비   올리브 오일 2큰술, 양파 슬라이스한 것 1개, 표고버섯 슬라이스 1/2컵, 맛타리버섯 적당히 찢은 것 1/2컵, 양송이버섯 슬라이스 1/2컵, 마늘 다진 것 1작은술, 다이스드 토마토 1캔, 토마토페이스트 180cc, 화이트 와인 3/4컵, 소금 1/2작은술, 설탕 1작은술, 로즈마리 1/2작은술, 타임 1/2작은술, 오레가노 1/4작은술, 후추 1/8작은술, 파슬리 1큰술, 닭 1마리

1. 물 1ℓ에 소금 3/4컵, 설탕 1/3컵, 레몬 주스 1개분을 섞어서 염지 액을 만들고, 반으로 펼친 닭을 넣고 1시간 재운다.
2. 침니 스타터에 숯을 가득 담아서 불을 피운 다음, 그릴 절반에 2/3를 붓고, 나머지 절반에 1/3을 쏟아서 강-약 화력의 다이렉트 그릴링 세팅을 한다.

3. 강한 화력 쪽에 스킬렛을 올리고, 뚜껑을 닫고서 15분간 예열한다.
4. 스킬렛에 오일을 두르고 염지한 닭을 껍질이 밑으로 가게 하여 10~15분 정도 굽는다.
5. 닭 껍질이 노릇해지면 꺼내어 숯불이 약한 쪽으로 옮겨서 껍질이 위로 가게 하여 굽는다.
6. 스킬렛에 버섯, 양파, 마늘을 넣고 채소가 부드러워질 때까지 볶는다.
7. 닭을 8~10조각으로 잘라 스킬렛에 넣는다.
8. 믹싱볼에 토마토, 페이스트, 와인, 설탕, 소금, 스파이스를 섞은 다음, 스킬렛의 치킨 위로 붓는다.
9. 스킬렛을 불이 약한 쪽으로 옮기고, 그릴 뚜껑을 닫고서 30여 분간 졸인다. 중간에 나무 주걱으로 한번 뒤집어준다.
10. 고기의 익은 정도를 확인하여 그릴에서 꺼내고, 파슬리 가루를 뿌린다.

그릴 프라이드치킨(grill fried chicken)
인다이렉트, 난이도 ★☆☆

재료준비 생크림 1컵, 레몬 주스 1개분, 소금 1큰술, 계란 1개, 우유 3큰술, 제크 크래커 1½컵, 타임 1작은술, 파프리카 ½작은술, 후추 ⅛작은술, 버터 2큰술, 닭 조각 1마리 분

1. 믹싱볼에 생크림과 레몬 주스, 소금을 섞은 후 조각낸 닭을 30분간 재운다.
2. 공기에 계란을 풀어서 우유와 섞어놓는다.
3. 쟁반에 크래커 부순 것과 타임, 파프리카, 후추를 섞는다.
4. 생크림에 재웠던 닭을 꺼내어 키친타월로 겉을 닦아낸다.
5. 닭 조각에 크래커 믹스를 묻힌다. 계란물에 담갔다가 다시 크래커 믹스를 묻힌다.
6. 크래커를 입힌 닭 조각을 30분 정도 두어서 반죽이 밀착되도록 한다.

7. 숯을 양 옆에 두는 인다이렉트 그릴링 세팅을 하여 10분간 예열한다.
8. 석쇠 위에 알루미늄 팬을 올리고 버터를 발라준다. 닭 조각을 껍질이 위로 가게 하여 팬에 올린다.
9. 뚜껑을 닫고서 40분간 굽는다.
10. 버터 녹인 것을 발라주고 10분간 더 구운 다음, 익은 정도를 확인하여 그릴에서 꺼낸다.

오리

여러 바비큐 책자에서 모델로 삼고 있는 오리 구이는 중국의 북경오리다. 바삭한 껍질과 향긋하고 쫄깃한 육질. 이런 맛을 내는 데에는 북경오리에 견줄 만한 게 없는가 보다.

오리 구이에서 제일 문제가 되는 것은 지나친 기름이다. 적절하게 기름을 뽑아내지 않으면 바삭한 껍질이 만들어지지 않고, 너무 기름이 빠지면 반대로 고기가 퍽퍽하고 딱딱해진다.

이 문제를 해결하기 위해 흔히 사용하는 방법이 굽기 전에 미리 찌는 것이다.

염지한 오리를 찜기에 넣고 30분간 찐다. 브리켓을 표준 사용량보다 1/3 정도 더 넣어서, 즉 침니 스타터에 가득 채워서 불을 붙인 다음, 인다이렉트 세팅한 그릴에서 200℃ 정도의 고열로 약 1시간을 굽는다. 공기구멍을 밑에는 활짝 열고, 뚜껑 쪽은 절반 정도 닫아서 온도가 일정하게 유지되도록 한다. 마무리로 오렌지나 파인애플 주스, 혹은 해선장과 꿀을 넣어 만든 글레이즈 소스를 발라준다.

미리 찌는 방법이 거슬린다면 반대로 130℃ 정도의 비교적 낮은 온도에서 오리를 굽는다. 넘치는 기름을 받기 위해 숯 옆에 드립팬을 두고, 석쇠에도 드립팬을 올리고 그 위에 로스팅 랙을 걸치는, 이중의 장치를 해서 오리를 굽는다. 3~4시간 정도를 구워서 내부온도가 82℃에 이르면 토치램프로 껍질을 골고루 지져서 바삭하게 만든 후 글레이즈 소스를 발라서 마무리한다.

어느 방법이 편리한가는 내가 가진 장비의 크기에 좌우된다. 핏 스모커처럼 대형의 장비가 있고, 여러 마리를 한꺼번에 구워야 한다면 오로지 굽는 방법이 좋겠고, 그렇지 않다면 찌는 방법이 훨씬 안전하다.

시중에서 구할 수 있는 오리는 크게 두 종류가 있다. 통오리와 뼈를 발라낸 오리. 굽기에는 통오리가 편하고, 구운 뒤 자르기에는 뼈를 발라낸 것이 유리하다.

오향 오리
인다이렉트, 난이도 ★★☆

재료준비 오렌지 주스 1ℓ, 레몬 슬라이스한 것 1개, 생강 5cm 길이, 깐 마늘 5개, 오향 파우더 1큰술, 간장 1/2컵, 소금 2큰술, 설탕 1/2컵, 대파 1대, 참기름 1큰술, 해선장 1큰술, 사과식초 1큰술, 꿀 2큰술, 산초 1/2작은술, 오향 파우더 1/4작은술, 오리 1마리

1. 오리 뱃속에 생강, 깐 마늘, 대파를 넣고 이쑤시개나 면실을 이용하여 봉한다.
2. 오렌지 주스, 레몬, 간장, 소금, 설탕, 스파이스를 넣은 염지 액에 오리를 하룻밤 재운다.
3. 찜기에 염지 액과 물을 넣고 끓이다가 김이 올라오면 오리를 넣고 30분간 찐다.
4. 침니 스타터에 브리켓을 가득 담아서 착화한다.
5. 가운데에 드립팬을 놓고 양 옆으로 브리켓을 두는 인다이렉트 그릴링 세팅을 한다.
6. 뚜껑을 닫고 10분간 예열한다. 뚜껑의 공기구멍은 절반만 연다.
7. 석쇠에 오일을 바르고, 오리를 가슴 부위가 위로 가게 해서 올린다.
8. 훈연재를 투입하고, 1시간 동안 굽는다.
9. 참기름, 해선장, 꿀, 식초, 산초, 오향 파우더를 섞어서 글레이즈 소스를 만든다.
10. 오리의 익은 정도를 확인하고, 글레이즈 소스를 바른 뒤 5분 정도 더 굽는다.
11. 10분간 레스팅 하고서, 접시에 낸다.

칠면조

솔직히 말해서 우리가 스스로 나서서 칠면조를 구울 일은 거의 없다. 칠면조를 자주 먹으리라 짐작되는 미국 사람들도 집에서 칠면조를 굽는 일은 일 년에 한 번, 고작 추수감사절 때인 경우가 대부분이라고 한다.

그러나 만약에 여러분이 바비큐 전문가라고 주변에 소문나게 되면 사정이 달라진다. 늦가을 어느 날, 구워달라며 덩치 큰 새고기 한 마리를 들고서 찾아오는 친구를 맞이하게 될지도 모른다. 세계화 덕분에 우리 주위에는 직간접적으로 외국인과 친분을 맺고 있는 이들이 너무도 많기 때문이다.

칠면조 구이가 어려운 이유는 케틀형 그릴에서 굽기에 덩치가 크다는 점에 있다. 여유 공간이 적어서 숯의 열이 조금이라도 높으면 껍질이 까맣게 타기 십상이다. 만약에 워터 스모커를 가지고 있다면 이 문제는 비교적 쉽게 해결된다. 두 번째 이유는, 망쳐서는 안 되는 명절 음식이라는 점에 있다. 해결 방법은 그만큼 더 정성을 기울이는 것이다.

재료준비 **[염지]** 소금 1½컵, 물 6ℓ, 오렌지 주스 농축액 1캔, 깐 마늘 2큰술, 생강 2큰술, 월계수잎 6장, 페넬시드 2큰술, 세이지 2큰술, 후추 2큰술 **[채움 속]** 샐러리 곱게 다진 것 1½컵, 양파 다진 것 1개, 버터 ½컵, 세이지 2작은술, 로즈마리 1작은술, 후추 ¼작은술, 식빵 1cm 크기로 깍둑썬 것 12컵, 치킨스톡 1컵

1. 큰 냄비에 물 3ℓ와 소금, 깐 마늘, 생강, 월계수잎, 페넬 시드, 세이지, 후추를 넣고 끓인다. 물이 끓으면 약하게 줄인 불에서 3분간 더 끓인다. 오렌지 주스 농축액과 물 3ℓ를 넣고 차갑게 식힌다.

2. 칠면조를 염지액에 넣고 냉장고에서 하룻밤 재운다.
3. 식빵을 1~1.5cm 크기로 깍둑썰고, 스킬렛에서 기름을 두르지 않고 살짝 볶듯이 구워서 딱딱하게 말린다.
4. 스킬렛에서 버터를 녹이고 샐러리와 양파 다진 것을 볶는다.
5. 믹싱볼에 빵 조각과 볶은 채소 등 준비한 재료를 넣고 가볍게 섞는다.

굽기 전 준비
1. 염지한 칠면조를 찬물에 헹군 후, 물기를 제거한다.
2. 남아 있는 목뼈를 잡아당겨서 잘라낸다.
3. 손을 집어넣어 가슴 쪽의 V자 모양의 뼈(叉骨, wishbone)를 떼어낸다.
4. 목 쪽의 늘어진 껍질을 등 쪽으로 잡아당긴 후 꼬치로 고정시킨다.
5. 뱃속에 속을 3/4 정도 채운다.
6. 다리를 오므려 끈으로 묶는다.
7. 녹인 버터를 껍질에 골고루 바른다.
8. 날개를 등 쪽을 돌려서 굽기 편하도록 한다.
9. 로스팅 랙에 가슴이 밑으로 가게 하여 얹는다.

굽기
1. 침니 스타터에 브리켓을 2/3가량 담아서 불을 붙인다.
2. 칠면조의 크기를 감안하여 차콜 분리대로 공간을 나눈 후, 잘 피운 브리켓을 쏟아넣는다. 반대쪽에는 드립팬을 둔다.
3. 석쇠에 로스팅 랙에 올린 칠면조를 올리고, 준비한 훈연재를 넣은 뒤 뚜껑을 닫고 1시간 굽는다. 뚜껑 쪽 공기구멍은 절반만 연다.
4. 베이킹팬 위에 로스팅 랙을 올리고 칠면조를 가슴이 위로 가게 돌린다. 브

리켓 15개와 훈연칩을 보충하고 40분간 더 굽는다.
5. 로스팅 랙의 방향을 180도 돌려주고 허벅지 안쪽의 내부온도가 82℃에 이를 때까지 20~40분간 더 굽는다.
6. 칠면조가 알맞게 익으면 그릴에서 꺼내어 알루미늄 호일로 위를 덮어주고서 20분 정도 레스팅한다.

워터 스모커에서 굽기
1. 워터 스모커를 세팅한다. 워터팬에는 염지액을 넣는다.
2. 위쪽 석쇠에 로스팅 랙과 칠면조를 올린다. 칠면조는 가슴이 밑으로 가게 한다.
3. 2시간이 지나고서 로스팅 랙 밑에 베이킹팬을 두고, 칠면조의 가슴이 위로 올라가게 돌린다.
4. 5시간 정도 되었을 때 익은 정도를 확인하고, 내부온도가 82℃에 이를 때까지 계속 굽는다.

그레이비 만들기
1. 베이킹팬에 고인 육수를 따로 모은다.
2. 육즙에서 기름을 1/4컵 정도 덜어서 스킬렛에 넣는다. 만약 기름이 부족하면 모자란 양만큼 버터를 더 넣는다.
3. 기름이 뜨거워지면 밀가루 1/4컵을 넣고 주걱으로 잘 저어주다가, 밀가루 혼합물이 물처럼 흐르게 되면 육수 2컵을 붓는다.
4. 소스가 걸쭉해지고 거품이 방울방울 올라올 때까지 잘 저으면서 끓인다. 필요시 소금, 후추나 바비큐 럽을 넣어 간을 맞춘다.

고기 썰기

1. 몸통과 다리 연결부위에 칼을 넣어 잘라낸다.
2. 다리와 허벅지 관절 사이를 자른다.
3. 다리살을 슬라이스 한다.
4. 허벅지 뼈를 발라내고, 살을 적당한 크기로 자른다.
5. 날개를 자른다.
6. 옆구리 쪽에 칼집을 넣고, 가슴 위에서 아래로 칼을 넣어 가슴살을 얇게 썬다.

차돌양지

음식 또는 그 기법으로서 바비큐를 말할 때 첫 손으로 꼽게 되는 것이 양지구이다. 국거리의 대명사로 말하는 '양지머리'이자, 일부 고깃집에서 '우삼겹'이라는 이름으로 판매하고 있는 그 부위다.

소의 가슴살부터 아래 뱃살까지가 양지다. 이 모든 부위가 국거리로 쓰이는, 그래서 가격이 저렴한 것은 아니다. 대략 세 등분하여 가슴살 쪽이 국거리로 쓰이는 차돌양지(brisket), 가운데가 치마양지, 아래쪽을 양지복근(플랭크 스테이크, flank steak)이라고 부른다. 이중에서도 양지복근은 고기결의 흐름과 두께가 균일하고 중심부분에 마블링이 잘 이뤄져 있어 고급육으로 분류된다.

차돌양지는 근섬유가 거칠고 질겨서 구웠을 때 단단하고 맛이 없지만, 오랫동안 끓였을 때에는 아주 부드러워져 감칠맛이 난다. 최고의 국거리 부위로 알려지는 이유가 여기에 있다.

또한 이러한 사실은 바비큐에서도 최적의 부위로 손꼽히는 이유가 된다. 큰 덩어리의 고기를 낮은 온도에서 천천히 연기를 쐬면서 굽는 바비큐의 방법은 가마솥에서 장작불로 은근하게 고기를 끓이는 일과 사실상 다를 바가 없다.

물론 차돌양지를 잘 굽는 일은 그리 쉽지가 않다. 대형의 핏 스모커에서 구울 때 보통 12시간, 웨버 등의 케틀형 그릴에서 굽더라도 6시간 정도가 소요된다. 일단 오랜 시간 구워야 하기에 온도를 일정하게 유지하는 방법에 달통해야 한다. 또 표면의 건조를 최소화하기 위해 소스를 발라줘야 하는데, 그 시기와 방법에 대해서도 능숙해야 한다. 오버 스모킹(over smoking)이 되지 않도록 훈연의 정도를 조절하는 기술도 있어야 한다. 한 마디로 말해서 차돌양지 구이는 바비큐 스킬의 종합판이라고 할 수 있다.

차돌양지 구이의 포인트는 낮은 온도를 일정시간 유지해나가는 데 있다.

일반적으로 핏 스모커에서 차돌양지를 구울 때 소요되는 시간은 고기 중량 1파운드(약 450g)당 2시간 정도로 잡는다. 차돌양지 한 덩어리의 크기가 작더라도 대략 3kg 정도는 되니깐 최소 12시간 이상 걸리게 된다. 물론 핏 스모커의 내부 온도가 110℃ 안팎이라는 점을 생각해보면, 120℃ 내외인 워터 스모커나 175℃ 내외인 일반 케틀형 그릴에서는 시간이 훨씬 단축된다.

웨버나 댄쿡 등 케틀형 그릴에서 브리켓을 정해진 수량보다 적게 사용하여 그릴내 온도를 150℃ 맞추면 대략 1kg당 2시간 정도 범위에서 차돌양지 구이를 진행할 수 있게 된다. 실패가 우려될 때는 슬로우 쿠커를 이용하여 테스트하는 것이 좋다. 그릴이나 스모커에서 구웠을 때와 같은 스모킹 효과가 없겠지만, 아쉬운 대로 저온 쿠킹이 주는 육질의 변화나 내가 사용한 양념의 효과를 쉽게 확인할 수 있는 장점이 있다.

고기 준비

1. 마트에서 냉동 양지육 덩어리를 구입한다. 고기 크기에 비해 그릴이 작기 때문에 가급적 작은 걸로 준비한다.
2. 약간 해동되었을 때, 칼로 지방 덩어리를 걷어낸다. 완전히 해동되었을 때보다 어느 정도 냉동상태로 있을 때가 작업하기 수월하다. 표면의 지방을 완전히 제거하기보다는 5mm 정도 남겨둔다는 생각으로 작업한다. 즉, 두꺼운 지방은 걷어내고 얇은 지방은 대충 남겨두는 식으로 설렁설렁 작업한다.
3. 작업을 마친 고기를 미트페이퍼 혹은 페이퍼타월로 싸서 냉장고에서 완전해동시킨다.

양념하기

1. 프렌치 머스타드 1컵, 핫소스 3큰술, 다진 마늘 1큰술, 다진 생강 1작은술, 호스래디쉬 1큰술을 잘 섞어서 머스터드 슬래더를 만든다.
2. 손질한 고기의 물기를 페이퍼타월로 잘 닦아낸 다음, 준비한 머스터드 슬래더를 골고루 바른다.
3. 머스타드를 바른 고기를 쟁반에 10여 분 정도 두어서 표면이 좀 꾸덕꾸덕해졌을 때 케이준 시즈닝이나 바비큐 럽을 골고루 뿌린다.
4. 다시 10여 분 정도 두어 표면이 어느 정도 건조되기를 기다려 랩으로 단단히 싸매고, 냉장고에서 하룻밤 두어서 양념이 스며들도록 한다.

굽기

1. 훈연재는 칩보다는 청크로 준비하여 1시간 정도 찬물에 불린다.
2. 그릴은 인다이렉트로 세팅하고, 브리켓 사용량을 평소 사용량보다 약간 적게 한다.
3. 냉장고에서 꺼낸 고기는 40분 이상 실온에 두어서 냉기를 가시게 한다.
4. 그릴에 고기를 올리고 훈연칩을 집어넣은 후, 뚜껑을 닫고서 굽기 시작한다.
5. 1시간 30분 뒤 숯과 훈연칩을 보충하고, 고기 표면에 사과 주스를 바른 뒤, 한번 뒤집어준다.
6. 2시간이 되었을 때, 사과 주스를 바른다.

7. 이후 30분 간격으로 사과 주스를 바르거나 스프레이를 이용하여 뿌린다.
8. 3시간 30분쯤 되었을 때 고기를 그릴에서 꺼내어, 알루미늄 호일을 2겹으로 하여 잘 싼 다음, 그릴에 넣고 계속 굽는다. 이때 브리켓을 보충한다.
9. 6시간 정도 되었을 때, 고기의 내부온도를 측정하여 약 90℃에 이르면, 그릴에서 꺼내어 레스팅에 들어간다.
10. 뜨거운 상태에서 알루미늄 호일 포장의 한쪽 귀퉁이를 뜯어서 흘러나오는 즙을 소스팬에 모은다.
11. 소스팬에 모은 육즙에 시판하는 바비큐 소스를 넣고, 은근하게 졸인다.

Tip 이렇게 해보세요.

재료준비 카놀라 오일(혹은 올리브 오일, 포도씨 오일) 1큰술, 파프리카 2큰술, 굵은 소금 1큰술, 굵게 다진 흑후추 1큰술, 곱게 간 고춧가루 1작은술, 타임 1작은술, 다진 양파 1/2컵, 다진 청양고추 6개, 다진 마늘 1작은술, 토마토케첩 2컵, 흑설탕 1/4컵, 와인비네가 1/4컵, 오렌지 주스 1/4컵, 우스터 소스 3큰술, 겨자가루 1작은술

1. 손질한 고기에 오일을 살짝 바른다.
2. 양념재료를 섞어서 고기 표면에 골고루 뿌리고, 비닐장갑을 낀 손 끝부분으로 문질러준다.
3. 인다이렉트 세팅한 그릴에 고기를 올리고 4시간 굽는다.
4. 훈연칩은 30분 간격으로 보충한다.

럽하여 워터 스모커에서 장시간 구운 차돌양지

5. 준비한 소스 재료를 넣는다.
6. 소스팬에 오일 1큰술을 두르고 양파, 청양고추, 마늘을 넣고 잘 볶는다. 양파가 투명하게 익으면 나머지 재료를 모두 넣고, 레스팅에서 나온 육즙에서 기름기를 걷어내어 함께 넣고 잘 끓인다. 끓기 시작하면 불을 약하게 하여 15분 정도 졸인다.

자르고 서빙하기

1. 도마에 구운 고기를 올려서 자를 준비를 한다.
2. 고기 모양을 보면, 한쪽이 불룩 솟아올라 있는 게 마치 평평한 판 위에 모자를 올려놓은 듯한데, 이 모자 부분을 잘라낸다. 모자처럼 생긴 부분 아래쪽으로 두터운 지방층이 있어서 쉽게 분리할 수 있다.
3. 고기의 결을 잘 살펴서 결의 90도 방향으로 칼을 눕혀서 어슷하게 얇게 썬다.
4. 그릇에 담을 때에는, 모자 모양 부위와 편평한 부분의 고기를 섞어서 담는다. 두 부위의 맛이 틀리기 때문이다.
5. 준비한 소스는 따뜻하게 하여 고기 위에 부어서 낸다.
6. 부드러운 식빵 혹은 크래커에 고기를 얹거나 싸서 먹는다.

스테이크

두껍게 썬 고기를 구워 먹는 것. 스테이크는 그릴링의 첫걸음이 되는 아이템이며, 그렇기에 그릴링 스킬의 수준을 평가하는 지표가 된다.

소고기의 부위를 평가하는 데 있어서 기준이 되는 것은 육질과 맛이다. 육질이 어느 정도 부드러운지, 그리고 그 맛이 어느 정도 깊은 느낌이 있고 감칠맛을 지니고 있는지를 살피면 크게 어긋남이 없다.

스테이크를 위해 소고기 부위를 선택할 때 문제가 되는 것은, 육질이 부드러우면 대체로 풍미가 덜하고, 풍미가 좋은 부위는 질긴 편이라는 사실이다. 그리고 가장 좋은 부위, 즉 육질이 부드러우면서 풍미가 좋은 부위, 예컨대 익히 알려진 꽃등심, 갈비살 등은 가격이 비싸서 쉽사리 엄두를 내기가 어렵다.

경제적 부담없이 스테이크를 즐기려면 결국 선택한 고기 부위가 지니는 특성을 살려서 단점을 보강하고 장점을 강화하는 방법을 알아야 한다. 즉, 풍미가 적으면 양념을 하여 맛을 더해주고, 질기고 퍽퍽하면 적절한 방법으로 부드럽게 만드는 것이다.

스테이크를 위한 고기를 선택할 때 추천하고픈 부위는 채끝이다. 등심만큼 육즙이 풍부하지는 않지만 결이 곱고 부드러운 것이 특징이다. 가격도 등심에 비해 약간 낮은 편이다.

등심은 누구나 인정하는 최고의 스테이크용 부위다. 다른 부위에 비해 마블링이 가장 뛰어나며, 열을 가하면 마블링이 녹으면서 육질이 부드러워지고 고기 맛도 깊어진다.

안심은 부드러운 질감을 지니지만 사실 고기의 맛은 그리 뛰어난 편은 아니다. 또한 비싼 가격에 비해 그릴링 스킬이 부족할 경우 실패의 가능성이 높기에 초보자에게는 그리 추천하고픈 부위가 아니다.

가격이 저렴하면서도 육질이 부드럽고 풍미가 뛰어난, 소고기의 몇 안 되는 부위가 바로 부채살이다. 썰었을 때 마치 나뭇잎 모양의 결을 보여주는 부위다. 영어로는 구식 다리미 모양과 닮았다고 하여 'flat iron'이라고 부른다. 근섬유가 얇고 고기 결이 균일하고 부드러우며, 업진살에 필적할 정도로 감칠맛이 있다.

보섭살 역시 추천할 만한 부위다. 그 자체 풍미가 적고 마블링이 거의 없어서 자칫 퍽퍽해질 수 있지만, 가격이 저렴하고 마리네이드 등 적절한 방법으로 단점을 보완할 수 있기에 충분히 도전해볼 가치가 있다.

스테이크를 잘 굽는 방법은 널리 알려져 있다. 센 불에서 겉면을 익혀 육즙을 가둔 다음, 그릴 내 온도가 낮은 곳으로 옮겨서 원하는 정도까지 속을 익히는 방법이다. 방법은 단순하지만 고기를 굽는 사람의 경험과 기술, 즉 손맛에 따라서 맛이 결정되기에 설명처럼 쉬운 편이 아니다.

고기가 얼마나 익었는지 알아보는 방법은 크게 세 가지다. 중심 온도계를 스테이크 한가운데 찔러넣어 온도를 재거나, 고기에 살짝 칼집을 내어 단면의 색깔로 구분하는 방법, 또 손끝으로 고기 표면을 눌러서 그 탄력으로 익혀진 정도를 판단하는 방법이다.

온도계를 사용할 경우 57~63℃쯤 되었을 때 미디엄으로 판단한다. 고기 단면의 색으로 구분할 경우, 붉은색은 레어, 핑크는 미디엄, 핑크와 회색 중간을 미디엄 웰던으로 본다. 스테이크의 익은 정도를 판단하는 가장 적절한 방법은 손끝으로 고기 표면을 눌렀을 때 느껴지는 반발력에 대한 느낌이다. 생고기일 때는 탄력이 느껴지지 않을 정도로 푹 들어가고 익혀질수록 단단해지는데 그 중간의 느낌을 경험으로 찾아내는 방법이다. 대개 엄지와 검지를 맞대고서 손바닥을 눌렀을 때의 그 느낌이라는 데 그리 정확하지는 않다.

갈릭 버터를 넣은 채끝 스테이크
`다이렉트, 난이도 ★☆☆`

재료준비 마늘 1통, 엑스트라버진 올리브 오일 2작은술, 버터 5큰술, 다진 타임(fresh) 2작은술, 소금, 후추 약간, 채끝 스테이크(1인치, 2.5cm 두께) 4쪽

1. 채끝 스테이크 앞뒤로 소금과 후추를 골고루 뿌려서 30분 정도 시즈닝한다.
2. 통마늘을 가로로 절반 잘라서 올리브 오일을 발라준다.
3. 잘 피운 숯을 그릴로 옮겨서 절반만 채우는 다이렉트 세팅을 한다.
4. 뚜껑을 닫고 20분 정도 충분히 예열을 한 다음, 석쇠에 오일을 발라준다. 예열시 마늘도 함께 넣고 한다.
5. 채끝 스테이크를 그릴마크를 내면서 앞뒷면을 굽는다. 한쪽 면을 약 4~5분 정도 구웠을 때 미디엄 레어 상태가 되므로, 숯불 위에서 2분씩 4분, 숯불 없는 쪽으로 옮겨 5~6분 정도 두어서 속까지 익힌다.
6. 마늘은 속이 물러질 때까지 그릴 한쪽에서 계속 굽는다.
7. 믹싱볼에 버터를 넣고 구운 마늘을 손으로 짜 넣은 다음, 다진 타임을 넣고 주걱으로 잘 섞어준다. 골고루 섞이면 소금, 후추로 간을 한다.
8. 랩을 펼치고, 만든 갈릭 버터를 옮겨 넣고 김밥처럼 말아서 양끝을 조인 다음 차갑게 식혀서 굳힌다.
9. 접시에 스테이크를 담고, 버터를 위에 얹는다.

레모니 런던 브로일
`다이렉트, 난이도 ★☆☆`

재료준비 쇠고기 보섭살 600g, 레몬필(껍질을 노란 부분만 얇게 벗겨서 가늘게 채 썬 것) 1작은술, 레몬 주스 1/2컵, 설탕 2큰술, 간장 2큰술, 오레가노 1/2작은술, 후추 1/8작은술

1. 고기에 1인치 간격으로 다이아몬드 꼴의 칼집을 넣는다.
2. 레몬필, 레몬 주스, 설탕, 간장, 오레가노, 후추를 넣고 지퍼백에서 4시간 정도 가끔씩 뒤집어주면서 마리네이드한다.
3. 다이렉트 세팅한 그릴에서 구우면서, 마리네이드 액을 중간중간 바른다.
4. 구운 고기를 얇게 슬라이스하여 접시에 담아낸다.

Tip 스테이크를 위한 마리네이드

- **발사믹 머스터드 마리네이드**
  홀그레인 머스터드 2큰술, 스테이크 소스 2큰술, 엑스트라버진 올리브 오일 2큰술, 발사믹 비네가 1큰술, 타라건 1큰술

- **발사믹 마리네이드**
  엑스트라버진 올리브 오일 6큰술, 레드 와인 비네가 3큰술, 발사믹 비네가 1큰술, 로즈마리 1작은술, 마늘 1작은술, 소금 1작은술, 후추 1/2작은술

- **마늘콩 소스 마리네이드**
  마늘콩 소스 1/4컵, 오렌지 주스 1/4컵, 핫칠리 페이스트 2큰술, 간장 2큰술, 오렌지 제스트(오렌지껍질 다진 것) 1큰술, 생강 1큰술, 마늘 2작은술,

- **커피 마리네이드**
  에스프레소 커피 1컵, 깔루아 1/2컵, 레몬 주스 1큰술, 흑설탕 1큰술, 시나몬 1큰술, 타임 1작은술, 소금 1작은술, 후추 1/2작은술

채끝 등심 스테이크(New York strip steak)

- **오렌지 마리네이드**

  오렌지 주스농축액 1/2컵, 오렌지 주스 1/2컵, 코엥트로 1/3컵, 레몬 주스 1큰술, 황설탕 1큰술, 페넬 2작은술, 바질 1작은술, 소금 1작은술, 후추 1/2작은술

- **허브 마리네이드**

  예거마이스터 1/2컵, 진 1/2컵, 레몬 주스 4큰술, 레몬 제스트 2작은술, 황설탕 1큰술, 민트 2작은술, 바질 1작은술, 고수잎 1작은술, 소금 1작은술, 후추 1/2작은술

- **석류 마리네이드**

  그라나딘 시럽 1/2컵, 석류 주스 1컵, 석류 1개, 레몬 주스 3큰술, 황설탕 1큰술, 로즈마리 1작은술, 타임 1작은술, 소금 1작은술, 후추 1/2작은술

- **써로인 모호 쿠바**

  오렌지 주스 1컵, 라임 주스 1/2컵, 물 1/4컵, 소금 2작은술, 오레가노 1작은술, 후추 1작은술, 올리브 오일 1/2컵, 마늘 슬라이스 3큰술, 커민 1작은술

  1. 뜨겁게 달군 팬에 올리브 오일을 넣고 데운 후, 마늘 슬라이스와 커민을 넣고 2~3분간 살짝 볶는다. 여기에 나머지 재료를 넣고 식힌다.

- **와인마리네이드**

  레드와인 1컵, 마늘 으깬 것 1작은술, 양파 다진 것 1/2컵, 버터 1/4컵, 호스래디시 1큰술, 옐로우 머스터드 1큰술, 쪽파 1큰술, 우스터 소스 1큰술, 파슬리 1큰술, 꿀 1큰술, 소금 1작은술, 후추 1작은술

다짐육

다짐육은 볼깃살, 목심, 설도 등 다양한 부위의 고기를 원료로 해서 만들어진다. 가장 이상적인 다짐육은 지방의 함량이 약 20%가 되는 것. 일반적으로 목심을 원료육으로 할 때 그런 조건이 충족된다고 한다.

다짐육은 다소 귀찮더라도 덩어리 고기를 사와서 집에서 직접 가공하는 것이 좋다. 정육점에서 미리 가공하여 판매하는 것을 믿지 못해서가 아니다. 내가 원하는 부위의 살코기로, 원하는 굵기의 다짐육을 만들 수 있다는 장점이 있어서다.

고기를 다지는 데에는 푸드 프로세서를 이용한다. 자잘한 크기로 대충 잘라서 기계에 넣은 다음, 1~2초씩 간헐적으로 작동시키면서 원하는 굵기가 되도록 다지면 된다. 고기의 다져진 느낌이 정육점의 민서로 뽑아낸 것보다 오히려 뛰어나다.

그릴드 버거

다이렉트, 난이도 ★☆☆

재료준비 목심 다진 것 1kg, 계란 2개, 토마토케첩 2큰술, 바질 1작은술, 양파가루 1작은술, 소금 1작은술, 후추 1/2작은술, 브로콜리 1컵, 당근 1/2컵, 빵가루 1/2컵

1. 브로콜리와 당근을 살짝 데쳐서 곱게 다진다.
2. 믹싱볼에 계란을 풀고 토마토케첩, 바질, 양파가루, 소금, 후추를 넣고 잘 섞는다. 여기에 브로콜리, 당근, 빵가루를 넣고 마지막에 다진 고기를 넣고 골고루 섞어서 끈기가 생길 때까지 치댄다.
3. 주먹만 하게 떼어서 지름 12cm, 두께 1.5~2cm 크기의 햄버거 패티를 만

든다. 만든 패티의 한쪽 면 가운데를 눌러서 오목하게 들어가게 한다. 패티가 익으면서 가운데가 볼록해지고 전체적으로 크기가 줄어들게 되는데, 이렇게 함으로써 패티가 찐빵처럼 뚱뚱해지는 것을 방지할 수 있다.
4. 침니스타터에 숯을 가득 채워서 착화시킨 후, 그릴에 골고루 펼쳐 깐다.
5. 뚜껑을 닫고 5분간 예열한 다음, 석쇠에 오일을 바른다.
6. 오목하게 집어넣은 쪽이 위로 가게 패티를 올려서 굽는다. 한쪽 면에 3~4분씩 굽는다.

◎ 호두 치즈 버거

재료준비   목심 다진 것 1kg, 호두 다진 것 2/3컵, 잣 다진 것 1/3컵, 에멘탈 치즈 잘게 채 썬 것 1컵, 마늘 다진 것 2큰술, 양파 다진 것 4큰술, 바질 1작은술, 파슬리 1작은술, 계란 2개, 소금 후추 약간

◎ 쥬시 버거

재료준비   목심 다진 것 1kg, 바비큐 소스 2큰술, A1 소스 1큰술, 우스터 소스 1큰술, 디종 머스터드 1큰술, 발사믹 비네가 1작은술, 설탕 1큰술, 소금 1작은술, 후추 1작은술, 양파 다진 것 2큰술

◎ 양파잼

햄버거를 준비할 때 양파 잼을 넣으면 더욱 좋다.

재료준비   버터 2큰술, 올리브 오일 2큰술, 양파 2개 가늘게 채썬 것, 사과식초 1/4컵, 발사믹 비네가 1/4컵, 황설탕 1/2컵, 소금 1작은술, 후추 1/2작은술

중간불에서 팬에 버터와 올리브 오일을 녹이고 양파를 넣고 가끔씩 뒤적이면서 갈색이 될 때까지 10~15분간 졸인다. 불을 낮춰서 여기에 사과식초와 발사믹 비네가, 설탕, 소금, 후추, 1/4컵의 물을 넣고 잼처럼 걸죽해질 때까지 15~20분 정

그릴드 버거

도 계속 졸인다. 너무 되직하다 싶으면 물을 더 넣어주고, 간을 보고서 소금 후추 더 넣어준다.

미트로프

인다이렉트, 난이도 ★☆☆

재료준비 쇠고기 다진 것 1kg, 계란 2개, 우유 1컵, 빵가루 2컵, 양파 다진 것 1/3컵, 파슬리 2작은술, 세이지 1/2작은술, 오레가노 1/2작은술, 바질 1/2작은술, 후추 약간

1. 믹싱볼에 계란과 우유를 풀고 스파이스, 빵가루, 고기를 넣고 잘 치댄다.
2. 파운드케이크 틀에 오일을 바른 다음, 반죽을 공기가 들어가지 않게 꾹꾹 눌러서 담는다.
3. 침니 스타터에 브리켓을 2/3 채워서 착화시킨 후, 그릴에 절반만 깐다.
4. 뚜껑을 닫고 5분간 예열한 다음, 석쇠에 파운드케이크 틀을 올린다.
5. 약 1시간 정도 구운 다음, 고기를 틀에서 조심스럽게 빼낸다.
6. 틀에서 빼낸 고기를 석쇠에 올린다. 스퀴즈보틀에 바비큐 소스를 담는다. 미트로프 위에 소스를 두텁게 뿌려 바른다.
7. 고기의 내부온도가 70℃에 이를 때까지 계속 굽는다.

미트로프

*넉넉하게 만들어 냉동실에 보관하여 필요할 때마다 데워먹어도 좋다.
*미트로프 안에 삶은 계란이나 메추리알, 아보카도 등으로 속을 채워 넣으면 더욱 맛이 좋다. 이럴 때, 모양이 부서지기 쉬우므로 베이컨이나 프로슈토로 감싸주기도 한다.

◎ 이탈리안 스타일 미트로프

재료준비 쇠고기 다진 것 1kg, 빵가루 1컵, 화인트 와인 1/2컵, 계란 3개, 토마토 소스 1컵, 양파 다진 것 1/3컵, 샐러리 다진 것 1큰술, 파슬리 다진 것 1큰술, 바질 1작은술, 오레가노 1작은술, 마늘 다진 것 1작은술, 파프리카 파우더 1큰술

LAMB
양갈비

양고기를 특유의 냄새 때문에 아직도 꺼리는 사람들이 많다. 평소에 그리 접하기 쉬운 고기가 아닐뿐더러, 구하기도 쉽지 않으니 친숙해지기가 아무래도 어렵다.

하지만 적어도 양갈비에 대해서만큼은 선입견을 버리는 게 좋다. 육질이 부드럽고 고소하며 누린내도 거의 없다. 간단히 소금과 후추로 시즈닝하여 굽기만 해도 충분하다. 가격 역시 쇠고기의 고급 부위와 비슷한 수준. 조금 구입하여 바비큐 파티를 빛내는 특별 아이템으로 활용하면 좋을 듯싶다.

갈비뼈가 생선 가시처럼 노출되어 있고 등심살이 붙어 있는 모양의 양갈비를 프렌치 랙이라고 한다. 통째로 혹은 한두 대씩 잘라서 굽는다.

손질은 우선 칼날을 이용하여 노출된 뼈에 붙은 이런저런 이물질을 말끔히 긁어낸다. 다음은 고기에 붙어 있는 지방을 제거하는 순서다. 지방을 떼어낸 다음에는 하얗게 빛나는 막(silver skin)도 없애준다. 갈비뼈 부위는 알루미늄 호일로 감싸서 타지 않도록 한다.

양갈비도 쇠고기와 마찬가지로 너무 익히면 맛이 없다. 따라서 내부온도 55℃ 정도에 맞춰서 굽는다. 굽는 방법은 다이렉트와 인다이렉트 방식을 같이 쓴다. 다이렉트에서 겉을 익히고, 숯이 없는 곳으로 옮겨서 속까지 익히는 방법이다. 굽는 도중에 마르기 쉬우므로 알루미늄 팬으로 고기 위를 덮어주어 수분의 증발을 줄인다.

허브 머스터드 양 갈비

다이렉트, 난이도 ★★☆

재료준비 **[마리네이드]** 양파 1개, 마늘 2큰술, 완숙 토마토 2개, 파슬리 다진 것 1/4컵, 로즈마리 다진 것 1/4컵, 디종 머스터드 2큰술, 레드 와인 1컵, 소금 1작은술, 후추 1/2작은술 **[소스]** 오이 스위트 피클 3개, 대파 4대, 레몬 주스 1큰술, 플레인 요구르트 1컵, 엑스트라버진 올리브 오일 1큰술, 딜 위드 다진 것 1큰술, 파프리카 가루 약간, 소금, 후추, 마요네즈 3/4컵, 엑스트라버진 올리브 오일 1큰술, 마늘 다진 것 1큰술, 겨자가루 1작은술

1. 푸드 프로세서에 재료를 넣고 갈아서 페이스트 상태로 만든다.
2. 잘 손질한 양갈비를 마리네이드에 4시간 재운다.
3. 소스는 시판하는 차치키(tzatziki) 소스가 잘 어울린다. 비슷하게 흉내를 내서 만들면 다음과 같다. 오이 스위트 피클 3개를 잘게 다진다. 슬라이스 피클이 아님. 대파 4대를 흰 줄기 부분만 잘게 다진다. 레몬 주스 1큰술, 플레인 요구르트 1컵, 엑스트라버진 올리브 오일 1큰술, 딜 위드 다진 것 1큰술, 파프리카 가루 약간, 소금, 후추 약간씩 넣고 잘 섞는다.
   마요네즈에 간단히 마늘과 겨자를 섞어 만드는 소스도 그런대로 어울린다. 마요네즈 3/4컵, 엑스트라버진 올리브 오일 1큰술, 마늘 다진 것 1큰술, 레몬 주스 1개분, 겨자가루 1작은술을 잘 섞는다.
4. 침니 스타터에 숯을 2/3 가량 담아서 불을 붙인다. 그릴 공간 절반을 채우는 다이렉트 세팅을 한다.
5. 5분간 예열을 하고, 석쇠에 오일을 듬뿍 먹인다. 준비한 훈연칩을 투입한다.
6. 고기 쪽 면이 밑으로 가게 하여 양갈비를 석쇠에 올린다. 알루미늄팬으로 위를 덮어주고 2분간 굽는다. 방향을 180도 돌린 뒤 2분간 더 굽는다. 뒤집어서 같은 식으로 2분씩 더 구워준다. 굽는 시간은 모두 합하여 8~8분 30초가량.
7. 고기를 숯이 없는 쪽으로 옮긴다. 뼈 쪽이 밑으로 가게하고 알루미늄팬을

덮어주고서 12~15분가량 굽는다.

8. 중심온도를 체크하여 55℃에 이르면 그릴에서 꺼낸다.

9. 알루미늄 호일로 위를 덮어준 상태에서 10분간 레스팅한다. 갈빗대를 하나씩 잘라서 서빙한다.

Tip 립 찹(rib chop)

양갈비 프렌치 랙을 통째로 다루기가 어려우면, 2대씩 잘라내어 굽는다. 마리네이드 시간도 단축되고 직화로 바로 구우면 되기에 수월하다.

양고기에 어울리는 마리네이드

◎ 요구르트 민트 마리네이드
플레인 요구르트 1/2컵, 양파 간 것 1/2개, 마늘 다진 것 2작은술, 레몬 주스 1/2개분, 엑스트라버진 올리브 오일 1큰술, 민트잎 다진 것 3큰술, 소금, 후추 약간

◎ 칠리 커리 마리네이드
레몬 주스 1/4컵, 올리브 오일 1/4컵, 양파 곱게 간 것 2큰술, 청양고추 곱게 다진 것 2큰술, 소금 1큰술, 커리 파우더 1~2작은술, 코리앤더 파우더 1작은술, 생강가루 1작은술, 마늘 다진 것 1큰술

◎ 발사믹 마리네이드
발사믹 비네가 1/2컵, 엑스트라버진 올리브 오일 1/4컵, 쪽파 흰 뿌리만 다진 것 1/4컵, 타임 1작은술, 소금 1작은술, 레몬 주스 2작은술, 레몬 제스트 1작은술, 후추 1/2작은술

◎ 불고기 마리네이드
간장 1/3컵, 꿀 1/3컵, 생강 다진 것 1큰술, 마늘 다진 것 2작은술, 배 간 것 1/3컵, 식용유 2큰술, 참기름 1작은술, 타임 1/4작은술, 대파 다진 것 1작은술, 양조식초 1큰술, 청양고춧가루 약간, 후춧가루 약간

◎ 칠리 갈릭 마리네이드
레드와인 1/2컵, 올리브 오일 1/4컵, 양파 얇게 슬라이스한 것 1/4컵, 레몬 주스 2큰술, 마늘 다진 것

1큰술, 칠리 파우더 1작은술, 후추 1작은술, 바질 1작은술, 소금 1작은술, 고춧가루 1작은술, 오레가노 1/2작은술

◎ 파인애플 간장 마리네이드
간장 1/2컵, 파인애플 주스 1/2컵, 해선장 1/4컵, 양조식초 1/4컵, 요리당 2큰술, 설탕 2큰술, 카놀라 오일 1큰술, 고추기름 1큰술, 땅콩버터 1큰술, 홍고추 다진 것 2작은술, 소금 1작은술, 후추 1작은술, 파프리카 파우더 1작은술

◎ 레몬 마리네이드
레몬 주스 1큰술, 레몬제스트 2작은술, 올리브 오일 3큰술, 오레가노 1작은술, 바질 1작은술, 마늘 다진 것 2작은술, 소금 1/2작은술, 후추 1/4작은술

SEAFOOD
생선

생선 구이는 그리 어렵지 않다. 간단히 소금, 후추만 뿌려서 밑간을 하고서 굽기만 해도 훌륭한 맛을 보인다. 생선 아니 해물 구이에서 가장 어려운 것은 타이밍. 너무 익히면 퍽퍽하고 덜 익히면 당연히 비리다. 숙달될 때까지 계속 반복 연습하는 게 답이다.

해물 구이에서는 화력이 강해야 한다. 화력이 약하면 생선살이 쉬 부서지고 마르게 된다. 참숯이나 깨브라초 같은 천연 숯이 브리켓보다 좋다.

그릴 세팅은 다이렉트로 한다. 그릴을 반으로 나누어, 절반은 화력이 강하게, 나머지는 중간 이하의 열기를 보이도록 세팅한다.

플랭크 그릴링을 이용하면 편리함과 함께, 구이에 깊은 훈연향이라는 생명을 불어넣어준다. 플랭크는 그릴의 폭에 거의 육박하는 길이. 따라서 숯불 세팅에서 판재를 가운데 두면서 좌우의 화력을 강-약, 강-중, 중-약으로 하는 몇 가지 변형을 재료에 따라서 취할 수 있다.

생선 구이를 처음 시도할 때는 필렛(fillet) 형태로 가공, 냉동 유통되는 제품을 이용하는 것이 좋다. 전처리가 돼 있어서 간편하고, 크기가 적당해 그릴링이 수월하기 때문이다. 더하여 가격도 비교적 저렴하고.

추천하는 생선 필렛은 농어살, 연어살, 틸라피아살, 광어살, 참치, 메로 등이다.

연어살은 태평양 연어와 대서양 연어, 안경눈 연어(사카이, sockeye) 등이 유통된다. 추천은 대서양(Atlantic) 연어. 살이 단단하고 풍미가 좋다. 사카이 연어는 대서양 연어에 비해 크기가 작고 납작한 편이다.

심해어 종인 메로는 기름지면서도 담백한 맛과 쫀득한 질감을 자랑한다. 주로 데리야끼로 많이 활용되는데, 단점은 상당히 비싸다는 점이다.

도미살로 판매되는 제품은 대부분 도미가 아닌 민물고기인 틸라피아(역돔)인 경우가 많다. 그 외, 삼치, 고등어, 임연수어, 대구살 등 우리에게 친숙한 어종도 연습용으로 적당하다.

대체로 횟감용 생선들이 구이에도 적당한 경우가 많다. 이들이 의외로 기름기가 많아서 바삭하니 맛있게 구워진다. 생선의 비린내가 꺼려지면 흰살 생선을 중심으로 재료를 선택한다.

양념 포인트

생선 양념은 특유의 비린내를 바로잡는 교취(矯臭)에 중점을 둬야 한다. 선도가 좋은 생선은 비린내가 적지만, 그래도 특유의 냄새가 나게 마련. 그렇다고 해서 냄새를 없애는 쪽에 중점을 두면, 즉 탈취작용을 강하게 하는 스파이스를 많이 쓰면 고유의 풍미가 사라져서 맛이 없어지게 된다.

교취 작용을 보이는 양념의 대표주자가 레몬이다. 즙을 내어 뿌리거나, 껍질의 노란 부분만 얇게 벗겨서 다져서 쓴다. 생강, 후추, 겨자가루도 자주 쓰이는 양념이다. 후추는 백후추가 주로 쓰인다. 가츠오부시 국물도 상당히 좋은 효과를 준다. 삼치, 고등어 등 등푸른 생선에 잘 어울린다. 레몬 슬라이스를 넣은 가츠오부시 국물에 잠시 담갔다가 꺼내어 시즈닝하여 굽는 식으로 활용한다.

간장과 일본된장(미소)도 좋다. 주성분인 단백질이 잡내를 흡착하는 성질을 가지고 있어서 도움이 된다. 삼치, 도미 등 살이 단단한 생선일수록 잘 어울린다.

허브 스파이스는 생선의 풍미에 따라서 적절하게 선택하여 쓴다. 가급적 프레시 허브를 쓰는 것이 좋다. 타임, 오레가노 등 향이 강한 허브는 흰살 생선 쪽에 잘 어울린다. 페넬은 이미 '생선의 허브'로 잘 알려진 스파이스. 연어나 송어에는 딜(dill weeds)을 사용하는 게 일반적이다. 그 외 고수잎(실란트로)도 자주 쓰인다. 일일이 허브 스파이스를 쓰기가 복잡하다 싶으면 시판하는 레몬페퍼 시즈닝을 이용한다. 호스래디시, 케이퍼도 적절히 활용하면 좋은 효과를 얻을 수 있다.

생선을 해동하거나 양념하고서 간이 배어들기를 기다릴 때는 키친타월을 깔거나 채반 위에 올려놓아 드립되는 물기를 제거한다.

염분이 들어간 양념을 뿌렸을 경우 30분을 넘지 않도록 한다. 생선의 살은 대표적인 염용성 단백질, 즉 소금에 녹는 성질을 가지고 있기 때문이다. 생선에 뿌려진 소금은 삼투에 의하여 수분을 배출, 생선의 살을 단단하고 쫄깃하게 해준다. 또 겉에 뿌려진 소금은 생선살을 일부 녹여서 구웠을 때 맛있는 피막을 만들어준다.

생선살의 염용성을 이용한 대표적인 음식이 어묵이다. 갈치살, 조기살, 대구살 등 흰살 생선의 살을 잘게 부수어 소금을 넣고서 저어주면 아주 진득진득한 풀죽이 된다. 이것을 펴서 대나무 쪼갠 조각에 붙여서 구우면 맛있는 가마보코가 된다.

기름기가 부족한 생선이면 오일을 발라준다. 수분이 많은 경우에는 바람에 살짝 말려주기도 한다. 허브 버터도 좋은 효과를 준다. 굽는 중간 중간에 발라주거나, 구운 뒤에 넉넉하게 바르거나 얹어서 내는 식으로 활용한다.

윗면에 당분이 함유된 양념을 얹어서 당의정처럼 코팅을 만드는 방법도 자주 쓰인다. 초콜릿이 코팅된 도넛 모양을 생각하면 이해가 쉽다. 이런 양념을 만드는 재료로는 디종 머스터드, 꿀, 해선장, 레몬 주스, 오렌지 제스트, 로즈마리, 타임, 고수잎 등이 단골로 쓰인다.

굽기 포인트

그릴 시즈닝이 무엇보다 중요하다. 석쇠를 뜨겁게 예열한 다음, 식용유를 듬뿍 묻힌 페이퍼 타월이나 오일 스프레이어를 이용하여 기름을 넉넉하게 바른다. 시즈닝이 잘 되었을 경우, 생선이 달라붙지 않고 쉬이 떨어진다.

화력은 미디엄-핫 수준, 대략 200℃ 내외로 강하게 한다. 석쇠 가까이 손바닥을 대고서 4~5초 정도 버틸 수 있는 온도다.

> **Tip** 생선에 어울리는 소스
>
> - 와사비 간장: 간장 + 와사비 + 레몬 주스 + 미림
> - 와사비 마요네즈: 마요네즈 4큰술, 간장 1작은술, 와사비 1작은술
> - 레몬 허브 소스: 마요네즈 4큰술, 쪽파 다진 것 1개, 레몬 주스 1큰술, 타임, 파슬리 다진 것 1½작은술씩, 소금 약간, 후추 약간
> - 호스래디시 소스: 생크림 1컵, 호스래디시 4~5큰술. 생크림을 잘 휘핑한 다음에 호스래디시를 섞는다.

연어 머스터드 글레이징

플랭크 그릴링, 난이도 ★☆☆

재료준비 흑설탕 2큰술, 버터 2작은술, 디종 머스터드 2큰술, 해선장 1큰술, 올리브 오일 1큰술, 생강 다진 것 2작은술, 오향 파우더 1작은술, 연어 1kg

1. 믹싱볼을 뒤집어놓고, 그 위로 연어를 올려서 튀어나오는 가시를 핀셋이나 라디오플라이어로 제거한다.
2. 손질한 연어에 소금과 백후추가루, 레몬 주스를 뿌려서 밑간을 한다.
3. 시더 플랭크를 물에 잘 씻은 후, 1시간 정도 물에 불린다.
4. 침니 스타터에 숯을 2/3 정도 담아서 불을 붙인 후, 그릴에 골고루 깔아서 다이렉트 그릴링 세팅을 한다.
5. 석쇠와 플랭크를 올리고, 뚜껑을 닫고서 연기가 피어오를 때까지 몇 분간 예열한다.
6. 시즈닝한 연어를 플랭크 위에 올리고 굽기 시작한다.
7. 15분쯤 지났을 때, 레몬 주스를 뿌려준다. 신속하게 작업을 마치고 뚜껑을 닫아서 플랭크에 불이 붙지 않도록 조심한다.
8. 25~30분쯤 지났을 때 익은 상태를 확인하고, 머스터드 글레이즈를 발라

플랭크 그릴링한 연어 스테이크와 칵테일 새우, 가운데가 머스터드 글레이징한 연어구이다.

준다. 생선살이 플레이크처럼 부서지면 충분히 익은 상태다.
9. 글레이즈 소스를 바르고 10분 뒤, 그릴에서 꺼낸다.

레몬 허브 연어

플랭크 그릴링, 난이도 ★☆☆

재료준비 딜 3큰술, 로즈마리 2큰술, 파슬리 4큰술, 타임 2큰술, 그린 페퍼콘 2큰술, 레몬 주스 1/3컵, 화이트 와인 1/3컵

1. 손질한 연어에 소금과 후추 밑간을 한 다음, 레몬 주스와 화이트 와인에 30분간 재운다. 연어 위에 허브 스파이스와 그린 페퍼콘을 뿌리고, 플랭크 그릴링한다.

중국풍 우럭구이

플랭크 그릴링, 난이도 ★★☆

재료준비 소흥주 혹은 고량주 5큰술, 간장 3큰술, 참기름 2작은술, 생강 다진 것 7큰술, 카놀라 오일 4큰술, 레몬 주스 4큰술, 오향 파우더 2작은술, 소금 약간, 백후추가루 약간, 대파 하얀 부분만 채썬 것 2대, 우럭 2마리

1. 우럭은 칼등으로 비늘을 벗기고, 항문에서 턱 밑까지 길게 칼집을 넣는다. 아가미와 내장을 제거하고 핏덩이 등을 긁어낸다. 불필요한 지느러미를 가위로 잘라내고, 몸통에 앞뒤로 X 형태의 칼집을 낸다. 키친타월로 말끔히 닦아낸다.
2. 마리네이드에 손질한 우럭을 1시간 재운다.
3. 시더 플랭크를 물에 잘 씻은 후, 1시간 정도 물에 불린다.

4. 침니 스타터에 숯을 가득 담아서 불을 붙인 후, 그릴에 2/3 가량 채워지도록 깐다. 그릴 가운데 플랭크를 올리고, 숯불이 있는 남은 공간에 스킬렛을 올린다.
5. 뚜껑을 닫고서 연기가 피어오를 때까지 몇 분간 예열한다.
6. 우럭을 플랭크 위에 올리고 굽기 시작한다.
7. 20분쯤 지났을 때 익은 상태를 확인하고, 숯이 없는 시원한 공간으로 구운 우럭을 옮긴다.
8. 예열된 스킬렛에 기름을 넉넉하게 두르고, 구운 우럭을 앞뒤로 지진다. 우럭을 재울 때 사용했던 마리네이드 액을 뿌리고 두어 차례 뒤집어서 골고루 묻힌다. 접시에 담고, 채썬 대파를 위에 뿌린다.

농어 코코넛 구이

다이렉트, 난이도 ★★☆

재료준비 홍고추 얇게 슬라이스한 것 2개, 양파 얇게 슬라이스한 것 1개, 마늘 저민 것 2작은술, 라임 얇게 슬라이스한 것 1개, 올리브 오일 1큰술, 월계수잎 2장, 코코넛 밀크 1컵, 소금 약간, 농어 1마리 약 900g

1. 농어는 칼등으로 비늘을 벗기고, 항문에서 턱 밑까지 길게 칼집을 넣는다. 아가미와 내장을 제거하고 핏덩이 등을 긁어낸다. 불필요한 지느러미를 가위로 잘라내고, 몸통에 앞뒤로 칼집을 낸다. 키친타월로 말끔히 닦아낸다.
2. 손질한 농어에 오일을 바르고, 소금과 후추 밑간을 한다.
3. 칼집 낸 농어 몸통에 슬라이스한 라임을 끼운다. 농어 뱃속에 홍고추, 양파, 마늘, 라임, 월계수잎을 넣고, 남은 재료는 농어 위로 뿌린다.
4. 코코넛 밀크를 농어 위로 붓고, 1시간 재운다.
5. 침니 스타터에 숯을 가득 담아서 불을 붙인 후, 그릴에 절반은 많이, 나머

지 절반은 적게 깔아서 강-약의 온도대를 만드는 식으로 세팅한다.
6. 그릴을 충분히 예열하고, 석쇠에 오일을 바른다.
7. 높은 온도대 구역에 농어를 올린다.
8. 5~6분쯤 지나고서 사용했던 마리네이드 액을 바르고, 농어를 뒤집어준다. 농어가 쉬 떨어지지 않으면 덜 익은 상태이므로 기다린다. 뒤집개를 이용하여 살이 부서지지 않도록 조심한다.
9. 앞뒤로 구운 농어에 마리네이드 액을 골고루 바르고, 낮은 온도대 구역으로 옮긴다.
10. 익은 상태를 확인하여 그릴에서 꺼낸다.

농어 페넬 구이

다이렉트, 난이도 ★☆☆

재료준비 올리브 오일 4~6큰술, 페넬 시드 2~3작은술, 페넬 2개, 소금과 후추 약간, 농어 1마리

1. 페넬의 몸통과 잎 부분을 분리한다. 몸통은 얇게 슬라이스하고 잎은 다진다.
2. 손질한 농어에 칼집을 넣고, 올리브 오일을 바른다.
3. 농어 속과 겉에 페넬 시드, 소금, 후추를 뿌린다. 다진 페넬 잎을 칼집 속에 끼우고 뱃속에서 넣어준다.
4. 페넬 몸통은 오일을 바르고 살짝 구워서 사이드로 세팅한다.

삼치 된장구이

다이렉트, 난이도 ★☆☆

재료준비 일본된장(미소) 1컵, 물엿 2큰술, 청주 6큰술, 미림 6큰술, 생강즙 2작은술, 청양고춧가루 1/4작은술, 삼치 500g

1. 반으로 포를 뜬 삼치에 굵은 소금을 뿌리고 잠시 두었다가 스며 나온 물기를 키친타월로 말끔히 닦아낸다.
2. 삼치가 들어갈 만한 크기의 접시를 준비한다. 접시 바닥에 된장 마리네이드를 바르고, 그 위에 삼치를 올린다. 남은 마리네이드를 삼치 위에 뿌려서 덮어준다. 하룻밤 재운다.
3. 침니 스타터에 숯을 2/3 정도 담아서 불을 붙인 후, 그릴 절반에 채우고 나머지는 비우는 다이렉트 세팅을 한다.
4. 그릴을 충분히 예열하고, 석쇠에 오일을 바른다.
5. 삼치에 묻은 마리네이드를 닦아내고, 그릴에 올린다.
6. 2~3분쯤 지나고서 삼치를 뒤집어준다. 앞뒤로 구운 농어를 숯이 없는 쪽으로 옮기고 속까지 익도록 기다린다.
7. 익은 상태를 확인하여 그릴에서 꺼낸다.

삼치 데리야끼

`다이렉트, 난이도 ★☆☆`

재료준비 생강술 1큰술, 간장 1큰술, 카놀라 오일 3큰술, 청주 2큰술, 설탕 1½큰술, 미림 1½큰술, 간장 2큰술, 가츠오 양념 파우더 1/4 조금, 삼치 1마리

1. 반으로 펼친 삼치를 생강술, 간장, 오일에 1시간 재운다.
2. 침니스타터에 숯을 2/3 정도 담아서 불을 붙인 후, 그릴 절반에 채우고 나머지는 비우는 다이렉트 세팅을 한다.
3. 그릴을 충분히 예열하고, 석쇠에 오일을 바른다.
4. 삼치를 그릴에 올린다. 2~3분쯤 지나고서 삼치를 뒤집어준다.
5. 삼치를 앞뒤로 한 번씩 구웠으면, 숯이 없는 쪽으로 옮긴다.
6. 삼치에 데리야끼 소스를 발라준다. 소스가 졸아들어 윤기가 나오는 것을

확인하여 뒤집어서 뒷면에도 발라준다. 소스를 앞뒤로 한 번씩 더 발라주고 그릴에서 꺼낸다.

메로 구이
`다이렉트, 난이도 ★☆☆`

재료준비   간장 1컵, 물엿 2큰술, 사과 주스 1/2컵, 청주 1큰술, 후추 약간

1. 양념액에 메로를 2시간 재운다.
2. 침니 스타터에 숯을 2/3 정도 담아서 불을 붙인 후, 그릴 절반에 2/3를 채우고 다른 쪽에는 남은 1/3의 숯을 채운다.
3. 그릴을 충분히 예열하고, 석쇠에 오일을 바른다.
4. 메로를 열이 높은 쪽에 올린다. 2~3분쯤 지나고서 메로를 뒤집어준다.
5. 메로를 앞뒤로 한 번씩 구웠으면, 숯이 적은 쪽으로 옮긴다.
6. 메로에 양념 액을 수시로 발라주면서 속까지 충분히 익힌다.

메기살 스테이크
`다이렉트, 난이도 ★☆☆`

재료준비   마리네이드 올리브 오일 1/2컵, 마늘 저민 것 2개, 카이엔 페퍼 1/4작은술, 파프리카 1작은술, 커민 2작은술, 레몬 주스 2큰술, 고수잎 다진 것 1큰술

1. 마리네이드 액에 메기살을 1~2시간 재운다. 그릴에 숯을 골고루 채우는 다이렉트 세팅을 한다. 굽는 중간 중간 마리네이드 액을 발라준다.

농어살 스테이크
다이렉트, 난이도 ★☆☆

재료준비 망고 살사 500g, 대파 흰 줄기 다진 것 2작은술, 핫칠리 페퍼 피클 곱게 다진 것 1개분, 바질 곱게 다진 것 1큰술, 라임 주스 1작은술

1. 망고를 사방 1cm 크기로 깍둑썰기 한다. 믹싱볼에 곱게 다진 대파 줄기, 칠리 페퍼, 바질, 망고, 라임 주스를 넣고 잘 섞는다.
2. 농어살 필렛을 레몬 주스와 카놀라 오일에 30분간 재운다. 케이준 시즈닝과 파프리카가루를 골고루 뿌린다. 다이렉트 세팅한 그릴에서 굽는다. 굽는 사이 버터를 농어살에 발라서 풍미를 더해준다. 망고 살사와 함께 접시에 낸다.

오이 드레싱을 얹은 연어 스테이크
다이렉트, 난이도 ★☆☆

재료준비 오이 2개, 붉은 양파 1개, 홍고추 1개, 초생강 2큰술, 양조식초 2큰술, 참기름 1/2작은술, 파래김 1장, 연어살 스테이크 4개

1. 연어는 소금과 후추 밑간을 하여 다이렉트 그릴링한다.
2. 오이는 껍질을 벗기고 씨를 빼고서 잘게 다진다. 붉은 양파, 홍고추도 곱게 다진다. 초생강은 채로 썬다. 믹싱볼에 오이 등과 식초, 참기름을 넣고 잘 버무린다.
3. 구운 연어 스테이크 위에 오이, 양파 버무린 것을 올리고, 가늘게 채썬 김을 올린다.

생선 호일 구이
인다이렉트, 난이도 ★☆☆

알루미늄 호일로 만든 주머니에 생선살과 채소를 넣고 굽는 방법이다. 생선 필렛을 그대로 쓰거나, 적당한 크기로 잘라서 넣어도 된다. 알루미늄 호일에 오일을 충분히 발라서 생선살이 달라붙지 않도록 한다.

생선살이 익은 정도를 감으로 추정해야 하기에 약간의 시행착오가 필요한 방법이다. 'Q-Bag'이라는 상품명으로 판매하는 주머니를 이용하면 보다 편리하다. 조리 상태를 확인할 수 있는 투명창이 있어서 익은 정도를 쉽게 판단할 수 있다.

재료준비 도미살 필렛 4개, 토마토 다진 것 3개, 커민 1/2작은술, 올스파이스 1/2작은술, 시나몬 1/2작은술, 홍고추 씨 빼고 곱게 다진 것 1개, 고수잎 다진 것 4큰술, 붉은 양파 다진 것 1/2개, 청양고추 얇게 슬라이스한 것 1개, 오렌지 주스 2작은술, 레몬 식초 2작은술, 라임 주스 1개분

1. 믹싱볼에 토마토, 커민, 올스파이스, 시나몬, 다진 고추, 고수잎 다진 것을 섞는다.
2. 알루미늄 호일을 자른다. 2겹으로 접고, 다시 반으로 접어서 주머니를 만들 것이므로 크기를 가늠하여 넉넉하게 자른다.
3. 알루미늄 호일을 반으로 접고, 오일을 바른다.
4. 생선살에 토마토 등을 섞은 것을 묻혀서 호일 절반의 가운데 지점에 올린다. 남은 재료를 올린다.
5. 붉은 양파, 청양고추 슬라이스한 것을 올리고, 오렌지 주스 등을 뿌린다.
6. 호일을 반으로 접고, 세 귀퉁이를 접어서 감싼다.
7. 인다이렉트로 세팅한 그릴에서 15~20분간 굽는다.
8. 호일 주머니 가운데에 X자 칼집을 넣어서 개봉하고, 필요시 브랜디나 럼을 뿌리고 불을 붙여서 풍미를 더해준다.

연어 호일구이

재료준비 연어살 스테이크 4개, 방울토마토 16개, 파인애플, 올리브 오일 2큰술, 발사믹 비네가 2큰술, 바질 가늘게 채 썬 것 4큰술

1. 방울토마토는 반으로 자르고, 파인애플은 사방 1cm 크기로 깍둑썰기 한다.
2. 믹싱볼에 방울토마토 등 재료를 넣고 버무리듯이 섞는다.
3. 알루미늄 호일 주머니 속에 연어살 스테이크와 방울토마토 등을 넣고 잘 싸서 인다이렉트 그릴링한다.

참치 케밥

`다이렉트, 난이도 ★☆☆`

재료준비 마리네이드 레몬 주스 1/3컵, 올리브 오일 1/3컵, 월계수잎 3장, 소금 약간, 레몬 허브 요구르트, 플레인 요구르트 1컵, 레몬 주스 1큰술, 파프리카 파우더 약간, 민트잎 다진 것 1큰술, 파슬리 다진 것 1큰술, 꼬치, 참치살 500g, 방울토마토 16개, 붉은 양파 2개

1. 참치살을 꼬치에 끼우기 편하도록 3cm 정도 크기로 자른 후, 마리네이드 액에 2시간 재운다.
2. 참치살, 방울토마토, 양파(8등분 낸 것)를 꼬치에 번갈아가며 끼운다.
3. 다이렉트 세팅한 그릴에서 꼬치를 8~10분 정도 굽는다. 중간 중간 마리네이드 액을 발라주어 타거나 마르지 않도록 한다.
4. 레몬 허브 요구르트를 꼬치 위에 뿌리고, 남은 것은 소스 그릇에 담는다.

오징어

오징어 몸통에 이런저런 속을 채우고 쪄서 내는 것을 오징어순대라고 한다. 함경도 전통음식이라고 알려지지만, 살펴보면 이런 식의 조리방법이 세계 곳곳에서 활용되고 있음을 알게 된다. 특히 그리스 등 지중해 연안 각 나라마다 이런 스타일의 조리법이 애용되어왔다.

오징어순대를 만들 때에는 채움 속이 미리 조리된 것이거나 금방 익어야 한다는 점에 유의한다. 오징어를 찌거나 삶지 않고 구워서 완성하기 때문이다. 수분이 많고 기름이 없는 해물을 오래 익히면 질겨지기 마련. 속까지 익히려다가 겉이 질겨지고 타기 십상이다.

속을 어떻게 달리하느냐에 따라서 굉장히 멋진 요리가 될 수 있다. 오징어 다리를 따로 익혀서 다지고 미나리 등 향이 강한 채소와 두부 으깬 것, 날치알, 다진 고추를 매콤새콤한 초고추장 소스와 함께 버무려 넣을 수 있다. 잘랐을 때 모양과 색이 예쁘고 맛도 그럴듯하다. 만두 속처럼 숙주와 다진 김치, 고기 등을 넣을 수도 있다.

기름기가 없어서 구울 때 타기 쉬우므로 넉넉하게 기름을 발라준다. 새콤함을 더하는 요소도 가미하면 더욱 좋다. 우선 생각되는 것이 레몬즙과 카놀라 오일의 조합. 동남아 풍이 느껴지는 피시 소스와 라임 주스, 오일의 조합도 나올 수 있다. 가쓰오부시 국물과 간장, 와사비, 오일의 일본 풍. 굴 소스, 두반장, 다진 마늘, 고추기름의 중국풍 등의 응용이 가능하다.

지중해 스타일 오징어순대

다이렉트, 난이도 ★★☆

재료준비 **[채움 속]** 올리브 오일 1큰술, 대파 줄기 다진 것 2대, 찬밥 1½컵, 잣 1/2컵, 건포도 1/2컵, 파슬리잎 다진 것 2큰술, 레몬 제스트 2작은술, 계란 1개 **[소스]** 완숙토마토 4개, 올리브 오일 1큰술, 양파 곱게 다진 것 1개, 마늘 다진 것 1개, 레드 와인 1/4컵, 오레가노 1작은술, 냉동 오징어 1 kg

1. 믹싱볼에 채움 속 재료를 섞어서 소금, 후추로 간을 한 다음, 계란을 풀어 넣는다.
2. 토마토는 겉에 X자 형태로 살짝 칼집을 내고, 끓는 물에 30초 정도 데쳐서 껍질을 벗긴다. 찬물에 씻어 식히고 반 잘라서 씨를 빼고 으깬다. 과정이 복잡하면 시판하는 토마토 퓌레로 대신할 수 있다.
3. 소스팬에 오일을 두르고 양파, 마늘을 볶다가 양파가 나른해지면 으깬 토마토, 와인, 오레가노를 넣고 끓인다. 끓기 시작하면 불을 약하게 하여 10분 정도 졸인다.
4. 오징어의 몸통과 머리가 연결된 부분을 뜯어낸다. 머리를 잡고 조심스럽게 잡아당겨서 몸통과 분리한다. 오징어 몸통 안으로 손을 집어넣어 붙어 있는 내장과 뼈를 제거한다.
5. 오징어 몸통의 껍질을 벗겨내고 격자 모양으로 칼집을 고루 넣어준다.
6. 오징어에 채움 속을 3/4만 넣어주고, 이쑤시개로 입구를 막는다. 구우면서 오징어 몸통이 수축하기에 많이 넣으면 터지기 쉽다.
7. 오징어순대 겉면에 오일을 바르고, 핫소스를 살짝 뿌린다.
8. 숯을 그릴 전면에 골고루 펼쳐 까는 다이렉트 세팅을 한다.
9. 오징어순대를 잘 돌려가면서 굽고, 김밥처럼 썰어서 접시에 담는다. 준비한 소스를 뿌려서 낸다.

스터프드 깔라마리(stuffed calamari)

재료준비 **[채움 속]** 올리브 오일 2큰술, 양파 곱게 다진 것 1개, 마늘 다진 것 2작은술, 빵가루 1컵, 파슬리잎 다진 것 4큰술, 파마산 치즈 1/4컵, 소금 후추 약간, 오징어 4개 **[소스]** 완숙 토마토 1kg(혹은 같은 양의 토마토 퓌레), 올리브 오일 3큰술, 양파 다진 것 1개, 설탕 1작은술, 화이트 와인 1/2컵, 로즈마리 약간

1. 소스팬에 오일을 두르고 양파와 마늘을 볶은 후, 불을 끄고 빵가루, 파슬리, 치즈를 넣고 소금, 후추로 간을 하여 잘 섞는다.
2. 숯을 그릴 전면에 골고루 펼쳐 까는 다이렉트 세팅을 한다.
3. 그릴 한쪽에 스킬렛을 올리고 뚜껑을 닫은 뒤 10분간 예열을 한다.
4. 스킬렛에 오일을 두르고 양파 다진 것을 넣고 볶다가 토마토 으깬 것, 설탕, 와인을 넣고 졸인다.
5. 준비한 오징어에 오일을 바르고 겉면만 살짝 굽는다.
6. 구운 오징어를 소스가 담겨 있는 스킬렛으로 옮기고 로즈마리를 넣고 졸인다.
7. 김밥처럼 썰어서 접시에 담는다. 남은 소스를 위에 올리고, 잣가루와 파슬리를 뿌려서 낸다.

조개

한 번쯤 들려본 적이 있는 조개구이 집에서의 굽는 방식을 생각해보자.

불을 활활 지핀 번개탄 숯을 화덕에 넣고, 석쇠 한쪽에는 1회용 은박 도시락을 놓는다. 은박 도시락에는 양파, 고추 다진 것과 고추장 양념이 들어 있다. 조개를 익히면서 나오는 국물을 그 도시락 그릇에 넣는다. 구운 조개를 초장이나 간장에 찍어 먹으면서 도시락에서 끓고 있는 매콤 시원한 국물로 목을 축인다.

덩치가 큰 키조개는 반으로 펼쳐서 양파, 고추, 마늘 다진 것과 고추장 양념을 넣고 슈레드 모짜렐라 치즈를 얹어서 나온다. 가리비나 개조개 등은 익어서 입을 벌렸을 때 껍질 하나를 가위로 잘라내어 거치적거리지 않게 한다. 껍질이 두꺼운 소라는 알루미늄 호일로 감싸서 석쇠 한쪽에서 오래 구울 수 있도록 한다.

지금까지 장황하게 설명한 이유. 바로 그 방식이 최적의 조개구이 방법이기 때문이다.

침니 스타터 가득 숯을 채워서 그릴에 고루 깐다. 석쇠 한쪽에 스킬렛을 올려서 조개즙이 들어간 소스를 만든다. 가리비나 석화 구이에는 매콤한 양념을 올린다. 강한 화력과 조개 국물을 적절히 활용하는 것, 이것이 조개구이의 키포인트다.

커리 홍합 구이
다이렉트, 난이도 ★☆☆

재료준비   버터 4큰술, 양파 곱게 다진 것 1개, 마늘 다진 것 1큰술, 화이트 와인 1컵, 너트메그 약간, 타임 1큰술, 월계수잎 2장, 페넬 줄기를 얇게 슬라이스한 것 1개분, 커리 파우더 1/2작은술, 밀가루 2큰술, 생크림 2/3컵, 후추 약간, 홍합 2kg

1. 숯을 그릴 전면에 골고루 펼쳐 까는 다이렉트 세팅을 한다.
2. 그릴 한쪽에 스킬렛을 올리고 뚜껑을 닫은 뒤 10분간 예열을 한다.
3. 스킬렛에 버터를 녹이고 양파와 마늘을 볶는다. 양파가 나른해지면 화이트 와인과 너트메그, 타임, 월계수잎을 넣는다.
4. 그릴 한쪽에서 홍합을 굽는다. 홍합이 구워지면서 나오는 국물을 스킬렛에 붓는다. 구워진 홍합은 서빙 그릇으로 옮긴다.
5. 스킬렛에 페넬 슬라이스를 넣는다. 커리 파우더와 밀가루를 넣고 잘 저어서 풀어주고 1분간 끓인다.
6. 스킬렛에 생크림을 넣고 2분간 끓이고 후추를 조금 뿌린 다음, 소스 그릇에 담는다.

바지락 구이

`다이렉트, 난이도 ★☆☆`

재료준비   올리브 오일 3큰술, 마늘 슬라이스한 것 3개, 마른 고추 2개, 화이트 와인 1/4컵, 소금 약간, 백후추가루 약간, 파슬리가루 4큰술

1. 바지락이나 모시조개, 동죽 등 작은 조개를 준비한다.
2. 스킬렛에 올리브 오일을 두르고 마늘과 마른 고추를 볶는다. 마늘에서 옅게 갈색이 나면 화이트 와인을 넣는다.
3. 조개를 굽는다. 조개가 입을 벌리면, 국물과 함께 스킬렛에 넣는다. 후추가루와 파슬리가루를 뿌리고 고루 뒤집은 다음, 서빙용 그릇에 낸다.

가리비 구이

`다이렉트, 난이도 ★☆☆`

재료준비 라임 제스트 1작은술, 라임 주스 1/4컵, 다진 마늘 2작은술, 홍고추 씨를 빼고 곱게 다진 것 2개, 고수잎 다진 것 1큰술, 올리브 오일 1큰술, 가리비 16개

1. 믹싱볼에 모든 재료를 담고 잘 섞은 후, 30분 정도 두어서 향이 나오게 한다.
2. 다이렉트 세팅한 그릴에서 가리비를 굽는다. 가리비가 입을 벌리면 위쪽 껍질을 제거한다. 준비한 양념을 숟가락을 이용하여 가리비 위에 올린다.

석화 구이

`다이렉트, 난이도 ★☆☆`

재료준비 마늘콩 소스(블랙빈 소스) 2작은술, 굴 소스 1/2작은술, 조개 육수 2/3컵, 설탕 1작은술, 청주 2큰술, 녹말 1작은술, 참기름 약간, 식용유 2큰술, 홍고추 씨를 빼고 곱게 다진 것 2개, 피망 다진 것 1개, 표고버섯 2개, 석화 16개

1. 침니 스타터에 브리켓을 1/2가량 담아서 잘 피운 뒤, 그릴에 골고루 까는 다이렉트 세팅을 한다.
2. 석화를 그릴에 올리고 훈연칩을 넣는다.
3. 믹싱볼에 육수를 제외한 양념재료를 넣고 잘 섞는다. 10분쯤 지나서 석화에 생겨난 육수를 믹싱볼에 붓고 잘 섞는다.
4. 석화 위로 준비한 양념을 숟가락을 이용하여 올린다.
5. 석화의 익은 정도를 확인하여 그릴에서 꺼낸다.

새우

여느 해물이 그렇듯 새우구이도 쉬우면서도 어렵다. 덜 익히면 비리고, 더 익히면 퍽퍽하다.

연습용으로는 칵테일 새우가 적당하다. 머리를 떼어내고 껍질을 벗겨 꼬리만 남긴 모양새가 수탉의 꼬리와 비슷하게 생겼다 하여 칵테일(cock tail)이다. 크기는 21~25미짜리가 제일 적당하고 31~40미도 약간 작지만 무난하다.

통새우는 10~15미 사이의 것을 이용한다. 이보다 크면 좋기는 하나 가격이 만만치 않고, 작으면 굽기에 불편하다.

다듬을 때는 먼저 수염을 가위로 자르고 내장을 이쑤시개로 뽑아낸다. 껍질을 벗겨야 할 때는 머리 쪽과 꼬리 끝에서 각각 한 마디씩 껍질을 남긴다. 새우용 가위를 이용하면 작업이 보다 수월하다.

새우의 익은 정도는 껍질이 붉게 변하는 상태로 확인한다. 새우 껍질이 골고루 빨갛게 변해야 보기도 좋고 익힘 상태도 좋다. 열 전달이 충분치 않으면 껍질에 군데군데 푸른 얼룩이 남게 되어 보기에 안 좋다. 구울 때 알루미늄 팬을 이용하여 덮어주면 이러한 현상을 막을 수 있고, 더 빨리 익는다.

레몬 딜 쉬림프

다이렉트, 난이도 ★☆☆

재료준비 레몬 제스트 곱게 다진 것 1작은술, 레몬 주스 4큰술, 올리브 오일 1/2컵, 딜 위드 곱게 다진 것 1큰술, 마늘 다진 것 1작은술, 소금 1/2작은술, 백후추 1/4작은술

1. 믹싱볼에 모든 재료를 넣고 잘 섞어서 비네그레트를 만든다.
2. 칵테일 새우에 적당량의 비네그레트를 넣고 잘 버무려서 30분 정도 재운다.
3. 꼬치에 새우를 꿴다.
4. 다이렉트 세팅된 그릴에서 새우 꼬치를 중간 중간 비네그레트를 발라가면서 굽는다.

인디아 쉬림프 마리네이드

재료준비   터메릭 1작은술, 양파 곱게 다진 것 1개, 마늘 다진 것 1큰술, 생강 2작은술, 레몬 주스 2큰술, 칠리 파우더 1/2작은술, 파프리카 1작은술, 코리앤더 1/4작은술, 커민 1/4작은술, 가람마살라 2작은술, 플레인 요구르트 1컵, 카놀라 오일 1큰술

1. 믹싱볼에 재료를 넣고 잘 섞는다. 새우를 마리네이드에 2~3시간 재운 후 굽는다.

드렁큰 쉬림프

재료준비   소흥주 2/3컵, 홍고추 2개, 생강 1작은술, 설탕 2작은술

1. 새우를 30분 정도 재웠다가 그릴에서 굽는다. 대략 칵테일 새우 24개 정도를 재울 수 있다. 웍에 마리네이드를 끓이다가 구운 새우를 넣고 두어 번 흔들어서 섞어주고 그릇에 낸다.

씨푸드 스큐어

◎ 허니 라임 마리네이드

재료준비 꿀 3큰술, 홍고추 씨 빼고 곱게 다진 것 1개, 올리브 오일 2큰술, 라임 주스 2개분, 라임 제스트 2개분, 마늘 다진 것 1작은술, 생강 다진 것 1작은술, 고수잎 다진 것 1큰술

1. 믹싱볼에 모든 재료를 넣고 잘 섞는다. 마리네이드에 새우를 넣고 3시간 재운다.

◎ 라임 럼 소스

재료준비 화이트 럼 1/2컵, 핫소스 1작은술, 라임제스트, 라임 주스 1개, 우스터 소스 2작은술, 커민 약간, 너트메그 약간, 마늘 다진 것 1큰술, 버터 2큰술

1. 소스팬에 버터를 녹이고 마늘 다진 것을 볶은 뒤 나머지 재료를 넣고 끓인다. 끓기 시작하면 불을 아주 약하게 하여 1분간 더 졸인 다음, 더운 상태에서 구운 새우 위에 올린다. 파슬리 다진 것을 뿌려서 꾸민다.

VEGETABLE
가지

그릴링 용 채소로 으뜸인 게 가지다. 통째로 굽거나 슬라이스하여 다른 재료와 곁들이기도 한다. 쇠고기, 닭고기 할 것 없이 어느 고기이든 잘 어울리고 해물과도 궁합이 잘 맞는다. 통째로 잘 구운 뒤 속만 잘 으깨어 빵에 발라먹어도 좋다.

가지 통구이
다이렉트, 난이도 ★☆☆

재료준비 카놀라 오일 8큰술, 마늘 다진 것 3큰술, 타임 2작은술, 오레가노 1작은술, 바질 1작은술, 후추 1/2작은술, 커민 파우더 1/8작은술, 소금 1작은술, 가지 4개

1. 재료를 모두 섞는다. 30분 이상 두어서 향이 우러나오게 한다.
2. 잘 피운 숯을 그릴에 골고루 깐다.
3. 가지 겉면에 준비한 마늘 오일을 고루 바른다.
4. 세팅된 그릴에 가지를 올리고 살살 돌려가면서 굽는다. 오일을 수시로 발라주면서 타지 않도록 한다.
5. 가지의 색이 자줏빛에서 갈색으로 변하면 길이 방향으로 길게 잘라서 펼친다.
6. 껍질이 밑으로 가게하고, 펼친 면에 오일을 바르고 계속 굽는다.
7. 가지 속살이 충분히 익으면 오일에서 마늘 등 건더기를 숟가락으로 떠서 가지 위에 잘 펴서 바른다.
8. 마늘이 갈색으로 익으면 가지를 그릴에서 꺼낸다. 뒤집개를 이용하여 부서

지지 않도록 조심한다.

바바가누시(baba ghanoush)
다이렉트, 난이도 ★☆☆

재료준비   레몬 주스 1큰술, 엑스트라버진 올리브 오일 1큰술, 타히니 2큰술, 마늘 잘게 쪼갠 것 4개분, 파슬리 다진 것 2작은술, 소금 1/4작은술, 후추 1/4작은술, 가지 2개

1. 가지 겉면에 칼집을 낸 뒤, 쪼갠 마늘을 끼워 넣는다.
2. 다이렉트 세팅된 그릴에서 타지 않도록 돌려가면서 15분 정도 속이 푹 물러지도록 굽는다.
3. 구운 가지를 길이 방향으로 반 잘라서 펼치고, 구워진 속을 숟가락으로 떠서 푸드 프로세서에 넣는다.
4. 타히니, 레몬 주스, 오일, 소금, 후추를 넣고 거칠게 간다. 간을 봐서 소금 후추를 더 친다.
5. 그릇에 담고 랩으로 덮은 후, 냉장고에 넣어서 약간 차가울 정도로 식힌다.
6. 소스에 올리브 오일을 더 넣어주고, 파슬리 다진 것을 뿌려서 낸다.

> **Tip 타히니(tahini)**
> 볶은 참깨에 오일을 넣고 갈아서 걸쭉하게 만든 반죽. 수입식품 쇼핑몰에서 구입할 수 있다. 푸드 프로세서에 볶은 참깨 1컵과 오일 1/4컵을 함께 넣고 곱게 갈아서 만들 수도 있다. 밀폐용기에 담아서 냉장고에서 3달 정도 보관이 가능하다. 땅콩버터 대용으로 빵에 바르는 스프레드로 쓸 수 있고, 돈가스 소스에 조금 넣어도 좋다.

가지 슬라이스 구이

다이렉트, 난이도 ★☆☆

재료준비 **[오일]** 마늘 다진 것 1큰술, 파슬리 1/3컵, 엑스트라버진 올리브 오일 1컵 **[드레싱]** 레드 와인 비네가 2작은술, 소금 1/2작은술, 후춧가루 1/2작은술, 청양고춧가루 1/2작은술

1. 가지를 2cm 정도 두께로 썬다. 마늘 오일을 바른다.
2. 다이렉트 세팅한 그릴에서 오일을 발라가며 노릇하게 굽는다.
3. 구운 가지를 그릇에 담고 드레싱을 뿌린다.

가지 토마토 쌈

다이렉트, 난이도 ★★☆

재료준비 **[쌈]** 모짜렐라 치즈 1컵, 완숙 토마토 2개, 바질 잎 16장, 올리브 오일 2큰술, 소금 후추 약간, 가지 2개(길쭉한 모양으로) **[드레싱]** 올리브 오일 1/4컵, 발사믹 비네가 1작은술, 선 드라이드 토마토 1큰술, 레몬 주스 1큰술

1. 가지는 꼭지를 잘라내고 채칼을 이용하여 길이 방향으로 얇게 슬라이스 한다. 하나당 5~6mm 두께로 대략 8조각이 나오도록 한다.
2. 소금물에 가지를 잠시 담갔다 꺼내어 숨이 죽도록 한다. 물기를 키친타월로 제거한다.
3. 토마토를 8조각이 나오도록 슬라이스 한다.
4. 가지 슬라이스를 ✚자로 교차해 놓고, 가운데에 토마토 슬라이스, 바질, 모짜렐라 치즈를 올린다.
5. 가지 네 귀퉁이를 접어서 쌈을 만든다.
6. 가지 쌈에 오일을 바르고 소금과 후추 간을 한다.
7. 다이렉트 세팅한 그릴에서 한쪽 면에 대략 5분씩 노릇하게 굽는다.

8. 접시에 담고 토마토 드레싱을 위에 뿌린다.

고구마 가지 롤
다이렉트, 난이도 ★★☆

재료준비 **[고구마 속]** 고구마 쪄서 으깬 것 1컵, 타임 1/2작은술, 체다 치즈 3/4컵, 양파 다진 것 2큰술, 청, 홍피망 다진 것 1큰술씩, 마늘 다진 것 1작은술 **[가지 양념]** 케이준 시즈닝(바비큐 럽) 1큰술, 올리브 오일 1큰술, 버터 1큰술, 가지 2개, 토마토 2개, 소금 후추 약간, 파슬리 가루 약간, 잣가루 약간

1. 가지의 꼭지와 끝부분을 자르고, 길이 방향으로 슬라이스한다.
2. 가지에 오일과 버터를 바르고 시즈닝을 뿌린다.
3. 잘 피운 숯을 그릴에 골고루 채우고, 석쇠를 올려서 예열한다. 석쇠 한쪽에는 스킬렛을 올린다.
4. 그릴에 슬라이스한 가지를 숨이 죽을 정도로만 살짝 굽는다.
5. 구운 가지에 고구마 속을 1스푼 정도 넣고 잘 만다.
6. 스킬렛에 버터를 두르고 고구마를 채운 가지말이를 노릇하게 굽는다.
7. 가지를 건져내고 슬라이스한 토마토를 굽는다.
8. 접시에 구운 토마토와 가지말이를 담고 파슬리가루를 뿌린다.

고추

구운 고추는 매력적이다. 매운 고추 향이 코를 자극하고, 매콤한 맛이 음식에 포인트를 준다.

고추를 구우면 더 매워진다. 보통의 풋고추를 구우면 청양고추 수준의 매운맛이 나온다. 매운맛이 약한 피망도 풋고추 수준이 될 정도로 한 단계 업그레이드된다. 열에 자극되어 캡사이신이 활성화되기 때문인 듯.

구운 뒤 가늘게 채를 썰어서 샐러드에 넣기도 하고, 고기에 얹는 등 고명으로 쓸 수 있다. 다져서 소스에 넣으면 그 매콤한 향과 맛이 새로운 느낌을 전해준다.

그릴드 페퍼

다이렉트, 난이도 ★☆☆

재료준비 청피망 1개, 홍피망 1개, 노란 파프리카 1개, 주황색 파프리카 1개, 청양고추 1개, 홍고추 2개, 페타 치즈 1/2컵, 호두 1큰술, 잣 1작은술 **[드레싱]** 레드 와인 비네가 2큰술, 엑스트라버진 올리브 오일 4큰술, 민트 잎 다진 것 1큰술, 파슬리 다진 것 1큰술, 바질 다진 것 2작은술, 타임 1/2작은술

1. 다이렉트 세팅한 그릴에서 고추를 굽는다.
2. 겉껍질이 까맣게 타서 일부 속살이 떨어질 때까지 고추를 굽는다.
3. 구운 고추를 물에 적신 키친타월로 감싼 뒤, 다시 랩으로 싸매어 김이 빠져나가지 않도록 한다. 그 상태로 약 15분 남짓 놔둔다.
4. 랩과 키친타월을 펼치고 구운 고추의 탄 껍질을 벗겨낸다. 자극이 심하므

로 장갑을 끼고서 작업한다.
5. 껍질을 벗긴 고추의 꼭지와 끝을 자르고, 반으로 갈라서 씨를 긁어낸다. 가늘게 혹은 두툼하게 채를 썬다.
6. 접시에 페타 치즈와 적당한 크기로 쪼갠 호두, 고추 채, 잣을 담는다. 준비한 드레싱을 뿌린다.
7. 구운 고추 남은 것은 오일에 재워서 보관한다.

감자와 고구마

그릴링의 단골 디저트 메뉴. 찌거나 삶았을 때 느낄 수 없는 구이 특유의 향이 입맛을 자극한다.

굽는 방법은 매우 쉽다. 알루미늄 호일로 싸서 숯 위에 던져 넣으면 된다. 호일의 영향으로 타지 않고 속까지 잘 익는다.

알루미늄 호일이 타게 되어 나쁜 영향을 주지 않을까 걱정되면 석쇠 위에 올려놓는다. 어느 정도 익었을 때 호일을 벗겨내고 위에 알루미늄팬으로 덮고서 마저 익힌다. 이럴 경우에는 가급적 작은 걸로 준비한다. 온도가 낮아서 굽는 도중 마르기 쉽기 때문이다.

고구마는 물고구마, 특히 속이 노란 호박고구마가 제격이다. 고구마는 감자보다 수분이 많기에 호일에 싸지 않고 숯 옆에 두어도 알맞게 잘 익는다.

그릴드 포테이토칩

다이렉트, 난이도 ★☆☆

재료준비 감자 4개, 케이준 시즈닝 1큰술, 파슬리 다진 것 2작은술, 소금, 후추 약간, 카놀라 오일 3큰술

1. 감자를 3mm 정도로 얇게 썬다. 감자에 소금, 후추를 뿌려서 밑간을 한다.
2. 숯불을 고르게 까는 다이렉트 세팅을 하고, 석쇠 한쪽에 스킬렛을 올리고 예열을 한다.
3. 스킬렛에 오일을 두르고 슬라이스한 감자를 절반쯤 익도록 굽는다.

4. 스킬렛에서 감자를 꺼내어 그릴에 골고루 깔고 바삭해지도록 굽는다.
5. 종이봉투에 구운 포테이토칩과 케이준 시즈닝, 파슬리 다진 것을 함께 넣고 입구를 봉한 뒤 서너 차례 흔들어서 시즈닝이 골고루 묻게 한다.
6. 토마토케첩 또는 차치키 소스와 함께 낸다.

간장 소스를 얹은 고구마 구이
인다이렉트, 난이도 ★☆☆

재료준비   호박고구마 4개, 올리브 오일 1큰술, 검은깨 2작은술 **[소스]** 간장 3큰술, 설탕 1/4컵, 미림 2작은술, 청주 2작은술, 참기름 1큰술

1. 고구마를 수세미로 잘 씻어서 물기를 제거한 후, 겉에 오일을 골고루 바른다.
2. 인다이렉트 세팅한 그릴에서 고구마를 굽는다. 골고루 익도록 10분 간격으로 돌려주면서 45분에서 1시간가량 익힌다.
3. 소스팬에 간장, 설탕, 미림, 청주, 참기름을 넣고 중간 불에서 설탕이 녹을 때까지 잘 저어주면서 익힌다.
4. 구운 고구마에 좁고 길게 칼집을 넣고 껍질을 떼어낸 다음, 그 사이에 간장 소스를 뿌린다. 검은깨를 뿌려서 장식한다.

단호박

단호박은 달콤한 맛과 부드러운 질감으로 다양한 요리에 활용돼왔다. 의외로 매콤한 맛과 기름진 음식에도 잘 어울려 해물찜이나 단호박 오리구이 등 다양한 메뉴가 개발되어 있다.

단호박 구이는 크게 두 가지 방식이 있다. 수박처럼 세로로 쪼개어 굽는 방식. 그리고 속을 파내고 그 안에 다른 재료를 넣어 통째로 굽는 방식이다. 껍질을 벗기고 살만 잘라서 꼬치에 다른 재료와 함께 끼우는 방법도 간혹 활용된다.

단호박을 슬라이스하여 굽는 방식은 세밀한 주의가 필요하다. 굽는 도중에 말라서 딱딱해지기 쉽기 때문이다. 미리 삶거나 찌는 식으로 익힌 다음, 시즈닝하여 굽는 게 일반적이다. 또 구울 때도 알루미늄팬으로 덮개를 만들어주어 수분의 증발을 줄이는 게 좋다.

가장 무난한 방식이 속을 파내고 통째로 굽는 것. 실패의 위험이 적고 만족도도 높다.

단호박 해물 구이

인다이렉트, 난이도 ★☆☆

재료준비 **[채움 속]** 칵테일 새우 15미, 그린 홍합 6개, 피망 1개, 양파 1개, 홍고추 1개, 청경채 2개, 표고버섯 1개, 오징어 1마리 **[소스]** 토마토 소스 1/2컵, 바비큐 소스 1/2컵, 청양고춧가루 1큰술, 굴 소스 1큰술, 바질 2작은술, 오레가노 1작은술, 후추 1/2작은술, 모짜렐라 치즈 약간, 단호박 3개

1. 칵테일 새우, 그린 홍합을 잘 해동시킨 후, 체에 밭여서 물기를 빼낸다. 오징어는 몸통을 7mm 정도 두께로 썰고, 다릿살은 적당한 크기로 자른다.
2. 피망, 양파를 카레에 넣듯이 큼직하게 썰고, 홍고추는 어슷하게 슬라이스 한다. 청경채는 꼭지 쪽에 칼집을 넣고 손으로 쪼갠다. 표고버섯은 기둥을 떼어내고 슬라이스 한다.
3. 토마토 소스, 바비큐 소스, 청양고춧가루, 굴 소스, 바질, 오레가노, 후추를 모두 섞는다.
4. 숯을 양 쪽으로 나누어 넣고 가운데를 비우는 인다이렉트 그릴링 세팅을 한다.
5. 단호박을 넣고 뚜껑을 닫고 10분 정도 익혀서 물러지게 한다.
6. 단호박을 꺼내어 윗부분을 자르고 씨와 속을 숟가락으로 파낸다.
7. 단호박 속에 해물과 채소, 소스를 나누어 넣는다. 모짜렐라 치즈를 위에 뿌리고 잘라낸 호박 윗부분을 뚜껑 삼아 덮는다.
8. 속을 채운 단호박을 그릴에 넣고, 훈연재를 투입한다. 약 30~40분 정도 호박이 충분히 물러질 때까지 익힌다.
9. 접시에 단호박을 올리고, 부챗살 모양으로 자른다.

단호박 해물 구이

꿀을 넣은 단호박 구이

`인다이렉트, 난이도 ★☆☆`

재료준비　밤 껍질 깐 것 6개, 은행 8개, 대추 4개, 호두 4개, 잣 1작은술, 말린 자두 4개, 꿀 6큰술, 계피가루 1작은술, 올스파이스 1/8작은술, 너트메그 1/8작은술, 모짜렐라 치즈 약간, 단호박 2개

1. 숯을 양쪽으로 나누어 넣고 가운데를 비우는 인다이렉트 그릴링 세팅을 한다.
2. 단호박을 넣고 뚜껑을 닫고 10분 정도 익혀서 물러지게 한다.
3. 단호박을 꺼내어 윗부분을 자르고 씨와 속을 숟가락으로 파낸다.
4. 단호박 속에 채울 재료를 나누어 넣는다. 모짜렐라 치즈를 위에 뿌리고 잘라낸 호박 윗부분을 뚜껑 삼아 덮는다.
5. 속을 채운 단호박을 그릴에 넣고, 호박이 충분히 물러질 때까지 익힌다.
6. 접시에 단호박을 올리고, 부챗살 모양으로 자른다.

양배추

고기와 잘 어울리는 채소로 양배추를 빼놓을 수 없다. 새콤한 코울슬로, 사워크라우트가 대표적인 사이드 디시. 매콤한 양배추 볶음이나 소금물에 살짝 데친 양배추 쌈도 고기 요리와 친근한 관계를 맺고 있다.

양배추를 익히면 특유의 텁텁함이 사라지고 달달한 맛이 올라온다. 양배추 구이는 그 점에 착안하여 달차근하면서도 매콤한, 그리고 시원한 느낌을 지니도록 하는 데에 조리 포인트를 둔다.

양배추는 꼭지에서 안쪽으로 대략 1/3 지점까지 쇄기 꼴의 딱딱한 심이 박혀 있다. 이 심을 도려내고 그 속에 다진 고기와 소스, 버터를 넣어 굽는다. 겹겹이 싸인 양배춧잎 사이로 소스가 스며들어 마치 소스를 발라구운 듯한 풍미를 맛볼 수 있다.

그릴드 캐비지
인다이렉트, 난이도 ★☆☆

재료준비 양파 곱게 다진 것 1/2개, 베이컨 다진 것 2큰술, 소시지 다진 것 1큰술, 샐러리 줄기 다진 것 1큰술, 마늘 다진 것 1작은술, 토마토 소스 2큰술, 바비큐 소스 3큰술, 캐러웨이 파우더 1/4작은술, 청양고춧가루 1/4작은술, 후추 1/8작은술, 버터 5큰술, 올리브 오일 1큰술, 바비큐럽 1작은술, 양배추 1통

1. 스킬렛에 버터 1큰술을 두르고 양파, 마늘, 샐러리, 베이컨, 소시지를 살짝 볶는다.

2. 볶은 재료에 소스와 스파이스를 넣고 고루 섞는다.
3. 남은 버터를 사방 1.5cm 크기로 깍둑썬다.
4. 양배추를 뒤집어서 대략 9cm 직경의 깔때기 모양으로 도려내어 단단한 심을 제거한다.
5. 양배추 겉 표면에 오일과 바비큐 럽 섞은 것을 바른다.
6. 속을 파낸 양배추에 재료와 소스 섞은 것을 넣고, 깍둑썰은 버터를 위에 올린다.
7. 알루미늄 호일을 말아서 받침대를 만든다. 할머니들이 머리에 물건을 일 때 쓰는 똬리나 과일가게에서 수박을 진열할 때 쓰는 동그란 링 모양의 받침대를 생각하면 된다.
8. 양옆으로 숯을 놓고 가운데를 비우는 인다이렉트 그릴링 세팅을 한다.
9. 그릴 가운데 호일 받침대를 놓고 양배추를 올린 다음, 훈연재를 투입한다.
10. 뚜껑을 닫고서 양배추가 충분히 익어서 물러질 때까지 1시간 남짓 굽는다.

그릴드 캐비지

열대과일

열대과일은 연중 어느 때고 구할 수 있고, 새콤하고 단맛으로 고기에 잘 어울린다는 장점이 있다. 망고나 파인애플 살사를 만들어 고기 옆에 곁들이는 것이 일반적이다. 혹은 구워서 단맛과 향을 강하게 하는 것도 자주 쓰이는 방법이다.

구이용 과일로 특히 적합한 것이 파인애플. 비교적 단단한 섬유질을 지니고 있어서 구워도 쉽게 물러지지 않는다. 또 고기를 부드럽게 하는 연육 효소도 지니고 있어서 마리네이드나 다른 재료와 함께 꼬치에 꿰거나 볶는 조리 방식에도 많이 쓰인다.

파인애플을 구울 때 문제되는 점은 당분이 높아서 까맣게 타고 달라붙기 쉽다는 것. 지방 성분이 많은 코코넛 밀크에 잠시 재우면 이러한 문제를 해결할 수 있다.

그릴드 파인애플

다이렉트, 난이도 ★☆☆

재료준비 코코넛 밀크 1캔, 흑설탕 1컵, 시나몬 파우더 1작은술, 파인애플 1통

1. 파인애플을 위와 밑 부분을 잘라내어 원통꼴로 만든다.
2. 파인애플을 세워서 길이로 6~8조각을 낸다.
3. 껍질과 과육 사이에 칼집을 넣어 벗기고, 가운데 딱딱한 심을 자른다. 벗겨낸 파인애플 껍질은 버리지 않는다.
4. 다듬은 파인애플 속살을 코코넛 밀크에 30분간 재운다.

5. 그릴에 숯을 골고루 깔아서 다이렉트 세팅을 한다.
6. 파인애플을 한쪽 면에 4분 정도씩 굽는다.
7. 구워진 파인애플에 흑설탕과 시나몬 파우더를 묻히고, 설탕이 녹을 때까지 다시 굽는다.
8. 구운 파인애플을 껍질 위에 올린 다음, 먹기 좋은 크기로 자른다. 자른 파인애플 조각이 지그재그로 조금씩 옆으로 튀어나오게 모양을 다듬는다.

바나나 슈가 럼 코팅
다이렉트, 난이도 ★☆☆

재료준비 황설탕 1/4컵, 럼 3큰술, 버터 5큰술, 라임 주스 및 제스트 1개분, 너트메그 1/8작은술, 시나몬 파우더 1/8작은술, 바나나 4개, 바닐라 아이스크림

1. 다이렉트 세팅한 그릴에 스킬렛을 올려 예열한다.
2. 스킬렛에 버터, 럼, 설탕, 라임 주스 및 제스트를 넣고 약한 불에서 설탕이 녹을 때까지 끓여서 소스를 만든다.
3. 스킬렛에 껍질을 벗긴 바나나를 넣고 돌려주면서 소스를 코팅한다. 바나나가 황금색으로 변하면 그릴에서 꺼낸다.
4. 조리한 바나나를 반 잘라서 그릇에 담고 시나몬 파우더와 너트메그를 살짝 뿌린다. 아이스크림과 함께 서빙한다.

 # 양파

양파를 구울 때 자주 사용하는 방법. 껍질을 벗기고 가로로 1.5cm 정도로 두껍게 슬라이스하여 그릴에 굽는다. 양파 속살이 낱낱이 떼어지기 쉬우므로 꼬치나 이쑤시개로 중간을 꿴다. 오일을 넉넉하게 발라서 쉬이 타지 않도록 한다. 소금 후추를 뿌려서 적당한 크기로 자르거나, 새콤한 드레싱을 만들어 버무린다.

친숙하지는 않지만, 양파를 통째로 굽는 방법도 있다. 석쇠를 들어내고 숯불 옆에서 껍질째 양파를 놓고 돌려가면서 굽는다. 적당히 익으면 탄 껍질을 벗겨내고 속살을 이용하여 렐리시(relish)나 샐러드를 만든다.

그릴드 어니언
다이렉트, 난이도 ★☆☆

재료준비 양파 6개(가급적 작고 동그란 모양), 버터 1/4컵, 소금 1/2작은술, 후추 1/4작은술, 화이트 와인 비네가 1작은술, 파슬리 다진 것 1큰술

1. 그릴에 숯을 절반 채우는 다이렉트 세팅을 한다.
2. 숯불 옆에 양파를 올려놓는다. 가끔씩 돌려주면서 1시간 정도 속이 충분히 물러지도록 익힌다.
3. 구운 양파를 꺼내고 숯을 보충하여 화력을 높인 다음, 스킬렛을 석쇠에 올린다.
4. 양파의 꼭지와 뿌리, 껍질을 벗겨 반으로 쪼갠다.
5. 예열된 스킬렛에 버터를 녹인다. 손질한 양파를 스킬렛에 넣고 소금, 후추

로 간을 한 다음, 뒤집어가면서 노릇노릇하게 골고루 익힌다.
6. 스킬렛을 숯이 없는 쪽으로 옮기고 양파의 색이 갈색으로 변할 때까지 두어 번 뒤집어주면서 10~15분간 더 익힌다. 비네가와 파슬리 가루를 뿌린다.

어니언 잼
`다이렉트, 난이도 ★☆☆`

재료준비 버터 2큰술, 올리브 오일 2큰술, 양파 가늘게 채썬 것 2개, 사과식초 1/4컵, 발사믹 비네가 1/4컵, 흑설탕 1/2컵, 소금 1작은술, 후추 1/2작은술

1. 양파를 숯 옆에 두고서 가끔씩 뒤집어주면서 굽는다. 절반쯤 물러지면 껍질을 벗기고 가늘게 채를 썬다.
2. 석쇠에 스킬렛을 올리고 예열한다.
3. 스킬렛에 버터와 올리브 오일을 녹이고, 채 썬 양파를 넣는다.
4. 가끔씩 뒤적이면서 갈색이 될 때까지 10~15분간 졸인다.
5. 사과식초와 발사믹 비네가, 설탕, 소금, 후추를 넣고, 물 1/4컵을 부은 다음, 잼처럼 될 때까지 15~20분 낮은 불에서 계속 졸인다. 중간에 너무 되직하다 싶으면 물을 더 넣어주고 필요시 소금, 후추를 더 뿌린다.

도움 주신 분들

(주)굿모닝푸드 류동균 님, (주)쉐르보네 박준용 님, (주)네오플램 조성은 님, '코지' 최범진(빛살) 님, '지톤셀' 염병호 님, '바비큐캠프' 박명선, 이성준, 김준철, 지동현, 오충민 님, 다음카페 '바비큐 매니아' 석동인(rocku) 님, 엄인형(엄서방) 님, 호승조 님, '럭키개발' 김영락(소세지아저씨) 님, 펜션 '구름 위의 산책' 연태웅 님, '미앤푸드' 정은희 님.

바비큐 관련 유용한 사이트

◎ 쉐르보네(www.cherbonheur.com)
: 댄쿡 그릴, 웨버 그릴, 브링만 스모커. 각종 그릴링 및 바비큐 관련 액세서리 판매.

◎ 코지클럽(www.cozyclub.net)
: 그릴 확장툴 제작, 판매. 그릴 및 바비큐 액세서리 판매.

◎ 스파이스숍(www.spiceshop.co.kr)
: 코타니 스파이스, 시즈닝 등 판매.

◎ 웨버 그릴(www.webergrill.co.kr)
: 웨버 그릴 홈페이지. 웨버 그릴 관련 정보 및 고객센터 운영.

◎ 그릴 및 스모커 제조사 홈페이지
: 웨버 그릴(www.weber.com)

: 댄쿡 그릴(www. dancook. dk)

: 브링만 스모커(www. brinkmann. net)

◎ **웨버 워터 스모커 사용자 모임(www. virtualweberbullet. com)**
: 워터 스모커 활용팁과 레시피, 동영상 등의 정보 수록.

◎ **바비큐 매니아(cafe. daum. net/bbqmania)**
: 바비큐 동아리 회원들의 바비큐 도전기, 바비큐 틀 정보, '묻고 답하기' 등의 정보 수록.

◎ **바비큐 아카데미(cafe. daum. net/bbqacademy)**
: 바비큐 강좌, '묻고 답하기', 바비큐 소식 등의 정보 수록. 지은이 김계완의 인터넷 카페.

바비큐 핵심체크

바비큐는 좋은 연기, 낮은 온도, 오랜 시간의 3위 일체
→ slow & smoke

◎ 브리켓
1. 바비큐를 위한 전용 숯이다.
2. 개개의 크기가 균일하여 사용량 조절로 그릴의 온도 컨트롤을 쉽게 한다.
3. 오랜 지속시간 → 오래 타며, 온도가 일정.
4. 브리켓의 평균 지속시간은 약 1시간 30분 → 브리켓 보충은 30분 간격으로, 1/3씩.
5. 풍미는 천연숯(참숯 등)이 훨씬 더 좋으나, 화력이 강하고 유지시간이 짧다는 점에서 장시간 로스팅에 약점. 약 30% 더 강하고, 약 30% 더 짧다.

☞ 브리켓 표준 사용량
웨버 : 그릴 사이즈 앞자리 수에 따라서(57cm → 50개, 47cm → 40개, 37cm → 30개)
댄쿡 : 웨버 사용량의 약 50~60%

☞ 브리켓양 가늠하기
웨버 침니 스타터 : 절반 → 45개, 2/3 → 60개, 3/4 → 65개, Full → 90개

◎ 다이렉트 그릴링 10계명
1. 구울 재료의 두께, 완성시간에 맞춰서 숯을 세팅.
2. 숯을 한쪽으로 몰아서 2~3가지 온도대역을 만든다.
3. 숯의 사용량은 약간 적은 듯하게.
4. 그릴을 10~15분 정도 충분히 예열한다.

5. 그릴 브러쉬로 석쇠 표면을 깨끗하게.
6. 구울 재료에 기름을 뿌리거나 바른다(석쇠에 직접 바르는 것보다 효과적).
7. 공기 순환에 유의하여 재를 주기적으로 제거.
8. 뚜껑을 닫고 조리한다(불꽃이 일어나지 않도록).
9. 온도조절은 뚜껑 쪽 공기량을 우선적으로.
10. 높은 온도 대에서 표면을 익히고, 낮은 온도 대에서 속까지 익힌다.

☞ 구울 재료는 실온에 1시간 정도 두어서 내부온도를 올려놓는다.

◎ 인다이렉트 그릴링 10계명
1. 숯을 양쪽으로 균일하게 나눈다.
2. 가운데 공간에 드립팬을 놓는다.
3. 그릴을 10~15분 정도 충분히 예열한다.
4. 그릴 브러쉬로 석쇠 표면을 깨끗하게.
5. 구울 재료를 석쇠 가운데에 놓는다.
6. 뚜껑을 닫을 때, 공기조절구 위치에 유의하여 방향 조절.
7. 공기 순환에 유의하여 재를 주기적으로 제거.
8. 굽기 시작하고서 5분쯤 지나서 훈연재를 올려놓고, 20분쯤 뒤 보충.
9. 숯을 30분 주기로 전체 양의 1/3씩 보충해준다.
10. 온도가 균일하게 유지되도록 주기적으로 모니터링한다.

☞ 구울 재료는 실온에 1시간 정도 두어서 내부온도를 올려놓는다.

◎ 중심온도계 사용법
1. 온도계의 검침부가 재료 중심에 충분히 들어가도록 깊이 찌른다.
2. 10초 정도 기다려서 표시되는 온도를 모니터링한다.

3. 적정온도대는 6-7-8로 외운다.
4. 65℃ : 식품의 안전성이 확보되는 시점
5. 72~75℃ : 돼지고기의 미디엄 상태.
6. 82~85℃ : 가금류의 웰던 상태.
7. 연결조직이 많은 질긴 고기는 웰던(82~85℃) 상태로 충분히 익힌다.

☞ 재료를 익힌다는 것 → 중심온도가 적정선에 이르도록 열을 가한다는 것.
☞ 재료를 잘 굽는다는 것 → 중심부가 익을 때까지 표면 상태를 잘 관리한다는 것.

◎ 레스팅(resting)
1. 재료를 굽는 데 그치지 않고, 충분히 뜸을 들인다는 뜻(그릴에서 꺼내어 약 10분 정도).
2. 레스팅을 하지 않을 시, 육즙의 손실이 약 40% 정도 더 발생.
3. 보습이 필요한 재료는 알루미늄 호일로 감싸서 레스팅.
4. 표면이 눅눅해지는 것이 우려될 때는 석쇠 위에 올려놓고 뚜껑을 덮는 식으로.

◎ 바비큐 양념의 목적
1. 훈연이 잘 이뤄질 수 있도록 함.
2. 럽(바비큐시즈닝)의 주목적 : 재료에 좋은 향을 부여.
3. 마리네이드의 주목적 : 재료를 '부드럽게 혹은 촉촉하게.'
4. 염지의 주목적 : 재료의 누린내 등을 제거하거나 바로잡음.

◎ 구이요리에 자주 쓰이는 스파이스
부향작용   페넬, 세서미(참깨), 페누그릭, 너트메그, 시나몬, 샐러리, 올스파이스, 딜 시드, 커민, 마조람, 아니스, 메이스, 카다몬
탈취·교취작용   갈릭, 어니언, 월계수잎, 리이크, 로즈마리, 세이지, 오레가노, 클로

브, 타임, 캐러웨이, 세이보리, 코리앤더
신미작용   후추, 레드 페퍼, 생강
착색작용   파프리카, 터메릭

◎ **고기 요리에 자주 쓰이는 스파이스**

부향작용   마조람, 스타아니스(팔각), 아니스, 올스파이스, 딜, 세서미(참깨), 타라곤, 바질, 민트, 페넬, 파슬리, 카다몬, 너트메그, 시나몬, 커민, 샐러리
교취·탈취작용   로즈마리, 클로브, 세이지, 오레가노, 갈릭, 타임, 월계수잎, 세이보리, 어니언
신미작용   후추, 머스터드, 레드 페퍼, 생강, 산초
착색작용   샤프란, 터메릭, 파프리카

◎ **생선, 해물 요리에 적합한 스파이스**

부향작용   페누그릭, 아니스, 파슬리, 딜, 올스파이스, 바질, 민트, 페넬, 너트메그, 샐러리, 스타아니스, 타라곤
교취·탈취작용   어니언, 리이크, 로즈마리, 갈릭, 타임, 월계수잎, 클로브, 세이지, 오레가노
신미작용   후추, 호스래디시(혹은 와사비), 레드페퍼, 생강, 머스터드, 산초
착색작용   터메릭, 파프리카, 샤프란

◎ **궁합이 잘 맞는 스파이스**

· 올스파이스, 너트메그, 메이스, 클로브, 시나먼, (산초)
· 페넬, 아니스, 스타아니스, 바질+시나먼, 타라곤, 코리앤더
· 바질, 파슬리+샐러리
· 샐러리, 코리앤더+레몬
· 타임, 오레가노, 마조람, 세이지

· 커민, 캐러웨이, 딜

· 산초+생강+레몬

◎ 럽(rub, 바비큐 시즈닝) 만들기

1. 내가 쓰는 소금의 짠 정도를 확실히 파악한다.

   → '네 소금을 알라.'
2. 럽에 쓰이는 모든 재료의 크기는 골고루 잘 섞일 수 있도록 균일하게.
3. 재료는 잘 건조된 상태로 한다.

   → 혼합된 럽이 뭉치지 않도록 → 굵은 천일염, 흑설탕 사용 금지
4. 소금, 설탕, 후추 및 향신료의 비율을 1 : 1 : 2 정도로 유지.
5. 후추의 매운맛과 향을 기준으로 나머지 향신료의 사용량을 결정.
6. 향신료 사용 시 주연과 조연의 역할을 고려하여.

   → '백설공주와 일곱 난쟁이'
7. 씨앗 형태로 된 향신료는 스킬렛에 잘 볶아서 사용

   → 커민, 코리앤더, 머스타드씨드 등.
8. 럽 사용량은 고기 1kg에 1~1.5큰술 정도.
9. 양념 통을 이용하면 균일한 도포 및 사용량 가늠에 편리 → 양념통의 구멍이 큰 것으로, 1자 형태가 최적.
10. 한쪽 면에 럽을 뿌린 다음, 육즙이 올라와서 럽의 소금, 설탕이 녹아드는 시점에서 문지르기 시작하고, 뒷면도 동일하게 한다.

◎ 염지 액(brining) 만들기

1. 약 10% 농도의 액을 만들기 : 물 2에 소금과 설탕을 각 100ml씩. 소금은 굵은 천일염이 적당하다.
2. 염지할 재료를 감안하여 피클링 스파이스를 선택.
3. 피클링 스파이스를 넣을 경우, 물 절반의 양에 염지액 재료를 넣고 끓이고, 찬물

을 보충하는 식으로.
4. 염지를 하는 이유 → 보습 효과가 가장 높고, 재료도 충분히 부드러워진다.
5. 장기간 염지할 경우, 염도를 약간 높게 하고 굽기전 충분히 흐르는 물에 씻어서 소금기를 제거한다.
6. 닭 같은 가금류는 6시간 정도 염지가 적당.
7. 굽기 전, 키친타월로 재료의 물기를 제거한 후 그릴에 넣는다.

◎ 마리네이드(marinade) 만들기

1. 식초(acid), 오일 등에 고기를 재워두는 것.
   → 샐러드 드레싱이 그 원형.
2. 마리네이드를 하는 이유: 이온 작용을 통해 고기의 근섬유 사이를 벌려 느슨하게 만들어 부드럽게 하며, 보습효과를 높여 육즙 손실 줄여줌.
3. 마리네이드 액은 충분히 식혀서, 재우는 고기와 온도와 같도록.
4. 고기 1kg당 반 컵 정도를 사용.
5. 마리네이드 시간은 6~12시간 정도.

☞ 샐러드 드레싱 마리네이드

재료준비　오일(채종유) 2컵, 양조식초 1컵, 다진마늘 1/4컵, 청양고추 다진 것 1큰술, 바질 1큰술, 파슬리 1큰술, 다진마늘 1큰술, 통후추 1작은술. 소금 1큰술

1. 오일과 식초, 소금을 먼저 섞어서 진득해지면 나머지 재료를 넣고 잘 혼합.
2. 구미에 따라서, 핫소스, 우스터 소스, 설탕(물엿) 등을 적당히 넣어줌.

◎ 바비큐 소스의 종류

1. 찍어먹는 소스(dipping sauce) : 재료에 사용된 양념을 고려하여, 향과 맛에서 균형감이 있어야 한다. 일반적으로 새콤하거나 매콤하거나 달콤한 편.

2. 굽는 도중에 바르는 소스(basting sauce, mop sauce, sop sauce) : 바르는 소스는 식초와 매운 고추를 주재료로 하여 고기에 촉촉함을 보충하고 때로는 껍질이 바삭해지도록 도와주는 역할을 한다. 점도가 약할 경우, 스프레이에 넣어 뿌리기도 한다.

3. 윤기를 내주는 소스(glaze sauce) : 윤기를 내주는 소스는 설탕, 물엿 등 당분이 주성분이기에 제일 마지막 단계에 발라서 당분이 캐러멜이 되어 타지 않도록 해야 한다.

◎ 돼지고기 굽기

1. 자주 사용되는 부위 : 갈비(ribs), 어깨살, 앞다리살, 삼겹살, 목살, 등심, 안심.
2. 삼겹살 포인트 : 지방이 넉넉하고 육질이 연하므로 너무 기름지지 않게 간단히 럽이나 염지 처리.
3. 등심과 안심 : 지방이 거의 없어 퍽퍽해지기 쉬우므로 양념시 오일에 재우거나 베이컨에 싸서 굽든지 하여 부족한 기름기를 보충. 오버쿠킹 되지 않도록 주의.
4. 립 구이
    1) 뒷면의 멤브레인을 확실히 제거.
    2) 찬물에 넣고, 뼈 사이를 잘 문질러서 고여 있는 핏물을 제거.
    3) 가급적 낮은 온도에서 장시간 구움 → 양쪽의 갈비뼈가 1cm 정도 돌출되도록, 뼈를 잡고 돌려서 잘 돌아갈 정도로, 뼈 사이가 잘 찢어질 정도.
    4) 소스 바르기(basting)은 거의 다 익었을 때.
    5) 레스팅은 알루미늄호일로 감싼다.
5. 껍질이 있는 재료를 사용할 때는 미리 찌거나, 끓는 물에 데치거나, 높은 열로 껍질 부위를 먼저 익히든지 하여 껍질이 딱딱해지지 않도록 주의.

◎ 닭 굽기

1. 익힘 온도에 주의 : 통닭, 닭다리살 82℃, 닭가슴살 72℃

2. 잘 어울리는 양념 : 레몬, 오렌지, 유자, 마늘, 고추, 치즈

◎ 쇠고기 굽기
1. 양념 포인트
    - 보섭살 : 퍽퍽해지지 않도록 마리네이드한다.
    - 목심 : 마리네이드로 부드럽게 한다.
    - 차돌양지 : 럽하여 장시간 바비큐잉한다.
    - 등심, 안심, 갈비살, 부채살 : 자체 풍미가 좋으므로 간단하게 시즈닝 또는 와인 마리네이드

2. 다짐육 굽기
    - 고기 다짐은 불편하더라도 집에서 한다.
    - 미트로프 : 빵가루, 계란 등 결착제와 균형감 있게. 양파 등 야채재료는 건조된 것을 쓰거나 사전에 조리하여 수분을 충분히 제거. 빈틈없거나 으깨지지 않도록 틀에 잘 다져넣음.

◎ 생선 구이
1. 그릴 시즈닝이 무엇보다 중요하다. 석쇠를 뜨겁게 예열한 다음, 식용유를 듬뿍 묻힌 페이퍼 타월이나 오일 스프레이어를 이용하여 기름을 넉넉하게 바른다. 시즈닝이 잘 되었을 경우, 생선이 달라붙지 않고 쉬이 떨어진다.
2. 화력은 비교적 강하게. 미디엄-핫 수준, 대략 200℃ 내외로 강하게 한다. 석쇠 가까이 손바닥을 대고서 4~5초 정도 버틸 수 있는 온도다.

◎ 송어 구이
1. 지느러미를 깨끗이 제거한다.
2. 칼집을 항문 쪽에서 위쪽으로 길게 넣어서 내장 및 아가미를 제거한다.

3. 송어 몸통에 칼집을 사선으로, 꼬리 쪽에서 머리 쪽으로 깊숙이 넣는다.
4. 소금, 후추, 딜(dill)로 시즈닝.
5. 레몬 슬라이스를 끼워넣는다.
6. 시더플랭크는 깨끗이 닦아서 물에 1시간 정도 불려놓는다.
7. 시더플랭크 위에 송어를 올린다.
8. 다이렉트 세팅된 그릴에 올려서 굽는다.
9. 완성 시점은 생선살이 살짝 부서지거나 불투명해졌을 때다.
10. 어류의 시즈닝 시간은 스테이크의 경우 30분이 적당, 1시간을 넘기지 않는다.
    → 생선살은 소금에 녹는 염용성 단백질이어서 오래 두면 진득해진다.

◎ 해물 구이
1. 너무 익히지 않도록 주의. 오버쿠킹하면 질기고 퍽퍽해진다.
2. 알루미늄 도시락, 드립팬 등을 이용하여 뚜껑을 덮어준다.
    → 조리시간을 단축하고 골고루 구워지는 효과가 있다.

바비큐 가이드

펴낸날	초판 1쇄 2010년 7월 30일
	초판 4쇄 2018년 8월 30일
지은이	김계완
펴낸이	심만수
펴낸곳	(주)살림출판사
출판등록	1989년 11월 1일 제9-210호
주소	경기도 파주시 광인사길 30
전화	031-955-1350 팩스 031-624-1356
홈페이지	http://www.sallimbooks.com
이메일	book@sallimbooks.com
ISBN	978-89-522-1472-0 13590

※ 값은 뒤표지에 있습니다.
※ 잘못 만들어진 책은 구입하신 서점에서 바꾸어 드립니다.